ALEXANDRE DUMAS ILLUSTRÉ PAR J. A. BEAUCÉ

LE
TROU DE L'ENFER

PUBLIÉ PAR DUFOUR ET MULAT

II⁰ Partie

Prix : 90 centimes

J.A.BEAUCE

MARESCQ ET Cᴵᴱ, ÉDITEURS

LIBRAIRIE CENTRALE DES PUBLICATIONS ILLUSTRÉES A 20 CENTIMES

5, RUE DU PONT-DE-LODI, 5

PARIS — 1855

LE

TROU DE L'ENFER

———

PARIS. — IMPRIMERIE SIMON-RAÇON ET COMP , RUE D'ERFURTH, 1.

LE
TROU DE L'ENFER

PAR

ALEXANDRE DUMAS

PUBLIÉ PAR DUFOUR ET MULAT

EDITION ILLUSTRÉE PAR J.-A. BEAUCÉ ET LANCELOT

PARIS

MARESCQ ET Cie ÉDITEURS

5, RUE DU PONT-DE-LODI, 5

1855

LE TROU DE L'ENFER

PAR

ALEXANDRE DUMAS

———o o⊱o o———

I

CHANSON PENDANT L'ORAGE.

Quels étaient les deux cavaliers égarés parmi les ravines et les roches de l'Odenwald, pendant la nuit du 18 mai 1810, c'est ce que n'auraient pu dire à quatre pas de distance leurs plus intimes amis, tant l'obscurité était profonde. En vain eût-on cherché au ciel un rayon de lune, un scintillement d'étoiles : le ciel était plus sombre que la terre, et les gros nuages qui roulaient à sa surface semblaient un océan renversé et menaçant le monde d'un nouveau déluge.

Une masse confuse qui se mouvait aux flancs d'une masse immobile, voilà tout ce que l'œil le plus exercé aux ténèbres eût pu distinguer des deux cavaliers. Par instants un hennissement d'effroi se mêlant au sifflement de la rafale dans les sapins, une poignée d'étincelles arrachées par le fer des chevaux buttant aux cailloux, c'était tout ce qu'on voyait et tout ce qu'on entendait des deux compagnons de route.

L'orage devenait de plus en plus imminent. De grands tourbillons de poussière aveuglaient les voyageurs et leurs montures. Quand l'ouragan passait ainsi, les branches se tordaient et grinçaient; des hurlements plaintifs couraient au fond de la vallée, puis semblaient, bondissant de rocher en rocher, escalader la montagne chancelante et comme prête à crouler; — et, à chaque fois qu'une pareille trombe montait de la terre au ciel, les rocs ébranlés sortaient de leurs alvéoles de granit et roulaient avec fracas dans les précipices; et les arbres séculaires, déracinés, s'arrachaient à leur base, et, comme des plongeurs désespérés, se lançaient la tête la première dans l'abîme.

Rien de plus terrible que la destruction dans l'obscurité, rien de plus effrayant que le bruit dans l'ombre. Quand le regard ne peut calculer le danger, le danger grandit démesurément, et l'imagination épouvantée bondit au delà des limites du possible.

Tout à coup le vent cessa, les rumeurs s'éteignirent, tout se tut, tout resta immobile : la création haletante attendait l'orage.

Au milieu de ce silence, une voix se fit entendre, c'était celle de l'un des deux cavaliers :

— Pardieu! Samuel, disait-il, il faut avouer que tu as eu une malencontreuse idée de nous faire quitter Erbach à cette heure et par ce temps. Nous étions dans une auberge excellente, et comme nous n'en avions pas rencontré peut-être depuis huit jours que nous avons quitté Francfort. Tu avais le choix entre ton lit et la tempête, entre une bouteille d'excellent hochheim et un vent près duquel le siroco et le simoun sont des zéphyrs, et tu prends la tempête et le vent!... Holà! Sturm! interrompit le jeune homme, pour maintenir son cheval qui faisait un écart, holà!... Encore, continua-t-il, si quelque chose d'agréable nous pressait, si nous allions à quelque charmant rendez-vous, où nous dussions trouver tout à la fois et le lever de l'aube, et le sourire d'une bien-aimée! Mais la maîtresse que nous allons rejoindre, c'est une vieille pédante qu'on appelle l'Université d'Heidelberg. Le rendez-vous qui nous attend, c'est probablement un duel à mort. En tout cas, nous ne sommes convoqués que pour le 20. Oh! plus j'y pense, plus

je trouve que nous sommes de véritables fous de ne pas être restés là-bas, clos et couverts. Mais je suis ainsi fait; je te cède toujours; tu vas devant, et je te suis. — Plains-toi donc de me suivre! répondit Samuel avec un accent quelque peu ironique, quand c'est moi qui éclaire ton chemin. Si je n'avais pas marché devant toi, tu te serais déjà brisé dix fois le cou en roulant du haut en bas de la montagne. Allons, rends la main, et assure-toi sur tes étriers; voilà un sapin qui barre la route.

Il se fit un instant de silence, pendant lequel on entendit l'un après l'autre le double bondissement de deux chevaux.

— Houp! fit Samuel. Puis, se retournant vers son compagnon : — Eh bien! dit-il, mon pauvre Julius? — Eh bien! dit Julius, je continue à me plaindre de ton entêtement, et j'ai raison : au lieu de suivre le chemin qu'on nous indique, c'est-à-dire de côtoyer la petite rivière de Mumling, qui nous aurait conduits directement au Neckar, tu prends un chemin de traverse, prétendant que tu connais le pays, quand tu n'y es jamais venu, j'en suis sûr. Moi, je voulais prendre un guide. — Un guide! pourquoi faire? Bah! je connais le chemin. — Oui, tu le connais si bien, que nous voilà perdus dans la montagne, ne sachant plus où est le nord, où est le midi, ne pouvant plus avancer ni reculer. Et maintenant nous en avons jusqu'au matin à recevoir la pluie qui se prépare, et quelle pluie!... Tiens, voilà les premières gouttes... Ris donc, toi qui ris de tout, à ce que tu prétends, du moins. — Et pourquoi ne rirais-je pas? dit Samuel. N'est-ce pas une chose risible que d'entendre un grand garçon de vingt ans, un étudiant d'Heidelberg, se plaindre comme une bergère qui n'a pas rentré à temps son troupeau? Rire! le beau mérite qu'il y aurait là! Je vais faire mieux que de rire, mon cher Julius, je vais chanter.

Et, en effet, le jeune homme se mit à chanter d'une voix rauque et vibrante le premier couplet de nous ne savons quel chant bizarre, sans doute improvisé, et qui tirait au moins son mérite de la situation.

> Je me moque de la pluie!
> Rhume de cerveau du ciel,
> Qu'es-tu près des pleurs de fiel
> D'un cœur profond qui s'ennuie?

Comme Samuel achevait le dernier mot de sa strophe et la dernière note de son air, un immense éclair déchira d'un bout à l'autre de l'horizon le voile de nuages tendu sur la surface du ciel par la main de la tempête, et éclaira d'une lueur splendide et sinistre le groupe des deux cavaliers.

Tous deux paraissaient avoir le même âge, c'est-à-dire être âgés de dix-neuf à vingt et un ans; mais là se bornait la ressemblance.

L'un qui devait être Julius, élégant, blond, pâle, avec des yeux bleus, était d'une taille moyenne, mais admirablement prise. On eût dit Faust adolescent.

L'autre, qui devait être Samuel, grand et maigre avec son œil gris changeant, avec sa bouche mince et railleuse, avec ses cheveux et ses sourcils noirs, avec son front haut, son nez saillant et pointu, semblait le portrait vivant de Méphistophélès.

Tous deux étaient vêtus d'une redingote courte, de couleur foncée, serrée à la taille par une ceinture de cuir. Un pantalon collant, des bottes molles et une casquette blanche avec une chaînette complétaient le costume.

Comme l'avaient indiqué quelques mots de Julius, tous deux étaient étudiants.

Surpris et ébloui par l'éclair, Julius tressaillit et ferma les yeux. Samuel, au contraire, releva la tête et croisa un regard tranquille avec la foudre. Puis tout retomba dans une obscurité profonde.

L'éclair n'était pas complétement effacé encore, qu'un violent coup de tonnerre retentit et alla rouler d'échos en échos dans les profondeurs de la montagne. — Mon cher Samuel, dit Julius, je crois que nous ferions prudemment de nous arrêter. Notre marche pourrait attirer la foudre.

Pour toute réponse, Samuel poussa un éclat de rire et enfonça ses deux éperons dans les flancs de son cheval, qui partit au galop, faisant jaillir les étincelles et voler les cailloux, — tandis que le cavalier chantait :

> Je me moque de l'éclair !
> Feu d'allumette chimique,
> Vaux-tu donc, zigzag comique,
> Le feu d'un regard amer ?

Il fit ainsi une centaine de pas, puis, tournant bride brusquement, il revint au galop sur Julius.

— Au nom du ciel ! s'écria celui-ci, tiens-toi donc tranquille, Samuel. A quoi bon cette bravade ? — Est-ce le moment de chanter ? — Prends garde que Dieu n'accepte ton défi !

Un second coup de tonnerre, plus terrible et plus retentissant encore que le premier, éclata droit sur leurs têtes.

— Troisième couplet ! dit Samuel. Je suis un chasseur privilégié : le ciel accompagne ma chanson, et le tonnerre fait la ritournelle.

Puis, de même que la foudre avait grondé plus haut, Samuel chanta d'une voix plus forte :

> Je me moque du tonnerre !
> Accès de toux de l'été,
> Qu'es-tu près du cri jeté
> Par l'amour qui désespère ?

Et, comme le tonnerre était cette fois en retard : — Allons donc, le refrain ! dit-il en regardant le ciel ; tonnerre, tu manques la mesure !

Mais, à défaut du tonnerre, la pluie répondait à l'appel de Samuel, et commençait à tomber par torrents. Bientôt les éclairs et les coups de tonnerre n'eurent plus besoin d'être provoqués et se succédèrent sans interruption. Julius éprouvait cette sorte d'inquiétude dont le plus brave ne peut se défendre devant la toute-puissance des éléments : la petitesse de l'homme dans la colère de la nature lui serrait le cœur. Samuel, au contraire, rayonnait. Une joie fauve jaillissait de ses yeux ; il se dressait sur les étriers ; il agitait sa casquette, comme si, voyant que le danger le fuyait, il eût voulu l'appeler à lui ; joyeux de sentir ses tempes fouettées par ses cheveux humides, riant, chantant, heureux.

— Que disais-tu donc tout à l'heure, Julius ? s'écria-t-il comme dans l'inspiration d'un dithyrambe étrange ; tu voulais rester à Erbach ? tu voulais manquer cette nuit ? Tu ne sais donc pas ce qu'il y a de sauvage volupté à galoper dans une trombe, mon cher ? C'est parce que j'espérais ce temps que je t'ai emmené. J'ai eu les nerfs agacés et malades tout le jour, mais voilà qui me guérit. Hurrah pour l'ouragan ! Comment diable ne sens-tu pas cette fête ! Est-ce que cette tempête du ciel ne va pas bien à ces pics et à ces précipices, à ces fondrières et à ces ruines ? As-tu quatre-vingts ans, pour vouloir que tout soit immobile et mort comme ton cœur ? Tu as tes passions, si calme que tu sois. Eh bien ! laisse donc les éléments avoir les leurs. Moi, je suis jeune ; j'ai ma vingtième année qui chante au fond de mon cœur, une bouteille de vin qui bout dans mon cerveau, et j'aime le tonnerre. Le roi Léar appelait la tempête sa fille ; moi je l'appelle ma sœur. Ne crains rien pour nous, Julius. Je ne ris pas de la foudre, je ris avec la foudre. Je ne la dédaigne pas, je l'aime. L'orage et moi nous sommes deux amis. Il ne voudrait pas me faire de mal, je lui ressemble. Les hommes le croient malfaisant; ce sont des niais! L'orage est nécessaire. C'est l'instant de faire un peu de science. Cette puissante électricité qui gronde et qui flamboie ne tue et ne détruit çà et là que pour accroître la somme de la vie végétale et animale. Moi aussi je suis un homme-orage. — C'est l'instant de faire un peu de philosophie. — Moi non plus je n'hésiterais pas à passer par le mal pour arriver au bien, à employer la mort pour produire la vie. Toute la question est qu'une pensée supérieure anime ces actes extrêmes et justifie le moyen meurtrier par la fécondité du résultat. — Tais-toi, tu te calomnies, Samuel. —Tu me dis, *Samuel*, comme tu dirais: *Samiel!* Enfant superstitieux! parce que nous chevauchons dans le décor du Freyschütz, t'imagines-tu que je suis le diable — Satan, Belzébut ou Méphistophélès, — et que je vais me métamorphoser en chat noir ou en barbet? Oh! oh! qu'est-ce que ceci?

Cette exclamation était arrachée à Samuel par un mouvement brusque de son cheval, qui venait de se rejeter tout effrayé sur celui de Julius.

La route offrait un danger sans doute. Ce jeune homme se penchant du côté où s'était offert le danger, attendit un éclair. Il n'eut pas longtemps à attendre. Le ciel se fendit; une lame de feu courut d'un horizon à l'autre, et illumina le paysage.

La route était échancrée par un abime béant, l'éclair était allé s'éteindre aux parois d'un gouffre, dont il n'avait point permis aux regards des deux jeunes gens de sonder la profondeur.

— Voilà un fameux trou! dit Samuel en forçant son cheval à se rapprocher du précipice. — Mais prends donc garde! s'écria Julius. — Ma foi! il faut que je voie cela de près, dit Samuel.

Et, descendant de cheval, il jeta la bride au bras de Julius, et s'approcha curieusement du gouffre sur lequel il se pencha.

Mais, comme son regard ne pouvait percer l'obscurité, il poussa un quartier de granit qui roula dans le précipice.

Il écouta et n'entendait rien.

— Bon! dit-il, il faut que mon pavé soit tombé sur la terre molle, car il n'a pas fait le moindre bruit.

Il achevait de parler lorsqu'un large clapotement résonna dans la sombre profondeur.

— Ah! l'abîme est profond, dit Samuel. Qui diable me dira comment on appelle ce grand trou? —LE TROU DE L'ENFER! répondit de l'autre côté de l'abîme une voix claire et grave. — Qui

donc me répond là-bas? s'écria Samuel avec étonnement sinon avec effroi, je ne vois personne!

Un nouvel éclair brilla dans le ciel, et, sur le chemin opposé de la fondrière, les deux jeunes gens entrevirent une apparition bizarre.

II

Une jeune fille, debout, les cheveux épars, les jambes et les bras nus, avec un capuchon noir gonflé par le vent s'arrondissant au-dessus de sa tête, avec un jupon court de couleur rougeâtre, rougi encore par l'éclair, belle d'une beauté étrange et sauvage, ayant à côté d'elle une bête cornue qu'elle retenait par une corde.

Telle était la vision qui apparut aux deux jeunes gens à l'autre bord du Trou de l'Enfer.

L'éclair s'effaça et la vision avec lui.

— As-tu vu, Samuel? demanda Julius assez peu rassuré. — Parbleu! vu et entendu. — Sais-tu que, s'il était permis à des hommes intelligents de croire aux sorcières, il ne tiendrait qu'à nous de penser que nous venons d'en voir une?

— Mais, s'écria Samuel, c'en est une, j'espère bien! tu as vu que rien ne lui manque, pas même le bouc. En tout cas, la sorcière est jolie: Hé! la petite! cria-t-il.

Et il écouta comme lorsqu'il avait fait rouler la pierre dans le gouffre. Mais rien non plus ne répondit cette fois.

— Par le Trou de l'Enfer! dit Samuel, je n'en aurai pas le démenti.

Reprenant la bride de son cheval, il sauta en selle, et d'un seul bond et sans écouter les avertissements de Julius, il fit en galopant le tour du précipice. En un instant il fut à l'endroit où la vision avait apparu; mais il eut beau chercher, il ne vit plus rien: ni la fille ni la bête, ni la sorcière ni le bouc.

Samuel n'était pas homme à se satisfaire ainsi: il sonda le précipice, fouilla les ronces et les buissons, éclaira sa route, alla et revint. Mais, enfin, Julius le suppliant de renoncer à cette inutile perquisition, Samuel rejoignit son camarade, maussade et mécontent: c'était un de ces esprits tenaces, qui ont l'habitude d'aller au bout de toute voie, au fond de toute chose, et chez lesquels le doute produit, non pas la rêverie, mais l'irritation. Ils se remirent en route.

Les éclairs les dirigeaient un peu et leur fai-

... Ayant à côté d'elle une bête cornue qu'elle retenait par une corde. — PAGE 4.

saient d'ailleurs un magnifique spectacle. Par intervalles, la forêt s'empourprait au haut de la montagne et au fond de la ravine, et le fleuve prenait à leurs pieds la pâleur mortelle de l'acier.

Julius ne disait plus rien depuis un quart d'heure, et Samuel raillait tout seul les derniers éclats du tonnerre mourant, quand tout à coup Julius arrêta son cheval, et s'écria : — Ah ! voici notre affaire.

Et il montra à Samuel un burg ruiné qui se dressait à leur droite.

— Cette ruine ? dit Samuel. — Oui, elle aura bien un coin où nous abriter. Nous y attendrons que l'orage passe, ou du moins que la pluie cesse.

— Oui, et nos habits nous sécheront sur le dos, et nous attraperons quelque bonne fluxion de poitrine à rester ainsi humides et immobiles ! N'importe ! voyons ce que c'est que ce burg.

En quelques pas ils atteignirent le pied de la ruine ; mais il n'était pas facile d'y entrer. Le château, abandonné par les hommes, avait été envahi par les broussailles. L'entrée était obstruée par ces plantes et par ces arbustes amis des murs écroulés. Samuel lança son cheval à travers tout, ajoutant à la morsure de l'éperon la piqûre des épines.

Le cheval de Julius suivit, et les deux amis se trouvèrent dans l'intérieur du château, si toutefois les mots de château et d'intérieur peuvent s'appliquer à des débris écroulés et ouverts de toutes parts.

— Oh! oh! c'est pour nous abriter que tu nous amènes ici? dit Samuel en levant la tête; il me semble qu'il faudrait d'abord, pour en arriver là, qu'il y eût un toit ou un plafond : malheureusement, les toits et les plafonds sont absents.

En effet, de ce château, autrefois puissant et glorieux peut-être, le temps avait fait un squelette misérable; des quatre murs, il n'en restait plus que trois, et encore étaient-ils éventrés par leurs fenêtres démesurément agrandies; le quatrième était tombé jusqu'à la dernière pierre.

Le pied des chevaux buttait à chaque pas; des racines soulevaient et trouaient par endroits le dallage crevassé, comme si la végétation, enterrée depuis trois cents ans, était parvenue, par un long travail à travers les siècles, à percer, de ses doigts obstinés et noueux, la pierre de son cachot.

Les trois murs survivants s'inclinaient et se relevaient sous le souffle de la rafale. Toutes sortes d'oiseaux nocturnes tourbillonnaient dans cette salle ouverte, accueillaient chaque haleine de l'ouragan et chaque grondement du tonnerre par d'horribles cris, au milieu desquels dominaient les hurlements de l'orfraie, dont la voix ressemble au cri d'un homme qu'on assassine.

Samuel examinait tout avec cette façon d'examiner qui lui était particulière.

— Bon! dit-il à Julius, s'il te plaît d'attendre ici le matin, la chose me plaît aussi. On y est à merveille, presque aussi bien qu'en plein air, et l'on a, en outre, cet avantage que le vent s'engouffre ici bien plus furieusement. Nous sommes, à proprement parler, dans l'entonnoir de l'orage. Et puis ces corbeaux et ces chauves-souris, peste! ne sont point un agrément à dédaigner. Ce gîte me convient. Eh! tiens! vois cette chouette, l'oiseau du philosophe, elle fixe sur nous ses yeux de braise; ne la trouves-tu pas la plus gracieuse du monde? Sans compter que nous pourrons dire que nous avons galopé dans une salle à manger.

Et ce disant, Samuel piqua des deux et lança son cheval du côté où le mur manquait; mais à peine eut-il fait dix pas que le cheval se cabra si violemment, en pivotant sur lui-même, que sa tête donna en plein dans le visage de Samuel.

En même temps, une voix cria : — Arrêtez! le Neckar!

Samuel pencha la tête. Il était suspendu à cinquante mètres au-dessus du fleuve béant. En pivotant, les deux pieds de devant du cheval avaient décrit un demi-cercle dans le vide.

La montagne à cet endroit était coupée à pic, le burg avait été bâti sur l'abîme, qui faisait partie de la force de sa position. Des feuillages grimpants couraient comme une guirlande, attachés aux aspérités du granit, de sorte que le vieux burg déraciné par les siècles et plongeant dans le précipice, où il était prêt à rouler, semblait n'être retenu que par un mince feston de lierre. Un pas de plus, c'était la mort du cavalier et du cheval. Aussi le cheval, la crinière hérissée, les naseaux fumants, la bouche écumante, tressaillait-il de tous ses muscles, tremblait-il de tous ses membres.

Mais, quant à Samuel, calme, ou plutôt sceptique comme d'habitude, le danger qu'il venait de courir ne lui inspira qu'une réflexion : — Tiens! la même voix! dit-il.

Dans la voix qui avait crié : Arrêtez! Samuel avait reconnu la voix de la jeune fille qui lui avait nommé déjà le Trou de l'Enfer.

— Oh! cette fois, s'écria Samuel, fusses-tu ce que je t'accuse d'être, c'est-à-dire sorcière à la troisième puissance, je mettrai la main sur toi.

Et il lança son cheval vers le côté d'où était venue la voix. Mais, cette fois encore, il eut beau chercher, l'éclair eut beau luire, il ne trouva, il ne vit personne.

— Allons, allons, Samuel! dit Julius, qui, maintenant, n'était pas fâché de sortir de ces ruines, pleines de croassements, de trappes et de précipices; allons, en route! assez de temps perdu comme cela!

Samuel le suivit en regardant autour de lui, avec un dépit que l'obscurité lui permettait de dissimuler.

Ils retrouvèrent la route et continuèrent leur chemin : Julius, sérieux et silencieux; Samuel, riant et jurant comme un bandit de Schiller.

Une découverte rendit quelque espoir à Julius. En sortant du burg, il découvrit un sentier, qui, par une pente assez douce quoique un peu dégradée, descendait vers la rivière. Sans doute ce sentier praticable, et qui paraissait pratiqué, conduisait à quelque village, ou du moins à quelque habitation.

Mais au bout d'une demi-heure ils n'avaient encore rencontré que la rivière, dont ils côtoyaient la rive escarpée et dont ils remontaient le cours bruyant. De gîte quelconque, il n'en était pas question.

Le Burg ruiné.

Pendant tout ce temps, la pluie tombait avec la même violence. Les habits des deux compagnons étaient traversés; les chevaux étaient épuisés de fatigue. Julius n'en pouvait plus; Samuel lui-même commença à perdre de sa verve.

— Par Satan! s'écria-t-il, la chose tourne au fade, voilà plus de dix minutes que nous n'avons eu ni un éclair ni un roulement de foudre. Ceci devient une averse toute pure. En vérité, c'est une mauvaise plaisanterie du ciel. Je voulais bien d'une émotion terrible, mais non d'un ennui ridicule. L'ouragan se moque de moi à son tour : je le défie de me foudroyer, il m'enrhume.

Julius ne répondait pas.

— Ma foi! dit Samuel, j'ai bien envie d'essayer d'une évocation.

Et d'une voix haute et solennelle il ajouta : — Au nom du Trou de l'Enfer, d'où nous l'avons vu sortir! au nom du bouc, ton meilleur ami! au nom des corbeaux, des chauves-souris et des chouettes qui ont abondé sur notre route, depuis ta bienheureuse rencontre! gentille sorcière, qui m'as déjà parlé deux fois, je t'adjure! Au nom du Trou, du bouc, des corbeaux, des chauves-souris et des chouettes, parais! parais! parais! et dis-nous si nous sommes près de quelque habitation humaine.

— Si vous vous étiez égarés, dit dans l'ombre la voix claire de la jeune fille, je vous aurais avertis. Vous êtes dans le vrai chemin; suivez-le pendant dix minutes encore, et vous trouverez à votre droite, derrière un massif de tilleuls, une maison hospitalière. — Au revoir!

Samuel leva la tête du côté d'où venait la voix, et il aperçut une espèce d'ombre qui paraissait voltiger à dix pieds au-dessus de sa tête, courant aux flancs de la montagne. Il sentit instinctivement qu'elle allait disparaître.

— Arrête! lui cria Samuel, j'ai encore quelque chose à te demander. — Quoi? fit-elle en s'arrêtant à la pointe d'un roc, dont la grêle extrémité était telle qu'elle paraissait trop étroite pour qu'un pied, fût-ce un pied de sorcière, pût s'y poser.

Il regarda par où il pouvait monter jusqu'à elle; mais le sentier où marchaient les deux cavaliers était creusé dans le roc. C'était un sentier d'hommes; celui que suivait la sorcière était un sentier de chèvres.

Voyant qu'il ne pouvait arriver à la jolie fille avec les jambes de son cheval, il voulut y arriver au moins par la voix.

Se retournant vers son ami : — Eh bien! mon cher Julius, lui dit-il, je t'énumérais, il y a une heure, les harmonies de cette nuit : la tempête, mes vingt ans, le vin du vieux fleuve, et, grêle et tonnerre! j'oubliais l'amour! l'amour, qui contient toutes les autres, l'amour, la vraie jeunesse, l'amour, le vrai orage, l'amour, la vraie ivresse.

Puis, faisant faire un bond à son cheval pour se rapprocher de la jeune fille : — Je t'aime! lui dit-il, charmante sorcière. Aime-moi à ton tour, et, si tu veux, nous aurons une belle noce. Oui, tout de suite. Quand les reines se marient, on fait jaillir l'eau des fontaines et l'on tire des coups de canon. Nous, à notre mariage, Dieu verse la pluie et tire des coups de tonnerre. Je vois bien que c'est un vrai bouc que tu tiens là, et je te prends pour une sorcière, mais je te prends. Je te donne mon âme, donne-moi ta beauté! — Vous êtes un impie envers Dieu et un ingrat envers moi, dit la jeune fille en disparaissant.

Samuel essaya encore une fois de la suivre, mais décidément la côte était infranchissable.

— Allons, allons, viens, dit Julius. — Et où veux-tu que j'aille? dit Samuel de mauvaise humeur. — Mais à la maison qu'elle nous a indiquée. — Bon! tu y crois? reprit Samuel. Et si cette maison existe, qui te dit que ce n'est pas un coupe-gorge où l'honnête personne a mission d'attirer les voyageurs attardés. — Tu as entendu ce qu'elle t'a dit, Samuel? Ingrat envers elle, impie envers Dieu. — Allons, puisque tu le veux, dit le jeune homme. Je ne crois pas, mais si cela peut te faire plaisir, je puis faire semblant de croire. — Tiens, méchant esprit! reprit Julius après dix minutes de chemin.

Et il montrait à son ami le bouquet de tilleuls indiqué par la jeune fille. Une lumière brillant à travers les branches indiquait qu'une maison s'élevait derrière les arbres. Tous les deux s'engagèrent sous les tilleuls et arrivèrent à la grille de la maison.

Julius porta la main à la sonnette.

— Tu sonnes au coupe-gorge? dit Samuel. Julius ne répondit pas et sonna.

— Je te parie, dit Samuel en posant sa main sur le bras du jeune homme, je te parie que c'est la fille au bouc qui va venir nous ouvrir.

La première porte s'ouvrit et une forme humaine, portant une lanterne sourde, s'avança vers la grille où sonnait Julius.

— Qui que vous soyez, dit Julius à la per-

Une jeune fille de quinze ans à peine tenait sur ses genoux un petit garçon. — PAGE 9.

sonne qui s'approchait, considérez le temps et la situation où nous sommes; voilà plus de quatre heures que nous marchons par les précipices et les torrents; donnez-nous asile pour la nuit.

— Entrez, dit une voix connue des jeunes gens

C'était celle de la jeune fille du chemin du burg ruiné et du Trou de l'Enfer.

— Tu vois, dit Samuel à Julius, qui ne put se défendre d'un tressaillement. — Quelle est cette maison? demanda Julius. — Eh bien ! n'entrez-vous point, messieurs? demanda la jeune fille. — Si fait, pardieu ! dit Samuel. J'entrerais en enfer, pourvu que la portière fût jolie!

III

Le lendemain matin, lorsque Julius se réveilla dans un excellent lit, il fut quelque temps à comprendre où il était.

Il ouvrit les yeux. Un gai rayon de soleil, se glissant à travers les ouvertures d'un volet, gambadait allégrement, tout chargé d'atomes vivaces, sur un parquet de bois blanc et bien lavé. Un joyeux concert d'oiseaux complétait la lumière par la mélodie.

Julius sauta à bas de son lit. Une robe de

chambre et des pantoufles lui avaient été préparées; il les mit et alla vers la fenêtre.

A peine eut-il ouvert la fenêtre et poussé le volet, que ce fut dans la chambre comme une invasion de chants, de rayons et de parfums. L'appartement donnait sur un ravissant jardin plein de fleurs et plein d'oiseaux. Au delà du jardin, la vallée du Neckar, traversée et vivifiée par le fleuve. Au lointain, pour horizon, les montagnes. Et sur tout cela, le ciel rayonnant d'une belle matinée de mai. Et au milieu de tout cela, cette vie qui circule dans l'air au printemps de l'année....

L'orage avait balayé jusqu'au dernier nuage. La voûte du firmament était tout entière de ce bleu calme et profond qui donne une idée de ce que doit être le sourire de Dieu.

Julius éprouvait une indéfinissable sensation de fraîcheur et de bien-être. Le jardin, renouvelé et fertilisé par cette nuit de pluie, débordait de séve. Les moineaux, les fauvettes et les chardonnerets, célébrant leur joie d'avoir échappé à la tempête, faisaient de chaque branche un orchestre. Les gouttes de pluie, que le soleil allumait pour les sécher, faisaient de chaque brin d'herbe une émeraude.

Une vigne grimpait lestement à la croisée, et tâchait d'entrer dans la chambre pour faire à Julius une visite d'amitié.

Mais tout à coup vigne, oiseaux, rosée dans l'herbe, chants dans les feuilles, montagnes au lointain, splendeurs au ciel, Julius ne vit plus rien et n'entendit plus rien.

Une voix jeune et pure venait de monter à son oreille. Il s'était penché, et, à l'ombre d'un chèvrefeuille, il avait aperçu le plus charmant groupe qui se puisse rêver.

Une jeune fille de quinze ans à peine tenait sur ses genoux un petit garçon d'à peu près cinq ans et lui apprenait à lire.

La jeune fille était tout ce qu'il y a de plus gracieux au monde. Des yeux bleus qui révélaient la douceur et l'intelligence, des cheveux blonds comme l'or pâle semés sur la tête en telle profusion que le cou semblait trop délicat pour les porter, une adorable pureté de lignes, — ce sont là des mots qui ne sauraient rendre la lumineuse créature apparue à Julius. Ce qui dominait en elle surtout, c'était la jeunesse. Toute sa personne était comme une ode à l'innocence, un hymne à la limpidité, une strophe au printemps. Il y avait une inexprimable harmonie entre cette jeune fille et cette matinée, entre le re-

gard qui rayonnait à travers ses cils et la rosée qui brillait dans l'herbe.

C'était le cadre et le tableau.

Ce qu'elle possédait surtout, c'était la grâce. Mais sa grâce n'avait rien de grêle, et tout en elle respirait la vie et la santé.

Elle était vêtue à l'allemande : un corsage blanc et juste serrait sa taille; une robe, blanche aussi, festonnée au bas, et assez courte pour laisser voir un joli pied jusqu'à la cheville, descendait le long de ses hanches et l'inondait d'un flot transparent.

Le petit garçon qu'elle tenait sur ses genoux, rose et frais sous ses boucles cendrées, prenait sa leçon de lecture d'un air extrêmement attentif et grave. Il nommait, en les suivant du doigt sur le livre, les lettres moyennes de l'alphabet, beaucoup plus grosses que son doigt. Quand il avait nommé une lettre, il relevait avec inquiétude la tête vers sa maîtresse pour voir s'il ne s'était pas trompé. S'il avait mal dit, elle le reprenait et il recommençait. S'il avait dit juste, elle souriait et il continuait.

Julius ne pouvait se rassasier de cette scène charmante. Ce divin groupe dans ce divin lieu, cette voix de l'enfant dans ce babillage des oiseaux, cette beauté de la jeune fille dans cette beauté de la nature, ce printemps de la vie dans cette vie du printemps, faisaient un tel contraste avec les violentes impressions de la nuit, qu'il se sentit pris d'attendrissement et s'absorba dans sa contemplation délicieuse.

Il en sortit brusquement en sentant une tête toucher la sienne. C'était Samuel qui venait d'entrer dans sa chambre, et qui s'était approché sur la pointe du pied pour voir ce que Julius regardait avec tant d'attention.

Julius, d'un geste suppliant, l'avertit de ne pas faire de bruit. Mais Samuel, fort peu sentimental, ne tint nul compte de la prière, et, comme la vigne le gênait un peu pour voir, il l'écarta de la main.

Le froissement des feuilles fit lever la tête à la jeune fille, qui rougit légèrement. Le petit garçon regarda aussi la fenêtre, et, voyant les étrangers, négligea son livre. Il se trompa de nom à presque toutes les lettres. La jeune fille parut s'impatienter un peu, plus peut-être de la gêne de ces regards que des bévues de l'enfant; puis, au bout d'une minute, elle ferma le livre sans affectation, mit son écolier à terre, se leva, passa sous la fenêtre de Julius, rendit aux jeunes gens le salut qu'ils lui adressaient, et rentra dans la maison avec l'enfant. Julius, dépité se tourna vers Samuel.

— Tu avais bien besoin de l'effaroucher! dit-il. — Oui, je comprends, dit Samuel railleur, l'épervier a fait peur à l'alouette. Mais, sois tranquille, ces oiseaux-là sont tous apprivoisés et reviennent toujours. — Ah çà, tu n'as pas été assassiné cette nuit? A s'en rapporter aux apparences, ce coupe-gorge est assez habitable. Je vois que ta chambre n'est pas inférieure à la mienne. Tu as même de plus que moi l'histoire de Tobie en gravures. — Il me semble que j'ai rêvé, dit Julius. Voyons, repassons les événements de cette nuit ; c'est bien la jolie fille au vilain bouc qui nous a ouvert, n'est-ce pas ? Elle nous a, d'un signe mystérieux, recommandé le silence ; elle nous a montré l'écurie pour nos chevaux ; puis, entrant devant nous dans la maison, elle nous a conduits au second étage, à ces deux chambres contiguës ; elle a allumé cette lampe ; elle a fait une révérence, et, sans avoir prononcé une syllabe, elle a lestement disparu. Tu m'as semblé, Samuel, presque aussi stupéfait que moi. Cependant, tu voulais la poursuivre, je t'ai retenu, et nous avons pris le parti de nous coucher et de dormir. Est-ce bien cela ? — Tes souvenirs, dit Samuel, sont de la plus exacte, et probablement de la plus simple réalité. Et je gage que maintenant tu me pardonnes de t'avoir emmené de l'auberge hier soir. Calomnieras-tu encore l'orage? Avais-je tort de te dire que le mal produisait le bien? Le tonnerre et la pluie nous ont déjà procuré deux chambres très-convenablement meublées, le spectacle d'un admirable paysage et la connaissance d'une jeune fille exquise que nous ne pouvons nous dispenser d'aimer pour être polis, et qui ne peut se dispenser de nous le rendre pour être hospitalière. — Encore des blasphèmes ! dit Julius.

Samuel allait répondre par quelque raillerie, lorsque la porte de la chambre s'ouvrit, et une vieille servante entra, apportant aux deux compagnons, avec leurs habits séchés et nettoyés, du pain et du lait pour déjeuner.

Julius la remercia et lui demanda chez qui ils étaient. La vieille répondit qu'ils étaient au presbytère de Landeck, chez le pasteur Schreiber.

Et comme la bonne femme paraissait loquace, elle compléta d'elle-même, tout en rangeant par la chambre, ses informations : — La femme du pasteur était morte il y avait quinze ans, en accouchant de mademoiselle Christiane. Puis, le pasteur avait encore perdu, il y avait trois ans,

sa fille aînée, appelée Marguerite, et, à présent, il restait seul avec sa fille, mademoiselle Christiane, et son petit-fils Lothario, l'enfant de Marguerite.

Dans ce moment le digne pasteur venait de partir, avec Christiane, pour le village, où ses devoirs religieux l'appelaient au temple. Mais il rentrerait pour midi, c'est-à-dire à l'heure du dîner, et il verrait ses hôtes.

— Mais, dit Samuel, qui est-ce donc qui nous a introduits hier? — Ah ! répondit la servante, c'est Gretchen. — Bon ; maintenant expliquez-nous ce que c'est que Gretchen? — Gretchen? la chevrière donc. — La chevrière! dit Julius. Voilà qui explique bien des choses en général, et le bouc en particulier. Et où est-elle maintenant? — Oh ! elle est retournée à sa montagne. L'hiver, ou quand le temps devient par trop impétueux l'été, elle ne peut passer la nuit dans sa cabane de planches et elle vient coucher à la curé, où elle a sa chambre à côté de la mienne, mais elle n'y demeure pas longtemps. C'est une drôle de créature. Elle étouffe entre des murailles ; il lui faut de l'air comme à ses bêtes. — Mais de quel droit nous a-t-elle installés ici? demanda Julius. — Ce n'est pas en vertu d'un droit, mais d'un devoir, répondit la servante ; et M. le pasteur lui recommande, tous les jours où il la voit, de lui amener chaque voyageur fatigué ou égaré qu'elle rencontrera, attendu qu'il n'y a pas d'auberge dans le pays, et qu'il dit que la maison du prêtre est la maison de Dieu, et la maison de Dieu est la maison de tous.

La vieille sortit. Les jeunes gens déjeunèrent, s'habillèrent, et descendirent au jardin.

— Promenons-nous jusqu'au dîner, dit Samuel. — Non, répliqua Julius ; je suis fatigué. Et il alla s'asseoir sur un banc ombragé par un chèvrefeuille.

— Fatigué ! dit Samuel. Tu sors de ton lit. Mais aussitôt il éclata de rire :

— Ah ! oui, je comprends ; c'est le banc où s'était assise Christiane. Ah ! mon pauvre Julius ! déjà !

Julius se leva, tout décontenancé.

— Au fait, reprit-il, autant marcher. Nous aurons tout le temps d'être assis. Visitons le jardin.

Et il se mit à parler des fleurs et du dessin des allées, comme s'il avait hâte de détourner la conversation du sujet où l'avait mise Samuel, c'est-à-dire du banc et de la fille du pasteur. Il ne savait pas pourquoi, mais le nom de Christiane,

Le pasteur Schreiber.

dans la bouche moqueuse de Samuel, commençait à lui être désagréable.

Ils marchèrent ainsi pendant une heure. Au bout du jardin, il y avait le verger. Mais à ce moment de l'année, le verger était aussi un jardin. Les pommiers et les pêchers n'étaient encore que d'immenses bouquets de fleurs blanches et roses.

— A quoi penses-tu? dit subitement Samuel à Julius qui, depuis un moment, rêvait et ne soufflait mot.

Nous n'osons affirmer que Julius fut d'une entière sincérité en répondant, mais enfin il répondit ; « A mon père. »

— A ton père! Et à propos de quoi penses-tu à ce savant illustre, je te prie? — Eh! mais à propos de ce qu'il n'aura peut-être plus de fils demain à pareille heure. — Oh! mon cher, ne faisons pas d'avance nos testaments, hein? dit Samuel. Je courrai demain, je crois, les mêmes dangers que toi, — pour le moins. Mais il sera temps d'y penser demain. Tu ne sais pas à quel point l'imagination émousse la volonté. Là est l'infériorité des esprits supérieurs vis-à-vis des imbéciles. Pour ce qui est de nous, ne l'acceptons pas. — Sois tranquille! reprit Julius. Ma volonté, pas plus que mon courage, ne faiblira demain devant le péril. — Je n'en doute pas, Julius. Mais quitte donc alors ton air morose. Aussi bien, voici, je crois, le pasteur et sa fille qui reviennent. Tiens! tiens! mais il me semble que ton sourire te revient avec eux. Est-ce qu'il était allé aussi au temple? — Méchant esprit, dit Julius.

Le pasteur et Christiane rentraient en effet. Christiane s'achemina directement du côté de la maison; le pasteur se hâta vers ses hôtes.

IV

CINQ HEURES EN CINQ MINUTES.

Le pasteur Schreiber avait la ferme et loyale physionomie d'un prêtre allemand habitué à pratiquer ce qu'il prêche. C'était un homme de quarante-cinq ans à peu près, par conséquent jeune encore. Son visage portait l'empreinte d'une bonté mélancolique et grave. La gravité lui venait de sa fonction ; la mélancolie de la mort de sa femme et de sa fille. On sentait qu'il ne s'était pas consolé, et l'ombre incessante du regret humain luttait sur son front avec la clarté consolatrice des espérances chrétiennes.

Il tendit la main aux jeunes gens, s'inquiéta de la manière dont ils avaient dormi et les remercia d'avoir bien voulu frapper à sa porte.

Un instant après, la cloche sonna le dîner.

— Allons rejoindre ma fille, messieurs, dit le pasteur. Je vous montre le chemin. — Il ne nous demande pas nos noms, souffla tout bas Samuel à Julius. Inutile dès lors de les lui dire. Le tien est peut-être trop éclatant pour la modestie de la petite, et le mien trop hébraïque pour la piété du bonhomme. — Soit, dit Julius, donnons-nous des airs de prince et faisons de l'incognito.

Ils entrèrent dans la salle à manger où ils retrouvèrent Christiane et son neveu. Christiane salua les deux jeunes gens avec grâce et timidité.

On s'assit à une table carrée, simplement mais abondamment servie ; — le pasteur entre les deux amis, Christiane vis-à-vis de lui, et séparée de Julius par l'enfant.

Le repas fut d'abord assez silencieux. Julius, embarrassé devant Christiane, se taisait. Christiane paraissait ne s'occuper que du petit Lothario, qu'elle semblait soigner comme une jeune mère, et qui l'appelait sa sœur. La conversation ne fut donc à peu près soutenue que par le pasteur et Samuel. Le pasteur était heureux de recevoir des étudiants.

— Et moi aussi j'ai été *studiosus*, dit-il. La vie des étudiants était joyeuse alors. — Elle est un peu plus dramatique maintenant, dit Samuel en regardant Julius. — Ah! continua le pasteur, ce fut bien là le meilleur temps de ma vie. Depuis, j'ai payé assez cher le bonheur de ces commencements. J'espérais en la vie alors. Maintenant c'est tout le contraire. Oh! je ne dis pas cela pour vous attrister, mes jeunes hôtes; je dis cela presque gaiement, vous voyez. Et je souhaite, en tous cas, que la terre me garde encore jusqu'à ce que j'aie vu ma Christiane heureuse dans la maison de ses aïeux... — Mon père!... interrompit Christiane d'un ton de tendre reproche. — Tu as raison, ma sagesse blonde, dit le pasteur, parlons d'autre chose. Sais-tu que, grâce à Dieu, l'ouragan de cette nuit a respecté presque toutes mes chères plantes. — Vous êtes botaniste, monsieur? demanda Samuel. — Un peu, répondit avec quelque fierté le pasteur. Le seriez-vous aussi, monsieur? — A mes heures, reprit négligemment le jeune homme.

Puis, laissant le pasteur s'engager sur ses études favorites, Samuel tout à coup démasqua, pour ainsi dire, des connaissances profondes et hardies, s'amusa à stupéfier le digne homme par ses aperçus nouveaux et ses idées imprévues, enfin, sans se départir de sa manière polie, froide et un peu moqueuse, et sans avoir l'air d'y vouloir toucher, mit en déroute, par la supériorité de sa science véritable, l'érudition un peu superficielle et surtout un peu surannée du pasteur.

Pendant ce temps, Julius et Christiane, qui étaient restés muets jusque-là, s'observant seulement à la dérobée, commençaient à s'apprivoiser un peu.

Lothario servit d'abord entre eux de lien. Julius n'osait pas encore parler lui-même à Christiane, mais il faisait à l'enfant des questions auxquelles Lothario ne pouvait répondre. Alors l'enfant interrogeait Christiane, qui répondait à Lothario et à Julius. Et Julius se sentait tout heureux de ce que la pensée de la jeune fille prenait, pour arriver à lui, l'intermédiaire de cette bouche pure et aimée.

Au dessert, grâce à cette rapidité et à cette facilité d'expansion qui est le charme suprême de l'enfant, ils étaient déjà bons amis tous trois.

Aussi, quand on se leva pour prendre le café dans le jardin, sous l'ombrage, Julius eut un serrement de cœur et un froncement de sourcil en voyant Samuel s'approcher d'eux, et venir troubler leur commencement de douce intimité. Le pasteur avait voulu aller chercher lui-même de la vieille eau-de-vie de France.

Ce n'était pas par défaut de hardiesse qu'il péchait, lui, ce grand et sardonique Samuel, et Julius s'indignait du regard tranquille et fat qu'il laissait reposer sur cette ravissante Christiane en lui disant :

— Nous avons à vous demander pardon, mademoiselle, pour avoir sottement dérangé, ce matin, la leçon que vous donniez à votre petit neveu. — Oh! dit-elle, j'avais fini. — Je n'ai pu retenir une exclamation. Figurez-vous que, vu son accoutrement, son bouc et les éclairs, nous n'avions pas été loin de prendre la fille qui nous a introduits hier ici, pour une sorcière. Nous nous endormons dans cette idée, et, le matin, en ouvrant notre fenêtre, nous trouvons le bouc métamorphosé en adorable enfant, et la sorcière... — C'était moi! dit Christiane avec une moue joyeuse et un peu railleuse aussi vraiment.

Et, se retournant vers Julius, qui affectait une mine réservée : — Est-ce que vous aussi, monsieur, vous m'avez prise pour une sorcière? demanda-t-elle. — Eh! mais, dit Julius, ce n'est pas naturel d'être si jolie.

Christiane, qui avait souri au mot de Samuel, rougit au mot de Julius.

Intimidé d'en avoir tant dit, Julius se hâta de revenir à l'enfant.

— Lothario, veux-tu que nous t'emmenions à l'Université? dit-il. — Sœur, demanda Lothario à Christiane, qu'est-ce que c'est que l'Université? — C'est ce qui est censé vous apprendre tout, mon enfant, dit avec enjouement le pasteur qui revenait.

L'enfant se tourna gravement vers Julius :

— Je n'ai pas besoin d'aller avec vous, puisque j'ai ma sœur pour Université. Christiane sait tout, monsieur : elle sait lire, écrire et le français, et la musique, et l'italien. Je ne la quitterai jamais, jamais de ma vie. — Hélas! vous êtes plus heureux que nous, mon petit homme, dit Samuel : car voici pour nous l'heure de repartir, Julius. — Comment! s'écria le pasteur, vous ne me donnez pas au moins cette journée! vous ne souperez pas avec nous! — Mille grâces! reprit Samuel ; mais notre présence à Heidelberg, ce soir, est indispensable. — Allons! il n'y a pas de cours et pas d'appel le soir. — Non, mais c'est un devoir plus sérieux encore qui nous réclame, Julius le sait bien. — Transigeons, dit le pasteur, Heidelberg n'est qu'à sept ou huit milles de Landeck. Vous pouvez toujours bien, pour faire reposer vos chevaux et laisser tomber la chaleur du jour, partir seulement à quatre heures. Vous serez encore à la ville avant la nuit close, je vous en réponds. — Impossible. Avec la nécessité qui nous appelle là-bas, nous avons plutôt besoin d'être en avance; n'est-ce pas, Julius? — Vraiment?... murmura à demi-voix Christiane en levant sur Julius son charmant regard bleu.

Julius, qui s'était tu jusque-là, ne résista pas à la douce interrogation.

— Voyons, Samuel, dit-il, ne mécontentons pas la bonne grâce de nos excellents hôtes. Nous pouvons partir à quatre heures précises.

Samuel embrassa de son méchant regard Julius et la jeune fille.

— Tu le veux? soit donc! dit-il à Julius avec un sourire narquois. — A la bonne heure! s'écria le pasteur, et voici maintenant le programme de la journée : Je vais, d'ici à trois heures, vous montrer mes collections et mon jardin, messieurs. Puis, nous irons, les enfants et moi, vous faire la conduite jusqu'au carrefour de Neckarsteinach. J'ai un adroit et vigoureux garçon qui vous y amènera vos chevaux. Vous verrez! la route, qui vous a paru si horrible dans la nuit et l'o-

rage, est ravissante au soleil. Et nous rencontre-
rons sans doute par là votre prétendue sorcière.
Aussi bien, elle l'est un peu, en réalité, mais le
plus chrétiennement du monde; c'est une chaste
et sainte enfant. — Ah! je serais aise de la revoir aussi au jour, reprit Samuel. — Allons à vos
herbiers, monsieur, dit-il au pasteur en se levant.

Et, en passant près de Julius, il lui glissa à
l'oreille : — Je vais occuper le père et l'entamer
sur Tournefort et Linnée. Suis-je assez dévoué ?

Il accapara, en effet, le pasteur, et Julius fut
seul quelques instants avec Christiane et Lothario. Maintenant ils étaient plus à l'aise l'un près
de l'autre; ils se hasardaient à se regarder et à
se parler.

L'impression que Christiane avait faite sur
Julius, le matin, se gravait en lui de plus en plus
profonde. Rien de frais et de vivant comme ce
doux visage où se lisaient à livre ouvert toutes
les sérénités virginales. Le regard de Christiane
était pur comme l'eau de source, et laissait voir
au fond un cœur charmant et solide. Beauté et
bonté, c'était une nature toute transparente
comme ce jour de mai.

La présence de Lothario faisait à la fois l'innocence et la liberté du doux entretien. Christiane montra à Julius ses fleurs, ses abeilles, sa
basse-cour, sa musique, ses livres, — c'est-à-
dire toute sa vie calme et simple. Puis elle lui
parla un peu de lui-même.

— Comment, lui dit-elle une fois, comment
vous, qui paraissez si paisible et si doux, pouvez-vous avoir un ami si moqueur et si hautain ?

Elle s'était bien aperçue que Samuel raillait
en dessous la bonhomie de son père, et elle l'a-
vait pris tout de suite en antipathie.

Julius pensa que la Marguerite de Gœthe dit
de Méphistophélès quelque chose d'à peu près
semblable dans la délicieuse scène du jardin.
Mais il en était déjà à trouver que la Marguerite
de Faust n'était pas comparable à sa Christiane.
A mesure qu'ils causaient, il remarquait que la
naïveté et la grâce de la jeune fille recouvraient
un fond de raison et de fermeté qu'elle devait
sans doute à la tristesse d'une enfance sans
mère. Sous l'enfant il y avait déjà la femme.

Ils ne purent retenir l'un et l'autre un naïf
mouvement de surprise, quand le pasteur et
Samuel revenant à eux, leur apprirent qu'il était
trois heures et qu'il fallait se mettre en route.

Cinq heures sont toujours cinq minutes à
l'heureuse et oublieuse horloge des premiers
battements du cœur.

V

MÉFIANCE DES FLEURS ET DES PLANTES A L'ENDROIT
DE SAMUEL.

Il fallait donc se mettre en route. Mais, enfin,
on avait encore une heure à passer ensemble.

En y songeant, Julius était joyeux. Il comptait,
pendant le chemin, continuer avec Christiane la
conversation commencée; mais il n'en fut point
ainsi. Christiane sentait instinctivement qu'elle
ne devait pas trop se rapprocher de Julius. Elle
prit le bras de son père qui continuait son entretien avec Samuel. Julius devint triste et marcha
derrière eux.

Ils montèrent une côte charmante à travers un
charmant bois où les rayons de soleil riaient
dans une ombre transparente. La sérénité de
l'après-midi était fêtée par les notes amoureuses
du rossignol.

Julius, nous l'avons dit, se tenait à l'écart,
déjà fâché contre Christiane.

Il essaya d'un moyen :

— Lothario, viens donc voir, dit-il au gracieux enfant qui marchait auprès de Christiane,
pendu à sa main et faisant trois pas pour un.

Lothario accourut vers son vieil ami de deux
heures. Julius lui montra une demoiselle qui
venait de se poser sur un buisson, svelte, fris-
sonnante, splendide. L'enfant poussa un cri de
joie.

— Quel dommage, dit Julius, que Christiane
ne la voie pas ! — Sœur, cria Lothario, viens
vite !

Et comme Christiane ne venait pas, sentant
bien que ce n'était pas l'enfant qui l'appelait,
Lothario courut à elle, la tira par sa robe, la
contraignit de quitter le bras de son père, et l'a-
mena triomphant voir les belles ailes.

La demoiselle était partie, — mais Christiane
était venue.

— Tu m'as appelée pour rien, dit Christiane;
et elle retourna vers son père.

Julius recommença plusieurs fois ce manège.
Il faisait admirer à Lothario tous les papillons et
toutes les fleurs de la route, regrettant toujours
que Christiane ne fût pas là pour jouir aussi de
leur beauté. A chaque occasion Lothario se met-
tait immédiatement à aller chercher Christiane,
et il fallait bien qu'elle vînt, tant il insistait. Julius abusa ainsi de l'enfant pour dérober à la
jeune fille quelques secondes de tête-à-tête à

trois. Il réussit aussi à lui faire accepter, par les petites mains de Lothario, son innocent complice, une magnifique églantine rose toute fraîche épanouie.

Mais Christiane retournait toujours rejoindre son père.

Elle ne pouvait cependant savoir mauvais gré à Julius de son désir et de sa persévérance : ne fallait-il pas, la douce jeune fille, qu'elle luttât contre son propre cœur pour ne pas rester ?

— Écoutez, lui dit-elle, la dernière fois, d'un ton d'enfant qui le ravit; écoutez, je serais vraiment impolie en ne causant qu'avec vous, et mon père s'étonnerait si je n'étais jamais près de lui et de votre camarade. Mais vous reviendrez bientôt, n'est-ce pas ? Nous irons encore nous promener avec mon père et Lothario; et tenez, si vous voulez, nous visiterons le Trou de l'Enfer et les ruines du château d'Eberbach; — des sites superbes, monsieur Julius, que vous n'avez pas pu voir pendant la nuit, que vous aurez plaisir à voir le jour, et, cette fois, en route, nous causerons, je vous le promets.

Ils arrivèrent au carrefour. Les chevaux que devait amener le petit domestique de M. Schreiber ne les avaient pas rejoints encore.

— Faisons quelques pas de ce côté, dit le pasteur, et nous trouverons peut-être Gretchen à sa cabane.

On aperçut bientôt, en effet, la petite chevrière. Sa cabane était à mi-côte, abritée par le rocher. Autour de Gretchen, une douzaine de chèvres paissaient, remuantes, défiantes, accrochées partout où il y avait un trou, et n'aimant que les herbes des fondrières ; de vraies chèvres de Virgile enfin, — suspendues au roc et broutant le cythise amer.

Au grand jour, Gretchen était plus étrange et plus jolie encore qu'à la lueur des éclairs. Une flamme sombre illuminait ses yeux noirs. Ses cheveux, noirs comme ses yeux, s'entremêlaient de fleurs bizarres. En ce moment, elle était accroupie, le menton dans la main, et comme en proie à une préoccupation absorbante. Dans sa posture, dans sa coiffure, dans son regard, elle avait beaucoup de la bohémienne, un peu de la folle.

Christiane et le pasteur vinrent à elle. Elle sembla ne pas les voir.

— Eh bien ! dit le pasteur, qu'est-ce que cela, Gretchen ? Je passe et tu n'accours pas comme à l'ordinaire ? Tu ne veux donc pas que je te remercie des hôtes que tu m'as amenés hier soir ?

Gretchen ne se leva pas et soupira. Puis, d'une voix triste : — Vous faites bien, dit-elle, de me remercier aujourd'hui; vous ne me remercierez peut-être pas demain.

Samuel jeta sur la chevrière un coup d'œil de sarcasme.

— Il paraît que tu te repens de nous avoir amenés? dit-il. — Vous surtout, répondit-elle. Mais lui non plus, reprit-elle en regardant Christiane d'un air de douloureuse affection, lui non plus n'a pas apporté le bonheur... — Et où as-tu vu cela? demanda Samuel en ricanant toujours. — Dans la belladone et le trèfle desséché.

— Ah! dit Samuel au pasteur, Gretchen aussi fait de la botanique? — Oui, répondit le père de Christiane; elle a la prétention de lire dans les plantes le présent et l'avenir. — Je crois, dit gravement la chevrière, que les herbes et les fleurs, n'ayant pas fait de mal comme en ont fait les hommes, sont plus dignes que nous que Dieu leur parle. A cause de leur innocence, elles savent tout. Moi, j'ai vécu beaucoup avec elles, et elles ont fini par me dire quelques-uns de leurs secrets.

Et Gretchen retomba dans sa distraction morne. Néanmoins, tout absorbée qu'elle parût, elle poursuivit, de façon à être entendue de tous, comme si elle eût été seule et qu'elle se fût parlé à elle-même :

— Oui, c'est le mauvais sort que j'ai introduit sous le toit qui m'est cher. Le pasteur a sauvé ma mère, Dieu veuille que je n'aie pas perdu sa fille. Ma mère errait sur les routes disant la bonne aventure, me portant sur son dos, sans mari et sans religion, sans personne sur la terre ni au ciel. Le pasteur l'a recueillie, l'a nourrie, l'a enseignée. Grâce à lui, elle est morte en chrétienne. Eh bien! ma mère, tu vois, celui qui a donné un paradis à ton âme et du pain à ta fille, moi je l'ai remercié en amenant chez lui des hommes de malheur. Misérable ingrate que je suis! J'aurais dû les deviner à la manière dont je les rencontrai. J'aurais dû me défier d'après ce que je leur entendais dire. L'orage les a apportés, et ils ont apporté l'orage. — Mais calme-toi donc, Gretchen, dit Christiane d'un air un peu fâché. En vérité, tu n'es pas raisonnable aujourd'hui. As-tu la fièvre? — Mon enfant, dit le pasteur, tu as tort, je te l'ai dit bien des fois, de vouloir toujours vivre ainsi seule. — Seule, non pas! Dieu est avec moi, reprit Gretchen.

Et elle appuya sa tête dans ses deux mains avec une sorte d'abattement égaré.

Puis, continuant : — Ce qui doit arriver arrivera, dit-elle. Ce n'est pas lui, avec sa bonté confiante, ce n'est pas elle, avec son cœur de colombe, ce n'est pas moi, avec mes bras maigres, qui pourrons écarter la destinée. Devant le démon, nous serons aussi faibles à nous trois que le serait le petit Lothario. Et je ne suis pas celle à qui il doit être le moins funeste. Ah! il vaudrait mieux ne pas prévoir ce qu'on ne peut empêcher. Savoir ne sert qu'à souffrir.

En achevant ces mots, elle se leva brusquement, jeta sur les deux étrangers un regard farouche, et rentra dans sa cabane.

— Pauvre petite! dit le pasteur. Elle deviendra certainement folle, si elle ne l'est déjà. — Elle vous a effrayée, mademoiselle? demanda Julius à Christiane. — Non, elle m'a émue. Elle est dans ses rêves, répondit la jeune fille. — Moi, je la trouve très-charmante et très-amusante, dit Samuel, qu'elle rêve ou qu'elle veille, qu'il fasse jour ou qu'il fasse nuit, que le soleil brille ou que l'orage gronde.

Pauvre Gretchen! les habitants de la cure la traitaient comme les Troyens traitaient Cassandre.

Un bruit de pas arracha les promeneurs aux émotions de diverses natures que leur avait causées cette scène singulière. C'étaient les chevaux qui arrivaient.

VI

OU L'ON VA DE LA JOIE AU BRUIT, CE QUI, POUR QUELQUES-UNS, DIFFÈRE.

L'instant de la séparation était venu. Il fallait se dire adieu. Le pasteur fit renouveler à Julius et à Samuel leur promesse de revenir au presbytère dès qu'ils pourraient avoir un jour de liberté.

— On n'étudie pas le dimanche, hasarda Christiane; et, sur cette observation, il fut convenu que les deux jeunes gens reviendraient dès le dimanche suivant : cela ne faisait que trois jours pleins d'absence.

Quand les étudiants furent en selle, Julius regarda Christiane avec des yeux qui tâchaient de ne pas être tristes.

Et son regard s'arrêtait en même temps avec envie sur l'églantine qu'il lui avait fait donner par Lothario, et qu'il eût bien voulu reprendre, maintenant qu'elle l'avait portée.

Mais elle avait l'air de n'y pas faire attention, seulement, elle lui dit, toute souriante, la main étendue vers lui : — A dimanche, bien sûr? — Oh! oui, certes, répondit-il d'un ton qui fit sourire la jeune fille et rire Samuel. A moins donc qu'il ne m'arrive malheur, ajouta-t-il à demi-voix.

Mais, si bas qu'il eut parlé, Christiane entendit. — Quel malheur peut-il vous arriver en trois jours? demanda-t-elle toute pâlissante. — Qui sait! dit Julius, moitié riant, moitié sérieux. Mais voulez-vous que j'échappe à tous ces périls? Cela vous est bien facile, à vous qui êtes un ange. Vous n'avez qu'à prier Dieu un peu pour moi. Tenez, demain, par exemple, au prêche. — Demain! au prêche! répéta Christiane frappée. Vous entendez ce que demande M. Julius, mon père?. — Je t'ai toujours habituée à prier pour nos hôtes, ma fille, dit le pasteur. — Me voici donc invulnérable, dit Julius. Avec la prière d'un séraphin, il ne me manque plus que le talisman d'une fée.

Il regardait toujours l'églantine.

— Allons, reprit Samuel, il est grand temps de partir, fût-ce pour ces périls innocents. Est-ce que tous les hommes ne courent pas tous les jours des dangers auxquels ils échappent? D'ailleurs, je suis là, moi, que Gretchen prend, je crois, un peu pour le diable, et le diable peut beaucoup dans les affaires humaines. Et après tout, bah! le vrai but des mortels n'est-il pas de mourir? — Mourir! s'écria Christiane retrouvant la parole. Oh! oui, monsieur Julius, je prierai pour vous, — quoique je pense que vous ne soyez pas en danger de mort. — Allons, adieu, adieu, dit Samuel avec impatience; partons, Julius, partons. — Adieu, mon grand ami, cria Lothario. — Voyons, dit Christiane, ne donnes-tu pas à ton grand ami ta fleur comme souvenir? Et elle rendit à l'enfant l'églantine.

— Mais, je suis trop petit, s'écria Lothario, tendant vainement la main.

Alors Christiane éleva l'enfant dans ses bras et l'approcha du cheval de Julius, et Julius prit l'églantine.

Fut-ce seulement de la main de Lothario?

— Merci et adieu! s'écria-t-il tout ému.

Et, saluant une dernière fois de la main Christiane et son père, il éperonna son cheval, comme pour lui faire emporter son émotion, et partit au grand trot.

Samuel en fit autant. Une minute après, les deux amis étaient déjà loin.

Mais, à cinquante pas environ, Julius s'était retourné et avait vu Christiane qui, se retournant aussi, lui adressait un dernier geste d'adieu.

Pour tous deux, ce départ était déjà une séparation, et chacun sentait qu'il laissait à l'autre quelque chose de lui-même.

Les jeunes gens firent un quart de lieue, pressant leurs chevaux et n'échangeant pas une parole.

La route était charmante. D'un côté, la montagne et la forêt; de l'autre, le Neckar, répétant dans ses eaux calmes la sereine beauté du ciel. Le soleil, déjà attiédi par l'approche du soir, emplissait les branches de rayons roses.

— Voilà un joyeux paysage! dit Samuel en ralentissant le pas de son cheval. — Aussi le quittons-nous pour les rues bruyantes et pour les tavernes enfumées, répondit Julius. Je n'ai jamais mieux senti qu'en ce moment combien je vais peu à toutes vos orgies, à toutes vos querelles et à tous vos tumultes. J'étais fait pour la vie tranquille, pour les joies paisibles... — Et pour Christiane! Tu oublies l'essentiel. Avoue que, pour toi, le village, c'est la villageoise. Eh bien! tu n'as pas tort : la fillette est gentille, et la sorcière aussi. Et, comme toi, je compte bien revenir dans le canton. Mais, parce que nous avons découvert ce gentil nid d'oiseaux, ce n'est pas un motif d'être tristes Au contraire. Occupons-nous de demain, et nous penserons ensuite à dimanche. Si nous survivons, nous aurons tout le temps de faire des pastorales et d'être même amoureux; mais jusque-là soyons hommes.

Ils s'arrêtèrent un instant à Neckarsteinach pour boire une bouteille de bière et pour faire souffler leurs chevaux. Puis ils achevèrent lestement la route, et il faisait encore jour lorsqu'ils entrèrent à Heidelberg.

Dans toutes les rues et à toutes les fenêtres d'hôtels on ne voyait qu'étudiants. En reconnaissant Samuel et Julius, tous saluaient. Samuel paraissait être l'objet d'une vénération profonde. Les casquettes de toutes couleurs, jaunes, vertes, rouges, blanches, s'abaissaient respectueusement à son passage. Mais, quand ce fut dans la grande rue, le respect fit place à l'enthousiasme, et l'entrée devint un triomphe.

Les étudiants, à quelque grade qu'ils appartinssent, les *Maisons-Moussues* comme les simples *pinsons*, les *renards d'or*, comme les *mulets*(1), débordèrent aux fenêtres et au pas des

(1) Noms des divers degrés de la hiérarchie des étudiants. Ici, comme dans tous les autres détails des mœurs de la vie

portes; les uns agitant leurs casquettes en l'air; les autres présentant les armes avec des queues de billard, tous entonnant, d'une voix formidable, la chanson célèbre :

Qui descend là-bas de la colline?

Terminée par l'interminable Vivallerallerallerrraâá...

A toutes ces marques d'honneur, Samuel répondait à peine par un léger signe de tête. Et voyant que toute cette joie redoublait la mélancolie de Julius :

— Silence! cria-t-il, vous rompez la tête de mon ami. Allons! assez! Nous prend-on pour des *chameaux* ou pour des *philistins*, qu'on nous charivarise de ces glapissements? Holà! écartez-vous, ou il nous sera impossible de descendre de cheval.

Mais la foule ne s'éclaircissait pas. C'était à qui prendrait la bride du cheval de Samuel, pour avoir l'honneur de le conduire à l'écurie.

Un étudiant de trente ans au moins, et qui devait être *Vieille-Maison*, sinon *Maison-Moussue*, se précipita hors de l'hôtel, repoussa les pinsons et les simples compagnons qui entouraient Samuel, et, se livrant à des sauts et à des bonds prodigieux :

— A bas les mains! s'écria-t-il. Eh! bonjour, Samuel! Bonjour, mon noble *senior*. Hurrah! — Bonjour, Trichter; bonjour, mon cher *renard-de-cœur*, dit Samuel. — Te voilà de retour, enfin, grand homme! reprit Trichter. Ah! comme le temps et la vie nous duraient en ton absence! Enfin te voilà! Vivallerallera!... — Bien, Trichter, bien! Je suis touché de ta joie. Mais permets-moi de mettre pied à terre. Là. Laisse Lewald conduire mon cheval. Tu fais la moue? — Écoute donc, dit Trichter piqué; une telle faveur... — Oui, Lewald n'est qu'un simple compagnon, je le sais. Mais il n'est pas mal que, de temps à autre, les rois fassent quelque chose pour le peuple. Toi, entre avec Julius et moi dans la *maison de commerce*.

Ce que Samuel appelait : « la maison de commerce » était l'hôtel du Cygne, la principale auberge d'Heidelberg, devant la porte de laquelle il venait de s'arrêter.

— Pour qui tant de monde ici? demanda Samuel à Trichter. Est-ce qu'on m'attendait? — On fête la rentrée des vacances de Pâques. dit

d'étudiant en Allemagne, qui paraîtront peut-être un peu étranges en France, qu'on sache bien que nous racontons, que nous n'inventons pas.

Alors Christiane éleva l'enfant dans ses bras. — PAGE 15.

Tritchter; tu arrives à temps. Il y a *commerce de renards*. — Allons-y donc, dit Samuel.

Le maître d'hôtel, prévenu de l'arrivée de Samuel, accourt, fier et humble à la fois.

— Oh! oh! vous tardez bien! dit Samuel. — Pardon, répondit le maître d'hôtel, c'est que nous attendons ce soir S. A. R. le prince Charles-Auguste, le fils de l'électeur de Bade, qui passe par Heidelberg pour se rendre à Stuttgard. — Eh bien, qu'est-ce que cela me fait? Il n'est qu'un prince; moi je suis roi.

Julius s'approcha de Samuel, et tout bas : — Est-ce que la présence du prince dérange quelque chose à nos affaires de cette nuit et de de-main? demanda-t-il. — Au contraire, à ce que je présume. — Bien. Entrons, alors.

Et Samuel, Julius et Tritchter entrèrent dans l'ébouriffant festival que Tritchter avait appelé Commerce de renards.

VII

COMMERCE DE RENARDS.

Quand la porte de la salle immense s'ouvrit, Julius débuta par ne rien voir et ne rien entendre. La fumée le faisait aveugle, le vacarme le faisait sourd. Il en était au reste ainsi pour tous. Mais on s'habituait peu à peu, et, après quelques instants, on distinguait vaguement des rafales de bruit dans des nuages de tabac. Puis les lustres énormes scintillaient faiblement comme les réverbères dans l'épaisseur du brouillard, et l'on finissait par voir s'agiter dans une clarté trouble des apparences de formes humaines.

Hurrah et Vivallera ! Il y avait là des étudiants tout jeunes qui en eussent remontré à un docteur Chaldéen pour la longueur de la barbe; il y avait des moustaches qu'un saule pleureur eût enviées; il y avait les accoutrements les plus joyeux du monde; la toque de Faust avec la plume de héron, des cravates monstres où de temps en temps toute la tête disparaissait, des chaînes d'or massif sur des cous nus; il y avait surtout des verres à inquiéter un tonneau, et des pipes à frapper de consternation des tuyaux de poêle.

Fumée, flots de vin, musique étourdissante, chœur à tue-tête, valse à perdre haleine, baisers sonores sur les joues fraîches des jeunes filles qui éclataient de rire, tout cela se croisait dans un pêle-mêle étrange et diabolique comme un vertige d'Hoffmann.

Samuel fut accueilli dans la salle comme dehors. — On lui apporta aussitôt sa pipe et son *Ræmer* royal et gigantal tout plein.

— Qu'est-ce qu'il y a là dedans? dit-il. — De la bière forte. — Allons! est-ce que j'ai l'air d'un étudiant d'Iéna? Jette-moi cela et apporte-moi du punch.

On remplit la coupe de punch. Elle contenait plus d'une pinte. Il la vida d'un trait. Les applaudissements tonnèrent dans toute la salle.

— Vous êtes puérils, dit Samuel.

Il reprit : — Mais je m'aperçois avec douleur que la valse manque d'entrain et les chants de bruit. Fanfare, donc! cria-t-il à l'orchestre.

Et il alla droit à un Renard d'or qui valsait avec la plus jolie fille du bal. Il la lui prit sans façon et se mit à valser.

Toute la salle fut dès lors attentive, immobile et silencieuse. C'est que la danse de Samuel avait quelque chose de bizarre et de profond qui s'emparait irrésistiblement des spectateurs. Il commença gravement, puis son mouvement devint d'une langueur amoureuse et tendre, qu'interrompit brusquement un geste saccadé. Il se prit à tourner avec une rapidité incroyable, — passionné, déchaîné, tout-puissant. Et tout à coup, à travers cette joie insensée, il s'arrêtait et passait sans transition du délire enthousiaste au froid dédain; un pli d'ironie se dessinait à sa lèvre. Par moments une inexprimable tristesse emplissait son regard, et l'on se sentait prêt à le plaindre; mais aussitôt un geste risible et un haussement d'épaules refoulaient et raillaient l'attendrissement. Ou bien sa mélancolie se changeait en amertume, un feu sinistre jaillissait de sa paupière, et sa valseuse palpitait dans ses bras comme la colombe dans les serres du vautour.

Danse inouïe qui allait en une seconde du ciel à l'enfer, et devant laquelle on ne savait s'il fallait pleurer, rire ou trembler.

Il termina par un accès de tournoiement si entraînant et si fascinateur, que les autres valseurs, qui jusque-là étaient restés à le regarder, furent emportés dans le tourbillon, et que, pendant un quart d'heure, la salle ne fut plus qu'un ouragan.

Puis, Samuel se rassit tranquillement sans qu'une goutte de sueur perlât son front. Seulement il demanda un second bol de punch.

Julius, lui, ne s'était pas mêlé à la bacchanale. Noyé dans cette mer de bruit, sa pensée était au presbytère de Landeck. Chose singulière! dans toute cette tempête de voix enrouées, il n'entendait qu'une douce voix de vierge enseignant les lettres à un enfant sous les arbres.

Le maître d'hôtel vint parler bas à Samuel.

C'était le prince Charles-Auguste qui demandait au roi des étudiants la permission d'entrer dans le *Commerce de renards*.

— Qu'il entre, dit Samuel.

A l'entrée du prince, les *studiosi* soulevèrent leurs casquettes. Samuel, seul, ne toucha pas la sienne. Il tendit la main au prince, et lui dit : — Soyez le bienvenu, mon cousin.

Et il lui offrit un siége auprès de lui et de Julius.

A ce moment, une petite joueuse de guitare venait de chanter une chanson de Kœrner et faisait la quête. Elle arriva près de Charles-Auguste, qui regarda derrière lui pour demander de l'argent à quelqu'un de sa suite. Mais on n'avait laissé entrer personne avec lui.

Alors il se tourna vers Samuel. — Voulez-vous payer pour moi, sire? — Volontiers.

Samuel tira sa bourse.

— Tiens, dit-il à la bohémienne, voici pour moi, le roi, cinq frédérics d'or, et voici pour le prince, un kreutzer.

Un kreutzer vaut un peu plus d'un liard.

Des applaudissements frénétiques ébranlèrent les voûtes de la salle. Le jeune prince sourit et applaudit lui-même.

Il sortit quelques instants après.

Presque aussitôt Samuel appela Julius d'un geste : — C'est l'heure, lui dit-il tout bas.

Julius fit un signe et s'esquiva.

L'orgie touchait à son paroxysme. La poussière et le tabac avaient fait l'atmosphère plus impénétrable qu'un brouillard de décembre. On ne voyait plus qui entrait ni qui sortait.

Samuel se leva, et, à son tour, se glissa dehors.

VIII

SAMUEL EST PRESQUE ÉTONNÉ.

Il était alors minuit, heure où, depuis deux heures, tout dort dans les villes d'Allemagne, même dans les Universités. Il n'y avait plus d'éveillé à Heidelberg que le *Commerce de renards*.

Samuel se dirigea vers les quais, choisissant les rues les moins hantées et se retournant par intervalles pour s'assurer qu'il n'était pas suivi. Il gagna ainsi les bords du Neckar, qu'il longea quelque temps ; puis il tourna brusquement à droite, et prit les rampes qui conduisent aux ruines du château d'Heidelberg.

Au premier étage de cette route-escalier qui grimpe la côte, un homme sortit soudain d'un bouquet d'arbres et vint à Samuel : — Où allez-vous ? — Je vais sur la hauteur où l'on s'approche de Dieu, répondit Samuel, selon la formule prescrite. — Passez, dit l'homme.

Samuel continua son ascension et eut bientôt gravi les dernières marches.

Quand il fut arrivé à l'enceinte du château, un second veilleur se détacha d'une poterne : — Que faites-vous ici à cette heure ? — Je fais l'..., dit Samuel. — Puis, au lieu d'achever le mot d'ordre, il se mit à ricaner : une des idées bizarres qui lui passait par là cervelle. — Ce que je fais ici à cette heure ? reprit-il simplement. Eh ! parbleu ! je me promène.

Le veilleur tressaillit; et, comme dans un moment de colère, frappant bruyamment la muraille d'un bâton ferré qu'il tenait à la main : — Retournez chez vous, je vous le conseille, dit-il à Samuel ; ni l'heure ni le lieu ne sont propres à la promenade.

Samuel haussa les épaules.

— Il me plaît d'admirer les ruines au clair de lune. Qui êtes-vous pour m'en empêcher ? — Je suis un des gardiens du vieux château, et l'ordonnance ne veut pas qu'on y pénètre après dix heures. — Les ordonnances sont pour les philistins, dit Samuel, et moi je suis un étudiant !

Et il fit mine d'écarter le veilleur pour entrer.

— Pas un pas de plus, sur votre tête ! cria l'homme en mettant la main dans sa poitrine.

Samuel crut voir qu'il en tirait une lame. En même temps, avertis par le bruit du coup de bâton, cinq ou six hommes s'approchaient silencieusement en se glissant derrière les broussailles.

— Oh ! pardon, dit alors Samuel en riant, vous êtes peut-être celui auquel je dois répondre : Je fais l'œuvre de ceux qui dorment.

Le veilleur respira et remit son couteau dans son gilet. Les autres s'éloignèrent.

— Il était temps, l'ami, dit le veilleur. Une seconde de plus, vous étiez mort. — Oh ! j'aurais un peu résisté. Mais je vous fais mon compliment sincère. Je vois que nous serons bien gardés. — N'importe, camarade, vous êtes hardi de jouer avec ces choses-là. — J'ai joué avec bien d'autres.

Il passa et entra dans la cour. La lune donnait en plein sur la façade de l'antique château de Frédéric IV et d'Othon-Henri. C'était un magnifique spectacle que de voir ainsi éclairées les deux fourmillantes devantures sculptées, l'une pleine de divinités et de chimères, l'autre pleine de palatins et d'empereurs.

Mais Samuel n'était pas en humeur d'admirer des sculptures. Il se contenta, en passant, de dire un mot obscène à Vénus, de faire un geste de défi à Charlemagne, et il alla droit à l'entrée de la ruine.

Une troisième sentinelle défendait l'entrée : — Qui êtes-vous ? — Un de ceux qui punissent les punisseurs. — Suivez-moi, dit la sentinelle.

Samuel suivit son guide à travers les broussailles et les débris, non sans se cogner plus d'une fois le genou aux blocs tombés et ensevelis dans les hautes herbes.

Quand il eut traversé ces décombres énormes d'un grand palais et d'une grande histoire, quand il eut bien foulé du pied ces plafonds que tant de rois avaient vus sur leur front, — le guide s'arrêta, ouvrit une porte basse, et montra une excavation dans le sol.

— Descendez, dit-il, et ne bougez pas jusqu'à ce qu'on vienne vous chercher.

Il referma la porte, et Samuel se trouva dans

un sentier en pente où pas un rayon ne parve-
nait ; puis la pente cessa. Au moment où Samuel entrait dans une sorte de cave profonde, et
avant que ses yeux se fussent habitués à l'ombre, il sentit une main qui serrait la sienne, et la
voix de Julius lui dit : Tu es en retard. Ils entrent en séance. Écoutons et regardons.

Samuel se fit aux ténèbres et put alors distinguer à quelques pas des formes humaines dans
une sorte de chambre fermée par un renflement
du terrain et par des arbustes. Là, sur des blocs
de granit, sur des quartiers de grès, sur des frag-
ments de statues, sept hommes masqués étaient
assis : trois à droite, trois à gauche, le septième
au centre et plus élevé que les autres.

Un filet de lune filtrant à travers les fentes de
la pierre éclairait faiblement le mystérieux con-
clave.

— Introduisez les deux champions, dit un des
Sept. Mais celui qui parlait n'était pas celui qui
paraissait le président, et qui, lui, restait muet
et immobile.

Samuel allait s'avancer quand deux jeunes gens
précédés d'un assesseur entrèrent.

Samuel et Julius reconnurent deux de leurs
camarades de l'Université.

Celui des Sept qui avait dit de les introduire
les interrogea.

— Vous vous appelez Otto Dormagen ? dit-il
à l'un. — Oui. — Et vous, Franz Ritter ? demanda-t-il à l'autre. — Oui. Vous appartenez
tous deux à la Tugendbund ? (Union de Vertu.)
— Oui. — Comme tels, vous vous souvenez que
vous nous devez obéissance absolue ? — Nous
nous en souvenons. — Vous êtes de l'Université
d'Heidelberg et de la Burgenschaft (tige des
compagnons); alors vous connaissez deux d'entre
vous qui occupent à l'Université des grades éle-
vés, Samuel Gelb et Julius d'Hermelinfeld ?

Samuel et Julius se regardèrent dans l'ombre.

— Nous les connaissons, répondirent les étudiants. — Vous avez tous deux une grande réputation d'escrime, et vous avez toujours été heureux dans tous ces duels dont les étudiants font
les apéritifs de leurs déjeuners ? — En effet. —
Eh bien ! voici nos ordres : Demain, sans autre
retard et sur n'importe quel prétexte, vous pro-
voquerez Julius d'Hermelinfeld et Samuel Gelb,
et vous vous battrez avec eux.

Samuel se pencha vers Julius : — Tiens, dit-il,
la scène n'est pas dénuée d'originalité. Mais pourquoi diable nous y fait-on assister ?

— Obéirez-vous ? demanda l'homme masqué.

Otto Dormagen et Franz Ritter se taisaient et
semblaient hésiter. Otto essaya de répondre.

— C'est que, dit-il, Samuel et Julius savent
aussi manier assez bien la rapière.

— Flatteur ! murmura Samuel.

— C'est pour cela, reprit la voix, que nous
avons choisi deux tireurs comme vous. — Si l'on
veut être sûr du coup, dit Franz, le poignard
vaudrait mieux que l'épée.

— Je le crois, dit Samuel.

L'homme masqué répondit : — Il est nécessaire que la blessure s'explique naturellement.
Une querelle entre étudiants est une chose de tous
les jours qui n'inspirera pas de soupçons.

Les deux *studiosi* ne paraissaient pas décidés
encore :

— Songez, ajouta la voix, que c'est le 1er juin,
dans dix jours, la grande assemblée, et que nous
aurons à y demander pour vous récompense ou
châtiment. — J'obéirai, dit Franz Ritter. —
J'obéirai, dit Otto Dormagen. — C'est bien.
Bon courage et bonne chance. Vous pouvez vous
retirer.

Franz et Otto sortirent, emmenés par l'assesseur qui les avait introduits. Les Sept ne pronon-
cèrent pas une parole.

Au bout de cinq minutes, l'assesseur revint et
dit : — Ils sont hors de l'enceinte. — Introduisez
les deux autres champions, dit l'homme masqué,
qui parlait au nom des Sept.

L'assesseur se dirigea du côté où Julius et Samuel attendaient. — Venez, leur dit-il.

Et Samuel et Julius se trouvèrent à leur tour
dans cette étrange salle du conseil, en présence
des sept hommes masqués.

IX

OÙ SAMUEL EST PRESQUE ÉMU.

Le même homme masqué qui avait interrogé
Franz et Otto prit la parole :

— Vous vous appelez Julius d'Hermelinfeld ?
dit-il à Julius. — Oui. — Et vous, Samuel Gelb ?
— Oui. — Vous appartenez à la Tugendbund,
et, comme tels, vous nous devez obéissance ? —
C'est vrai. — Vous avez vu la figure et entendu
les noms des deux étudiants qui sortent d'ici ?
Vous savez ce qu'ils ont promis pour demain ?
— Ils ont promis la peau de l'ours, dit Samuel,
qui eût raillé le Père éternel. — Ils vous provo-
queront. Vous vous battrez. Vous êtes les deux

Samuel Gelb.

plus adroits tireurs de l'université de Heidelberg. Il est inutile de les tuer. Vous vous contenterez de les blesser gravement. Obéirez-vous? — J'obéirai, répondit Julius. — C'est bien, dit la voix. Mais vous, Samuel Gelb, est-ce que vous réfléchissez? — Eh! oui, répliqua Samuel; je réfléchis que ce que vous nous demandez est précisément ce que vous venez de demander aux deux autres, et je cherche à comprendre pourquoi vous faites battre ainsi des hommes à vous contre des hommes à vous. J'avais cru jusqu'ici que la jeune Allemagne n'était pas la vieille Angleterre, et que la Tugendbund avait été instituée pour autre chose que pour s'amuser à des combats de coqs. — Il ne s'agit pas de s'amuser, reprit l'homme masqué, il s'agit de punir. Nous ne vous devons pas d'explications; mais il est juste et bon que notre indignation vous anime. Nous avons à nous délivrer de deux faux frères qui nous trahissent, et l'Union vous fait l'honneur de vous remettre son épée. — A nous ou à eux? demanda Samuel... Qui nous assure que ce n'est pas de nous que vous voulez vous débarrasser? — Votre conscience. Nous voulons frapper deux traîtres; vous savez mieux que personne si c'est vous. — Oh! ne pouvez-vous pas nous croire traîtres sans que nous le soyons? — Frère de peu de foi! Si c'était contre vous que nous cussions préparé ce duel, nous ne vous aurions pas fait assister à la comparution de vos adversaires; nous leur aurions donné nos ordres en secret; ils vous auraient insulté; vous êtes braves; vous vous seriez battus, et vous auriez ignoré que nous fussions en rien dans l'affaire. Tout au contraire, nous vous avons prévenus dix jours d'avance. Vous étiez en vacances dans votre ville natale de Francfort quand le voyageur du Mein est venu vous convoquer pour le 20 mai, en vous enjoignant de vous exercer à l'escrime, parce que vous auriez à soutenir, ce jour-là même, un combat mortel. C'est là une singulière façon de vous tendre un piége ! — Mais, dit encore Samuel qui cachait une arrière-pensée amère sous tous ces prétendus doutes; mais si Franz et Otto sont des traîtres, pourquoi nous recommandez-vous de les blesser seulement?

L'homme masqué hésita un moment; puis, après avoir consulté du geste les autres hommes masqués : — Écoutez, nous voulons que vous ayez pleine confiance dans votre cause et dans nos intentions. Donc, et bien que les statuts exigent de vous l'obéissance passive et sans questions, nous consentons à répondre jusqu'au bout.

Il reprit : — Il y a sept mois que le traité de Vienne a été signé. La France triomphe. Il n'y a plus en Allemagne que deux pouvoirs réels debout : l'empereur Napoléon et la Tugendbund. Tandis que les cabinets officiels, l'Autriche et la Prusse, courbent la tête sous la botte du vainqueur, l'Union poursuit son œuvre. Où l'épée cesse, le couteau commence. Frédéric Staps s'est dévoué, et son poignard a failli faire de Schœnbrunn l'autel de l'indépendance. Il est mort; mais le sang des martyrs baptise les idées et engendre les dévouements. Napoléon le sait et il a les yeux sur nous. Il nous fait épier, Otto Dormagen et Franz Ritter sont à lui, nous en avons acquis la certitude. Ils comptent assister, en vertu de leur droit, à notre assemblée générale du 1ᵉʳ juin, pour savoir et vendre les importantes résolutions qui y seront communiquées aux adeptes. Il ne faut pas qu'ils y assistent. Comment les en empêcher? En les tuant, direz-vous? Mais, eux supprimés, la police de Napoléon les remplacerait à tout prix. Or, notre intérêt est de connaître les espions pour nous défier d'eux et pour abuser de l'ennemi au besoin par de fausses confidences. Il ne faut donc pas que ceux-ci meurent. Une blessure un peu profonde les mettra au lit pour quelques jours, et, quand ils pourront se lever, l'assemblée sera passée. Nous avons poussé le soin jusqu'à leur donner le rôle d'agresseurs. Ils n'auront aucun soupçon et continueront à dénoncer à la France les plans qu'il nous conviendra de leur confier. Comprenez-vous maintenant pourquoi nous vous recommandons de les blesser seulement? — Et si ce sont eux qui nous blessent? objecta encore Samuel. —Alors, dit la voix, les lois sur le duel les obligent à se cacher pendant les premiers jours, et nous avons des amis en position de les poursuivre officiellement et de les arrêter au moins pendant quinze jours. — Oui, dans les deux cas, tout est bénéfice... pour la Tugendbund, reprit Samuel.

Les six hommes masqués firent un signe d'impatience. Le seul qui eût encore parlé eut alors un accent plus sévère : — Samuel Gelb, nous avions bien voulu vous donner une explication, quand nous aurions pu ne vous donner qu'un ordre. Assez de paroles. Obéissez-vous, oui ou non ? — Je ne dis pas que je refuse, répondit Samuel; mais, ajouta-t-il, trahissant enfin sa véritable pensée, il m'est permis de me trouver quelque peu humilié en voyant la médiocre besogne à laquelle la Tugendbund nous emploie. On nous juge modérément précieux, ce me semble, et l'on n'est pas très-avare de nous. Je vous l'avoue franchement : j'ai orgueil de croire que je vaux un peu plus qu'on ne m'estime. Moi qui suis le premier à Heidelberg, je ne suis encore dans l'Union qu'au troisième degré. Je ne sais pas qui vous êtes, et je veux bien croire qu'il y en a parmi vous qui me sont supérieurs. Je m'incline, si l'on veut, devant celui qui a parlé et dont j'ai déjà, je pense, entendu ce soir la voix. Mais j'affirme qu'il en est plus d'un dans vos grades supérieurs dont je suis au moins l'égal. Je trouve donc que vous pouviez nous demander une entreprise plus haute, et que vous employez le bras là où vous pouviez employer la tête. J'ai dit. Demain j'agirai.

Alors celui des Sept qui était assis sur un bloc plus élevé, et qui n'avait pas jusque-là dit un mot ni fait un geste prit la parole, et, d'une voix lente et grave : — Samuel Gelb, dit-il, nous te connaissons. Tu n'as pas été admis dans la Tugendbund sans passer par des épreuves. Et qui te dit que ce qui t'arrive en ce moment n'est pas une épreuve encore? Nous te connaissons pour un esprit supérieur et pour une volonté robuste. Tu vaux et tu peux. Mais il te manque le cœur, la foi, l'abnégation. Samuel Gelb, j'ai peur que ce ne soit pas pour la liberté de tous, mais pour ton orgueil personnel, que ce ne soit pas pour servir notre cause, mais pour te servir de notre force, que tu as voulu être des nôtres. Or, ce n'est pas pour des ambitions que nous luttons et que nous souffrons, c'est pour une religion. Ici, il n'y a pas de petite ni de grande besogne : tout concourt au même but ; le dernier vaut le premier. Il n'y a que des croyants, et les préférés sont les martyrs. Tu es dans les préférés, puisqu'on te désigne pour un péril. Quand nous te demandons un service, tu dis : Pourquoi ? tu devrais dire : Merci ! Malheureux, tu doutes de tout, excepté de toi-même. Nous ne doutons pas, nous, de ta valeur, mais nous doutons de ta vertu. Et c'est peut-être pourquoi, jusqu'à présent, tu n'as pas avancé dans l'*Union de Vertu*.

Samuel avait écouté avec une profonde attention cette parole magistrale et souveraine.

Il en parut frappé, car ce fut d'une tout autre voix qu'après un silence il répondit : — Vous vous méprenez. Si j'ai essayé de me faire valoir à vous, c'était dans l'intérêt de l'œuvre, et non de l'ouvrier. Dorénavant, je laisserai parler mes seules actions. Demain, pour commencer, je serai votre soldat, et rien que votre soldat. — Bien ! dit le président. Nous comptons sur toi. Compte sur Dieu.

Sur un signe du président, l'homme qui avait introduit Samuel et Julius, vint les reprendre. Ils remontèrent le sentier voûté qu'ils avaient descendu, retraversèrent les ruines, repassèrent devant les trois sentinelles et regagnèrent la ville profondément endormie.

Une demi-heure après, ils étaient tous deux dans la chambre de Samuel, à l'hôtel du Cygne.

X

LE JEU DE LA VIE ET DE LA MORT.

L'air tiède des nuits de mai entrait par la fenêtre ouverte, et les étoiles se noyaient comme amoureuses dans le rayonnement calme et doux de la lune.

Samuel et Julius, silencieux tous deux, étaient encore sous le coup de la mystérieuse scène à laquelle ils venaient d'assister. Julius en rapportait les impressions à l'idée de Christiane, réellement mêlée cette fois à la pensée de son père. Les réflexions de Samuel avaient pour unique objet — Samuel.

Le docteur hautain ne se troublait pas de grand'chose ; mais il est certain que le président de ce club suprême lui avait fait presque de l'effet. — Quel pouvait être, se demandait-il, cet homme qui parlait avec une autorité si supérieure, chef des chefs, tête d'un corps qui a des princes du sang pour membres ? Il ne tenait qu'à Samuel de rêver sous ce masque un empereur. — Oh ! devenir un jour le chef de cette association souveraine et toute-puissante, — quel rêve ! Ne plus tenir seulement dans ses mains les chétives existences de quelques individus, mais jouer avec les destinées de nations entières, — quel rôle !

Ainsi se disait Samuel, et c'est pourquoi l'avertissement sévère du président inconnu avait si profondément frappé son esprit.

Samuel s'apercevait avec terreur et confusion d'une chose : lui qui croyait avoir tous les défauts, du moins tous les grands, il lui en manquait un énorme, — l'hypocrisie. Ne serait-il donc que la moitié d'une force ? Quoi ! il avait commis l'imprudence de laisser voir, d'étaler fièrement ses espérances et sa valeur devant ceux qui, ayant le pouvoir, devaient être peu tentés d'y admettre une personnalité avide et envahissante. Enfantillage et sottise ! — Décidément, pensait Samuel, c'est un grand homme qu'Iago, et pardieu ! quand on joue aux cartes, il s'agit de gagner, n'importe comment.

Puis, quittant brusquement le fauteuil sur lequel il était assis, et se promenant à grands pas par la chambre. — Eh bien ! non, se dit-il, le front haut, les poings serrés, l'œil flamboyant ; non, plutôt perdre que de tricher ! L'audace, en somme, a des joies et des triomphes plus superbes que la bassesse, et j'attendrai encore quelques années avant de me faire Tartufe. Restons Titan, et essayons d'escalader le ciel avant de nous résoudre à le filouter.

Il s'arrêta devant Julius qui, la tête dans les mains, paraissait absorbé par une profonde rêverie. — Te couches-tu, toi ? lui demanda Samuel en lui posant la main sur l'épaule. Julius s'éveilla de son rêve. — Non, non, dit-il, il faut d'abord que j'écrive une lettre. — A qui donc ? à Christiane ? — Oh ! c'est impossible. Sous quel prétexte et de quel droit lui écrirais-je ? Mais je veux écrire à mon père. — Las comme tu es ? Tu lui écriras demain. — Je ne remettrai pas ce devoir à plus tard ; non, Samuel, je vais écrire tout de suite. — Soit donc, dit Samuel. En ce cas, par la même occasion, je vais lui écrire aussi, moi, à ce grand homme. — Et, murmura-t-il entre ses dents, une lettre de l'encre dont

J. A. BEAUCE   FISAH

— Si tu as tiré le nom de Dormagen, c'est probablement ton arrêt de mort. — Page 25.

Cham se servait pour écrire à Noë. Brûlons ces vaisseaux-là pour commencer.

Il reprit à voix haute : — Mais auparavant, Julius, nous avons un point essentiel à régler ensemble. — Lequel ? — Nous nous battons demain avec Franz et Otto. Bien que ce soit à eux à nous provoquer, nous pouvons cependant, en leur ménageant des occasions, et soit en évitant l'un d'eux, soit en le cherchant, choisir d'avance chacun notre adversaire. Or, Otto Dormagen est, sans contredit, le plus fort des deux. — Eh bien ? — De notre côté, ta modestie conviendra que celui de nous deux qui est le plus sûr de son épée, c'est moi. — C'est possible. Après ? — Après, mon cher, je crois qu'il est juste que je me charge d'Otto Dormagen, et je m'en charge. Ne t'occupe donc que de Ritter. — C'est-à-dire que tu doutes de moi ? Merci. — Pas de niaiserie. Dans l'intérêt de la *Tugendbund*, sinon dans le tien. Je veux mettre toutes les chances de notre côté, voilà tout, et tu n'as pas même à m'en savoir gré. Souviens-toi que Dormagen possède certain coup de pointe extrêmement dangereux. — Raison de plus. Je refuserai toujours tout partage inégal d'un danger. — Ah ! tu fais le fier ! A ton aise, après tout, dit Samuel. Mais naturellement, je ferai le fier aussi, moi, et, demain, nous nous croirons obligés d'aller tous deux au plus périlleux ; chacun voulant prévenir l'autre, il en résultera un empressement maladroit dans notre abordage dudit Otto; c'est nous qui se- rons les provocateurs, les rôles seront interver- tis, et nous aurons désobéi à l'Union.—Prends Franz et laisse-moi Otto.—Enfant! dit Samuel. Allons! tiens, tirons au sort. — Pour cela, j'y consens. — C'est heureux.

Samuel écrivit les noms de Franz et d'Otto sur deux morceaux de papier.

—C'est absurde, ma parole d'honneur, ce que tu me fais faire là, disait-il en roulant les papiers et en les agitant dans sa casquette. Je ne puis comprendre, moi, que l'homme subor- donne jamais sa volonté intelligente et libre au caprice aveugle et stupide du hasard Prends ton billet. Si tu as tiré le nom de Dormagen, c'est probablement ton arrêt de mort, et tu te seras laissé marquer par le sort comme le mouton par le boucher, — la belle et glorieuse avance!

Julius dépliait déjà le billet qu'il avait pris; il s'arrêta. — Non, dit-il, j'aime mieux ne le lire qu'après avoir écrit à mon père. Et il le mit dans sa Bible.

— Ma foi, dit Samuel, moi j'en ferai autant que toi — par indifférence. Et il mit le billet dans sa poche. Puis tous deux s'assirent, l'un en face de l'autre, devant leur table de travail, et, éclai- rés par la même lampe, ils écrivirent.

Une lettre c'est souvent un caractère. Lisons donc la lettre de Julius et la lettre de Samuel. Voici d'abord celle de Julius :

« Mon très-cher et très-honoré père,

« Je sais et je sens profondément tout ce que je vous dois. Ce n'est pas seulement un nom il- lustre, le nom du plus grand chimiste de ce temps; ce n'est pas seulement une considérable fortune glorieusement acquise par des travaux européens; c'est encore, et surtout, la tendresse inépuisable et sans bornes par laquelle vous m'avez consolé de n'avoir jamais connu ma mère. Vous l'avez remplacée pour moi. Croyez que j'ai le cœur bien pénétré de votre sollicitude et de votre in- dulgence. Par là, vous m'avez fait deux fois votre fils, et je vous aime en même temps comme mon père et comme ma mère.

« J'éprouve le besoin de vous dire cela au mo- ment où mon brusque depart de Francfort, mal- gré vos ordres, semble m'accuser d'indifférence et d'ingratitude. En partant pour Cassel, vous m'aviez défendu de retourner à Heidelberg. Vous vouliez m'envoyer à l'université d'Iéna, où je se- rai séparé de Samuel, dont vous redoutez pour moi l'influence. Quand vous allez revenir à Franc-

fort, vous allez m'en vouloir d'avoir profité de votre absence pour accourir ici. Mais écoutez- moi, mon bon père, et vous me pardonnerez.

« Ce n'est ni l'ingratitude ni une escapade qui m'a ramené à Heidelberg, c'est un impérieux devoir. Quel devoir, je ne puis vous le dire. La responsabilité de votre position et vos devoirs officiels ne me permettent pas de parler, parce qu'ils ne vous permettraient peut-être pas de vous taire.

« Quant à l'ascendant que Samuel peut avoir sur moi, je ne le nie pas. Il exerce sur ma vo- lonté une domination à laquelle je ne puis me soustraire, domination violente, mauvaise, fu- neste, — mais nécessaire. Je vois ses défauts comme vous, mais vous ne voyez pas les miens comme moi. Je suis plus paisible et plus doux que lui, mais je manque de fermeté et de déci- sion. L'ennui et le dégoût ont facilement prise sur mon âme. Je me fatigue tout de suite. Je suis tranquille par mollesse, tendre par somno- lence. Eh bien! Samuel me réveille.

« Samuel, énergie toujours prête, volonté tou- jours passionnée, est, je le crois, je le crains, indispensable à mon apathie. Je ne me sens vivre que quand il est là. Lui absent, c'est à peine si j'existe. Il est fort à ma place. Ma seule initiative, c'est lui. Sans lui, je retombe. Sa gaieté âpre, son sarcasme farouche fouettent mon sang. Il est mon ivresse. Il le sait et il en abuse, car ce n'est pas un cœur affectueux et dévoué. Mais que voulez-vous? Reproche-t-on sa brutalité au guide qui secoue le voyageur sommeillant dans la neige? Reprocherez-vous son amertume au breuvage qui me brûle les lèvres pour m'arra- cher à ma torpeur? Et comment aimez-vous mieux que je sois, ivre — ou mort?

« Au reste, mon voyage n'aura pas été tout à fait en pure perte. Je suis revenu par l'Odenwald, et j'ai visité un admirable pays que je n'avais ja- mais vu. Je vous redirai, dans ma prochaine lettre, toutes les impressions qui me sont restées de cette excursion ravissante. Je vous confierai tout, à vous qui êtes mon meilleur ami. J'ai trouvé dans l'Odenwald une maison, et dans cette maison... Mais faut-il que je vous parle de cela? Ne me raillerez-vous pas, vous aussi? D'ailleurs, à l'heure qu'il est, je ne veux pas, je ne dois pas évoquer cette pensée, cette image.

« Je reviens à l'objet de cette lettre. Pardon- nez-moi mon indocilité, mon père. En ce mo- ment, je vous assure que j'ai bien besoin de croire que vous me la pardonnez... Mon Dieu!

mes allusions mystérieuses vont vous inquiéter peut-être? Cher père, si Dieu décide pour nous, j'ajouterai à cette lettre un mot qui vous rassure. Si je n'ajoute rien... si je n'ajoute rien, vous me pardonnerez, n'est-ce pas?... »

Depuis quelques minutes, Julius luttait avec peine contre la fatigue qui l'accablait. La plume, à cet endroit, lui échappa des mains, sa tête se pencha sur son bras gauche, ses yeux se fermèrent, il s'endormit. — Hé! Julius! dit Samuel, qui s'en aperçut.

Julius ne bougea pas. — Faible nature! se dit Samuel, interrompant aussi sa lettre. Dix-huit heures de veille suffisent à l'épuiser. A-t-il achevé son épître au moins? Voyons, qu'est-ce qu'il écrit à son père?

Il prit sans façon la lettre de Julius et la lut. Au passage qui le concernait, il eut aux lèvres un pli sardonique. — Oui, dit-il, tu m'appartiens, Julius; et plus que vous ne croyez, toi ni ton père. Depuis deux ans, je dispose de ton âme; depuis un moment, peut-être, de ta vie. Mais, au fait, je puis le savoir.

Il prit dans sa poche le billet qu'il avait tiré au sort, et lut : FRANZ RITTER. Il se mit à rire.

— Ainsi, il dépend de moi, selon toute apparence, de faire vivre ou mourir cet enfant. Je n'ai qu'à laisser les choses dans l'état où elles sont, Otto Dormagen l'embrochera comme un poulet. Il dort; je peux prendre son billet dans sa Bible et insérer délicatement le mien à sa place; avec Franz il s'en tirera. Le ferai-je? Ne le ferai-je pas? Pardieu! je n'en sais rien. Voilà une situation comme je les aime. Tenir dans ses mains comme un cornet de dés l'existence d'une créature humaine, jouer avec la vie et la mort; — c'est amusant! Prolongeons ce plaisir des dieux. Avant de me décider, je termine ma lettre, moins respectueuse, assurément, que celle de Julius, — bien que j'aie, sans doute, les mêmes raisons... naturelles pour respecter l'illustre baron.

La lettre de Samuel était, en effet, assez hardie.

XI

CREDO IN HOMINEM...

Voici la lettre de Samuel, et le titre de ce livre nous permet de la donner dans toute son audace.

« Monsieur et très-illustre maître,

« Franchement, croyez-vous en Dieu? C'est-à-dire, entendons-nous; croyez-vous à un Dieu distinct de nous, solitaire égoïste et rogue; créateur, dominateur et juge; qui, s'il ne prévoit pas les choses à venir, est aveugle et absurde comme toute espèce de chef du pouvoir exécutif; qui, s'il les prévoit, est impuissant comme un vaudevilliste de dixième ordre; car alors l'homme, son chef-d'œuvre, n'est qu'une créature faible, dépendante et stupide?

« Ou bien croyez-vous que ce qu'on appelle Dieu ne saurait s'abstraire de la vie et de l'humanité, et que c'est là ce que votre christianisme a, bon gré, mal gré, exprimé en disant que Dieu s'était fait homme?

« Pour toute conscience éclairée et non officielle de ce temps, la question n'en est plus une. Mais, devant les conséquences extrêmes de ce principe certain, les esprits timides hésitent, doutent et se troublent.

« La première de ces conséquences est celle-ci : Si Dieu est homme, l'homme est Dieu. Quand je dis l'homme, je ne parle pas du philistin ou du manant, de l'être qui compte ses écus comme un hanneton, ou qui creuse la terre comme un bœuf; je dis l'homme qui pense, qui aime, qui veut; je dis vous, je dis moi; je dis l'homme, enfin!

« Maintenant, l'homme, s'il est Dieu, a les droits d'un Dieu, c'est évident. Il est maître d'agir comme il lui plaît, et il n'a d'autres barrières que les limites de sa force. L'homme de génie ne relève que de son génie. Pas de scrupules. Napoléon, que nous sommes en train de maudire et que nous déifierons avant dix ans, sait ou sent cela, et c'est ce qui fait sa grandeur. Sur le troupeau du vulgaire, l'homme de génie a le plein pouvoir du berger — et du boucher.

« Le Satan de Milton dit : Mal, sois mon bien! C'est exclusif et borné. Moi, je ne me croirais pas forcé de ne jamais faire ce que les hommes appellent le mal; mais je ne me croirais pas forcé davantage de ne jamais faire ce qu'ils appellent le bien. La nature, qui produit les oiseaux, ne produit-elle pas aussi les reptiles?

« Mais l'ordre social, dites-vous. Parlons-en.

« Vous tenez beaucoup à l'ordre social, vous, je le conçois : il vous comble de tout. Mais moi! je suis juif, je suis bâtard, je suis pauvre; trois disgrâces indépendantes de ma volonté, et pour lesquelles, cependant, votre société me repousse, et dont elle me punit comme de trois crimes. Vous me permettrez de ne pas lui en être fort reconnaissant. Tant pis pour ceux qui maltraitent leur chien au lieu de lui donner à boire, et qui le nourrissent de coups de bâton! Le chien devient enragé et les mord.

« A qui donc ai-je des obligations? à vous, peut-être? Voyons.

« Il existe à Francfort une rue étroite, sombre et sale, pavée de cailloux pointus, étranglée entre deux rangs de maisons titubantes, qui s'entrecognent du front avec les maisons d'en face, comme si elles étaient ivres; une rue dont les boutiques vides s'ouvrent sur des arrière-cours pleines de ferrailles et de pots cassés; une rue qu'on ferme le soir à double tour comme un refuge de pestiférés : c'est la rue des Juifs.

« Jamais le soleil n'a daigné descendre dans ces immondes ténèbres. Eh bien ! vous avez été moins dédaigneux que le soleil. Un jour, il y a quelque vingt années, vous y êtes venu, et, en passant, vous avez vu, assise sur le seuil d'une porte et cousant, une jeune fille d'une beauté éclatante; — ce qui fait que vous y êtes revenu.

« Vous n'étiez pas, alors, le savant que l'Allemagne a enrichi et glorifié; mais vous étiez jeune, et vous aviez beaucoup d'esprit. La juive avait beaucoup de cœur. Ce qui résulta de cette rencontre de son cœur et de votre esprit, ce n'est pas vous, certes, qui me le diriez.

« Mais je sais que je suis né un an après, et que je suis bâtard.

« Ma mère, depuis, s'est mariée, et est allée mourir je ne sais où, en Hongrie. Moi, je n'ai connu que mon grand'père, le vieux Samuel Gelb, qui se chargea du fils de sa fille unique.

« Quant à mon père, j'ai dû le rencontrer plus d'une fois; mais jamais il n'a eu l'air de savoir qui j'étais; jamais il ne m'a avoué, ni en public, ni en secret. J'ai pu me trouver seul avec lui; il ne m'a jamais ouvert ses bras, il ne m'a jamais dit tout bas : Mon enfant.

« J'ai supposé qu'il avait fait son chemin dans le monde, et qu'il s'était marié. Il n'avait pu, sans doute, reconnaître un juif et un bâtard, à cause de son rang, à cause de sa femme, à cause de la naissance de quelque fils légitime peut-être... »

C'est à cet endroit de sa lettre que Samuel s'aperçut du sommeil de Julius, l'appela en vain pour l'éveiller, tira de sa poche le billet qui lui était échu, et y lut le nom de Franz Ritter. Après quelque hésitation, Samuel remit, comme nous l'avons vu, le billet dans sa poche et continua sa lettre.

« J'ai vécu ainsi jusqu'à douze ans sans savoir qui était mon père, et sans savoir qui vous étiez. A cet âge, un matin, j'étais assis, lisant, sur le même seuil où treize ans auparavant vous aviez vu ma mère coudre, quand tout à coup, en levant les yeux, j'aperçus un homme grave qui me regardait fixement. C'était vous. Vous entrâtes dans la boutique. Mon grand'père, interrogé par vous, vous exposa humblement que ce n'était pas l'intelligence ni la bonne volonté qui me manquaient; que j'apprenais tout ce que l'on voulait; que je savais déjà le français et l'hébreu qu'il avait pu m'enseigner; que je lisais tous les livres qui me tombaient sous la main : mais qu'il était pauvre et qu'il avait grand'peine à m'élever.

« Alors, vous eûtes l'extrême bonté de me prendre dans votre laboratoire de chimie, un peu comme élève, un peu comme domestique. Mais j'écoutais et j'étudiais. Pendant sept ans, grâce à mon organisation de fer, qui me permettait de doubler mes jours par mes nuits, grâce à mon énergie, qui me plongeait dans l'étude avec une sorte de rage, je pénétrai, un à un, tous les secrets de votre science, et à dix-neuf ans j'en savais aussi long que vous.

« J'avais appris le latin et le grec, par-dessus le marché, rien qu'en assistant aux leçons de Julius.

« Vous vous étiez attaché un peu à moi, je m'intéressais tant à vos expériences ! Et, comme j'étais volontiers taciturne et sauvage, vous ne vous doutiez pas de ce qu'il y avait au fond de moi. Mais cela ne pouvait pas durer. Vous n'avez pas tardé à vous apercevoir que j'allais seul et en avant de mon côté. Vous vous êtes irrité et je me suis irrité. Une explication a eu lieu entre nous.

« Je vous ai demandé à quoi vous faisiez aboutir votre science. Vous m'avez répondu : A la science. Eh! la science n'est pas le but, c'est le moyen. Moi, je voulais l'appliquer à la vie.

« Comment! nous avions dans les mains des secrets et des puissances terribles; nous pouvions, grâce à nos analyses et à nos découvertes, produire la mort, l'amour, l'hébétement, allumer, ou éteindre l'intelligence, et rien qu'en laissant tomber une goutte sur un fruit, tuer, si nous le voulions, un Napoléon ! — Et cette puissance miraculeuse, que nous tenions de notre capacité et de notre labeur, nous n'en usions pas! Cette force surhumaine, cet outil de domination, ce capital de souveraineté, nous le laissions dormir inutile! Nous n'en faisions rien. Nous nous contentions de l'avoir dans un coin, comme l'avare imbécile enfouit les millions qui le feraient maître du monde!

« Là-dessus, vous vous êtes indigné, et vous

m'avez fait l'honneur de me considérer comme un homme dangereux. Vous avez jugé prudent de me fermer votre laboratoire, et vous m'avez privé de vos leçons, dont je n'avais plus besoin. Vous avez refusé de me conduire plus loin, quand je marchais déjà devant vous. Et vous m'avez envoyé, voici deux ans de cela, à cette université de Heidelberg, où, pour être sincère, je ne demandais pas mieux que de venir étudier les législations et les philosophies de ce monde.

« Mais, autre forfait : Julius est ici avec moi, et naturellement j'ai pris sur lui l'ascendant qu'un esprit comme le mien prendra toujours sur une âme comme la sienne. De là, jalousie et inquiétude paternelles. Vous tenez à ce fils-là, je le comprends ; vous adorez en lui l'héritier de votre fortune, de votre gloire et des douze lettres de votre nom. Si bien que, pour le soustraire à ma griffe, vous avez essayé de nous séparer, il y a quinze jours, en l'envoyant à Iéna. Il a voulu me suivre presque malgré moi. Est-ce ma faute?

« Je me résume. Qu'est-ce que je vous dois? Je vous dois la vie. Ne vous effrayez pas ; je n'entends pas dire par là que je suis votre fils : vous m'avez toujours traité en étranger ; j'accepte la position que vous m'avez faite. Je veux dire que je vous dois ce qui fait que je vis, la science, l'éducation, la vie de l'esprit. Je vous dois aussi la pension que vous me faites depuis deux ans. Est-ce tout?

« Eh bien! je reviens au point de départ de ma lettre. Je suis fort et je veux être libre. Je veux être un homme, l'expression de Dieu. J'ai demain vingt et un ans. Mon grand-père est mort il y a quinze jours. Je n'ai plus de mère. Je n'ai pas de père. Aucun lien ne me retient. Je n'attache de prix qu'à ma propre estime, — à mon orgueil, si vous voulez. Je n'ai besoin de personne, et je ne veux rien devoir à personne.

« Le vieux Samuel Gelb m'a laissé environ dix mille florins. Je commence par vous envoyer le montant de la rente que vous m'avez faite. Voilà pour l'argent. Quant à ma dette morale, une occasion, j'y pense, est là sous ma main de vous la payer et de vous prouver en même temps que je suis capable de tout, — même du bien.

« Votre fils, votre fils unique, Julius, est, à cette heure, en péril de mort. Par une combinaison qu'il serait superflu de vous expliquer, sa vie dépend d'un billet qui est là dans sa Bible. S'il le trouve, il est perdu. Eh bien! écoutez ce que je vais faire dès que j'aurai signé cette lettre d'adieu. Je vais me lever, tirer de ma poche un

billet pareil à celui qu'a choisi Julius, le mettre dans sa Bible et prendre le sien, — et le danger. Par là je corrige pour votre fils la Providence ; je le sauve, enfin. Sommes-nous quittes?

« Après cela, ma science sera à moi, et j'en ferai ce que je voudrai.

« Salut et oubli. — SAMUEL GELB. »

Samuel se leva, ouvrit la Bible, y prit le billet, et mit à la place celui qu'il avait dans sa poche.

Il était en train de cacheter sa lettre, quand le grand jour réveilla Julius.

— T'es-tu un peu reposé? lui dit Samuel.

Julius se frotta les yeux et rappela ses idées. En revenant à lui, son premier mouvement fut d'ouvrir sa Bible et de prendre le billet qui lui était échu. Il lut : FRANZ RITTER. — Eh bien! j'ai celui que je voulais, dit tranquillement Samuel. Hé! hé! cette bonne Providence est décidément plus intelligente que je ne le supposais, et il pourrait bien se faire qu'elle sût réellement si nous verrons se coucher ce soleil qui se lève. Seulement, elle devrait bien nous le dire.

XII

LE RENARD DE CŒUR.

Tandis que Julius achevait et fermait sa lettre, Samuel alluma sa pipe. — Ah çà, dit-il en lâchant une bouffée, rien ne nous prouve que Dormageu et Ritter n'ont pas eu la même idée que nous, et n'ont pas choisi chacun son adversaire. Il est donc prudent de les devancer. Il faut leur fournir une occasion de querelle qu'ils ne puissent éviter. — Cherchons, dit Julius, parmi les questions d'honneur réglées par le Comment. — Oh! reprit Samuel, il est important que nous ne nous battions pas pour une injure d'étudiants, mais pour une injure d'hommes, afin d'avoir le droit de blesser sérieusement ces messieurs. Voyons, est-ce que Ritter n'a pas toujours sa maîtresse? — Oui, la petite Lolotte. — Celle qui te fait les doux yeux? Eh bien! cela tombe à merveille. Nous allons passer par sa rue. Il fait beau. Elle sera, selon son habitude, en train de coudre à sa fenêtre. Tu lui diras, en passant, quelques paroles gracieuses, et nous attendrons l'effet. — Non, dit Julius avec embarras, j'aime mieux un autre moyen. — Pourquoi? — Je ne sais, mais je ne veux pas m'être battu pour une fillette.

Il rougit. Samuel se mit à rire. — Heureuse candeur! il peut encore rougir! — Mais non, je... — Allons! tu penses à Christiane; avoue-le donc, et tu ne veux pas être infidèle à sa pensée, même en apparence. — Es-tu fou? dit Julius, qui éprouvait un inexplicable malaise toutes les fois que Samuel parlait de Christiane. — Si je suis fou, tu es absurde de ne pas vouloir dire un mot à Lolotte. Cela n'engage à rien, et nous ne saurions trouver de prétexte plus commode et plus grave. A moins donc que tu ne sois décidé à ne plus parler qu'à Christiane, à ne plus regarder que Christiane, à ne plus rencontrer que...

— Tu m'ennuies! je consens, dit Julius avec effort. — A la bonne heure! Quant à moi, sur quel caillou frapperais-je pour allumer une querelle entre Dormagen et moi? Le diable m'emporte si je m'en doute. A-t-il aussi sa bien-aimée? Mais employer tous deux le même moyen, ce serait prouver une grande pauvreté d'imagination, et puis, moi, me battre pour une femme, la chose manquerait de vraisemblance.

Il réfléchit un moment. — Ah! je tiens mon idée, s'écria-t-il tout à coup.

Il sonna. Un garçon accourut. — Vous connaissez mon renard favori, Ludwig Trichter? — Oui, monsieur Samuel. — Allez vite au *Corbeau*, où il loge, et dites-lui de ma part qu'il vienne immédiatement me parler.

Le garçon sortit.

— En attendant, dit Samuel, si nous faisions quelque toilette?

Dix minutes après, Ludwig Trichter arrivait en hâte, essoufflé et les yeux gonflés de sommeil.

Ludwig Trichter, que nous n'avons fait encore qu'entrevoir, était le type de l'étudiant de vingtième année. Il avait au moins trente ans. Ce vénérable personnage avait vu déjà se succéder quatre générations d'étudiants. Sa barbe ruisselait sur sa poitrine. De fières moustaches retroussées comme les pointes d'un croissant, et des yeux ternis par une longue habitude de la débauche, donnaient à la physionomie de ce Nestor des tavernes une singulière expression de provocation paterne. Son habillement affectait de copier celui de Samuel, dont, au reste, Ludwig Trichter imitait toutes les bizarreries, à la façon des imitateurs, en les exagérant.

L'âge et l'expérience de Trichter le rendaient précieux en maintes circonstances. Il était au fait de tous les précédents qui pouvaient régler les rapports des étudiants avec les philistins et des étudiants entre eux. Il était comme la tradition vivante de l'Université. C'est pourquoi Samuel en avait fait son renard favori.

Trichter était gonflé de cette faveur; et il suffisait de voir combien il était humble et servile avec Samuel pour deviner combien il devait être insolent et hautain avec les autres.

Quand il entra, il avait à la main sa pipe, qu'il n'avait pas pris le temps d'allumer. Samuel daigna remarquer cette preuve extraordinaire de précipitation. — Allume ta pipe, lui dit-il. Es-tu à jeun? — Oui, quoiqu'il soit sept heures, répondit Trichter, assez honteux. C'est que, mon cher *senior*, je ne suis rentré que ce matin du Commerce de renards, et je venais de m'endormir quand votre gracieux message m'a réveillé en sursaut. — Bien. Cela tombe à merveille que tu n'aies rien pris. Maintenant, dis-moi: Dormagen, étant une de nos Maisons les plus moussues, doit avoir aussi son renard de cœur? — Oui, Fresswanst. — Est-ce qu'il boit bien, Fresswanst? — Colossalement bien. C'est même le plus fort de nous tous.

Samuel fronça le sourcil. — Comment! dit-il avec colère, j'ai un renard, et ce renard n'est pas le plus fort de tout en toutes choses? — Oh! oh! dit Trichter, humilié et se redressant, nous n'avons jamais lutté sérieusement; mais qu'une occasion se présente, et je suis bien capable de lui tenir tête. — Que ce soit dès ce matin, si tu tiens à mon estime. Hélas! la grande école s'en va. Les traditions se perdent. Il y a trois mois que l'Université n'a eu de duel liquide. Il faut qu'il y en ait un aujourd'hui même, entends-tu? Défie Fresswanst. Je t'ordonne de le couler bas. — Suffit, *senior*, dit fièrement Trichter. Un seul mot. Le défierai-je à la simple bière, ou nous battrons-nous au vin? — Au vin! Trichter, au vin! Il faut laisser aux philistins le pistolet et la bière. L'épée et le vin sont les armes des étudiants et des gentilshommes. — Tu seras content. Je vais de ce pas au *Grand-Tonneau*, où Fresswanst déjeune. — Va, et dis à tout le monde que Julius et moi nous irons t'y rejoindre après le cours de Thibault, à neuf heures et demie précises. Je serai ton témoin. — Merci. Moi, je tâcherai d'être digne de toi, grand homme!

XIII

LOLOTTE.

Trichter parti, Samuel dit à Julius: — Voici l'ordre et la marche : d'abord dans la rue de Lolotte, puis au cours de droit, pour ne rien changer à nos habitudes, puis au Gros-Tonneau.

Ils descendirent. Au bas de l'escalier, un domestique remit une lettre à Samuel. — Diantre! serait-ce déjà d'un de nos gars? dit celui-ci.

Mais la lettre était du professeur de chimie Zacchœus, qui invitait Samuel à déjeuner.— Dis à ton maître qu'il y a engagement pris et que je n'y puis aller que demain.

Le domestique partit.

— Pauvre homme, reprit Samuel. Il y a quelque point qui l'embarrasse. Sans moi, comment ferait-il ses leçons?

Ils sortirent de l'auberge et gagnèrent la rue au Pain.

A deux pas de la fenêtre ouverte d'un rez-de-chaussée, brune, vive, bien faite, cheveux luisants sur les tempes, bonnet lestement renversé sur l'arrière de la tête, Lolotte cousait.

— Voilà trois renards qui causent à trente pas d'ici, dit Samuel. Ritter sera averti. Parle à l'enfant. — Mais que lui dirai-je? — Ce que tu voudras. Il suffit que tu lui parles.

Julius s'approcha à contre-cœur. — Déjà debout et au travail, Lolotte! dit-il à la jeune fille. Vous n'étiez donc pas cette nuit au Commerce de renards?

Lolotte devint toute rose de plaisir en voyant Julius lui adresser la parole. Elle se leva et s'approcha de la fenêtre, son ouvrage à la main. — Oh! non, monsieur Julius, je ne vais jamais au bal; Franz est si jaloux! — Bonjour, monsieur Samuel. — Mais vous ne vous êtes guère aperçu de mon absence, je crois, monsieur Julius? — Je n'ose dire que oui, Franz est si jaloux! — Bah! fit-elle avec une petite moue de défi. — Qu'est-ce que vous faites donc là, Lolotte? demanda Julius. — Des sachets de satin pour des parfums. — Ils sont charmants. Voulez-vous m'en céder un? — Quelle idée! et pourquoi faire? — Mais pour avoir un souvenir de vous, dit Samuel. O le hardi jeune homme avec ses airs timides! — Voici le plus joli, reprit bravement Lolotte, après un peu d'hésitation. — Voulez-vous me l'attacher à un ruban? — Quelle passion! s'écria comiquement Samuel. Il en est fou! — Là... Merci, ma bonne et jolie Lolotte.

Jules tira une bague de son petit doigt. — Prenez ceci en échange, Lolotte. — Je ne sais si je dois... — Bah! dit à son tour Julius.

Lolotte prit la bague. — Maintenant il faut que nous vous disions adieu, reprit Julius. C'est l'heure du cours, et nous sommes en retard. Je vous verrai en revenant. — Eh bien! vous partez sans me serrer la main, décidément vous avez peur de Franz. — Dépêche-toi, dit Samuel tout bas, voilà les renards qui viennent de notre côté.

En effet, les trois renards passaient devant la maison de Lolotte, et ils virent Julius baiser la main de la jeune fille.

— A bientôt, dit Julius. Et il s'éloigna avec Samuel.

Quand ils arrivèrent au cours, la leçon était déjà largement entamée. Un cours à Heidelberg ressemble beaucoup à certain cours de Paris. L'auditoire commençait à en avoir assez. Un petit nombre prenait des notes. Une vingtaine écoutaient sans écrire. Le reste causait, rêvait, bâillait. Plusieurs se faisaient remarquer par la fantaisie de leurs postures. Il y avait à l'extrémité d'un banc un renard d'or qui, couché sur le dos, dressait perpendiculairement ses jambes contre le mur. Un autre, à plat ventre, les coudes sur la banquette, et la tête soutenue par les mains, s'absorbait dans la lecture de chansons patriotiques. Nous ne doutons pas que la parole du professeur n'arrivât toujours à l'esprit des étudiants, mais il est certain qu'elle y entrait souvent par les coudes et par le dos.

Franz ni Otto ne suivaient le cours de Thibault.

La leçon finie, Samuel et Julius sortirent avec la foule, et comme la demie de neuf heures sonnait, ils mettaient le pied sur le seuil de la taverne du Grand-Tonneau, où la double action bachique et tragique allait s'engager.

La salle principale où entrèrent Samuel et Julius regorgeait d'étudiants. Leur arrivée fit sensation. — Voilà Samuel! — Trichter, voilà ton *senior!* dirent les étudiants.

Il était évident qu'on les attendait. Mais l'attention, qui s'était portée d'abord sur Samuel, se porta tout entière sur Julius, quand on vit Franz Ritter tout pâle sortir de la foule et aller droit à lui.

Samuel, en le voyant venir, n'eut que le temps de dire bas à Julius : — Soit très-modéré. Il est bon que nous mettions tous les torts du côté de nos adversaires, et qu'en cas de malheur les témoins puissent attester que nous avons été provoqués.

Ritter était devant Julius et lui barrait le passage. — Julius, dit-il, on t'a vu parler à Lolotte ce matin, en allant au cours? — C'est possible : je lui demandais probablement de tes nouvelles, Franz! — Je te conseille de ne pas rire. On t'a vu lui baiser la main. Apprends que cela me déplaît ! — Apprends que cela ne lui déplaît pas. — Tu railles pour m'exaspérer. — Je plaisante pour te calmer. — La seule chose qui puisse me calmer, c'est une promenade avec toi au mont Kaisertuhl, mon cher. — Une saignée, en effet, rafraîchit dans les temps chauds. Je la pratiquerai sur toi, si tu veux, mon très-cher. — Dans une heure ? — Dans une heure.

Ils se séparèrent, Julius revint à Samuel. — De mon côté, la partie est engagée, lui dit-il. — Bon ! je vais l'engager du mien, dit Samuel.

XIV

DUEL AU VIN.

Samuel avait pris Trichter à part et s'était fait déjà rendre compte de la manière dont son renard favori avait exécuté ses ordres.

— Voilà, disait Trichter. Lorsque je suis entré à la taverne fixe, Fresswanst déjeunait. Je me suis approché de sa table sans avoir l'air de rien, sans affectation, comme si je passais. Seulement, en passant, j'ai soulevé le couvercle de sa schoppe, et n'y voyant mousser que de la bière, j'ai dit, avec un accent de commisération vraie : — Faible buveur ! Ces deux mots de pitié douce l'ont fait bondir debout, très-furieux. Cependant il a tâché de se contenir et m'a dit assez froidement : — Cela vaut un coup de rapière. Moi, je ne me suis pas ému, et toujours avec la même mélancolie : — Tu vois bien que j'avais raison, ai-je répliqué ; j'humilie le buveur, c'est le ferrailleur qui riposte. Au reste, ai-je ajouté, je suis prêt à la pointe comme à la pinte. — Bien, mon brave Renard ! dit Samuel. Après ? — Après, il a commencé à comprendre : — Si c'est un choc de verres que tu veux, a-t-il dit, tu me fais plaisir, mon gosier se rouillait. Je vais aller chercher mon *senior* Otto Dormagen pour me servir de témoin. — Mon *senior* Samuel Gelb va venir et sera le mien, ai-je répondu. — Tes armes ? — Vin et liqueurs. — Fat, m'a-t-il dit, d'un ton qui voulait être dédaigneux, mais qui laissait percer la surprise et le respect. Et, au moment présent, on prépare dans le cabinet bleu tout ce qu'il faut pour ce combat mémorable. Dormagen et Fresswanst y sont déjà, nous attendant. — Ne les faisons pas attendre, dit Samuel.

Ils entrèrent avec Julius dans le cabinet bleu.

Les duels à la bière et au vin ne sont pas rares, même maintenant, dans les universités allemandes. Le duel liquide a ses règles et son *Comment* tout comme l'autre. Cela s'accomplit avec méthode et selon une progression qu'il n'est pas permis d'enfreindre. Chaque buveur avale tour à tour une certaine quantité de boisson, puis jette une injure à son adversaire, qui, là-dessus, est obligé de boire et d'injurier double.

Dans les combats à la bière, la mesure est tout ; mais pour les combats au vin, il y a un tarif de proportion qui marque la force des vins et la quantité d'alcool qu'ils contiennent. Il y a, de même, pour les insultes, une échelle ascendante, une hiérarchie de l'injure, une aristocratie de l'affront que nul n'a droit de méconnaître. La lutte monte ainsi du vin de Bordeaux à l'eau-de-vie, de la pinte au broc, et de la fine épigramme à la lourde grossièreté, jusqu'à ce qu'un des deux buveurs soit incapable de remuer la langue pour parler et d'ouvrir la bouche pour boire. Celui-là est le vaincu. D'ailleurs, le duel liquide n'est guère moins mortel que l'autre. Aussi la police s'y oppose-t-elle par tous les moyens possibles ; — ce qui risque de le perpétuer.

Quand Samuel, Julius et Trichter entrèrent dans le cabinet bleu, tout était prêt pour le combat. Deux formidables groupes de bouteilles et de flacons de toute dimension, de toute couleur et de toute forme s'accumulaient aux deux extrémités de la table, autour de laquelle se tenaient une vingtaine de renards d'or, debout, graves et silencieux.

Deux chaises seulement, en face l'une de l'autre. Fresswanst était déjà assis sur l'une, Trichter s'assit sur la seconde.

Otto était auprès de Fresswanst, Samuel se mit auprès de Trichter. Samuel prit dans sa poche un florin et le jeta en l'air.

— Face, dit Dormagen.

Le florin retomba pile. C'était à Trichter à commencer.

Muse, dis-nous les rasades et le glorieux combat où ces deux nobles fils de la Germanie prouvèrent aux nations jusqu'à quel degré d'élasticité peut se distendre l'enveloppe humaine et comment, contrairement aux lois de la physique, le contenant est parfois moindre que le contenu.

Nous négligeons les premiers verres et les premières injures, faibles escarmouches ou reconnaissances, qui n'épuisèrent que quelques épithètes et vidèrent à peine entre les deux combattants cinq à six bouteilles.

Nous passons au moment où l'estimable Renard, favori de Samuel, prit une bouteille de vin de Moselle, en versa plus de la moitié dans un immense verre de Bohême, but nonchalamment, et retourna sur la table le verre vide.

Puis il regarda Fresswanst et lui dit : — Savant !

Le généreux Fresswanst sourit avec dédain. Il prit deux verres de la même capacité que celui de Trichter; les emplit jusqu'aux bords de vin de Bordeaux, et les absorba tous deux jusqu'à la dernière goutte, indifféremment, en pensant à autre chose.

Cette énorme rasade ingurgitée, il dit : — Buveur d'eau !

Tous les témoins se tournèrent alors vers le grand Ludwig Trichter, qui ne se montra pas indigne d'une curiosité si honorable. Le vin qui suit immédiatement le vin de Bordeaux dans l'échelle alcoolique est le vin du Rhin. Trichter eut le noble amour-propre d'enjamber un échelon, et passa brusquement au vin de Bourgogne. Il en saisit un flacon largement ventru, le versa dans son verre prêt à déborder, et l'ayant englouti jusqu'à la dernière goutte, s'écria d'une voix vibrante : — Ami des rois !

Cette acclamation et cette bravade ne produisirent chez l'adversaire de Trichter qu'un léger mouvement d'épaules assez insultant. L'illustre Fresswanst ne voulut pas rester en arrière : Trichter avait enjambé le vin du Rhin; il enjamba le vin de Malaga, et ne craignit pas de s'attaquer au Madère.

Non content de ce bond, et voulant aussi innover quelque chose, il empoigna le verre qui lui avait servi jusque-là, et le brisa contre la table. Puis il prit la bouteille à même, et l'entonna dans sa bouche avec une grâce indicible.

Les assistants voyaient le vin passer de la bouteille dans l'homme, et Fresswanst ne s'arrêtait pas. Le quart disparut, puis la moitié, puis les trois quarts, et ce prodigieux Fresswanst buvait toujours.

Quand il eut bien fini de boire, il renversa la bouteille; il n'en tomba pas une goutte.

Un frisson d'admiration courut parmi les spectateurs.

Mais ce n'était pas tout. Le coup ne comptait

que s'il était complété par l'injure. Et nous devons avouer que le valeureux Fresswanst ne semblait plus très-capable de prononcer quoi que ce fût. Toute son énergie, évidemment, s'était dépensée dans cet énorme effort. Ce rude champion était maintenant sur sa chaise, épuisé, morne, les narines démesurément ouvertes, et la bouche hermétiquement fermée. Le Madère luttait. Enfin il parut vaincu; car le glorieux Fresswanst, entre-bâillant ses lèvres, put glisser ce mot : — Lâche !

Les applaudissements éclatèrent.

C'est alors, ô Trichter, que tu fus sublime ! Sentant que l'instant décisif approchait, tu te levas. Tu n'affectas plus l'insouciance, qui n'aurait pas été de saison à cet acte du drame. Tu secouas ton épaisse chevelure qui éventa la foule comme une crinière de lion. Tu retroussas lentement la manche de ton bras droit pour te donner de l'aisance dans les jointures (car nous nous refusons à croire que ce fût dans l'ignoble but de gagner du temps), et, d'un geste solennel, portant à ta bouche une bouteille de Porto, tu l'engouffras tout entière.

Après quoi, sans prendre une seconde pour respirer, et comme il avait hâte d'en finir, Trichter articula nettement ces deux syllabes : — Escroc !

— Bien, daigna dire Samuel.

Seulement, quand l'épique Trichter voulut se rasseoir, nous ne savons pas où il vit sa chaise, mais il s'affaissa lourdement sur lui-même et s'étendit de son long par terre, position, certes, bien excusable après une telle noyade.

Aussitôt les regards de l'assistance se dirigèrent vers Fresswanst. Mais, hélas ! Fresswanst ne paraissait guère en état de riposter à l'estocade inouïe de son vis-à-vis. Le malheureux renard avait coulé de sa chaise et se trouvait aussi par terre, assis, le dos appuyé contre un pied de la table, et les jambes ouvertes en équerre. Il était là, hébété, les yeux fixes, les bras roides et fichés contre le pavé.

Dormagen lui dit : — Courage! allons ! c'est à toi.

Fresswanst ne bougea pas. Il fallait en venir aux moyens héroïques.

Dormagen versa le seau sur la tête de Fresswanst. — Page 54.

XV

TRIOMPHE D'UNE GOUTTE SUR HUIT SEAUX D'EAU.

resswanst était décidé-
ment muet à toutes les
paroles, insensible à toutes les bourrades. Toute-
fois, il paraissait garder
un reste de connaissance.

Dormagen prit donc la
grande et suprême réso-
lution à laquelle l'autorisaient les règles du duel
liquide.

Se mettant à genoux pour être plus près de
l'oreille de Fresswanst, il lui cria : — Hé! Fresswanst! Fresswanst! tu m'entends?

Un signe imperceptible lui répondit, et Dormagen reprit avec solennité : — Fresswanst!
combien le grand Gustave-Adolphe reçut-il de
coups d'épée?

Fresswanst, incapable d'articuler une syllabe,
hocha la tête une fois.

Dormagen fit signe à un étudiant, qui sortit,

et rentra, une minute après, avec un seau plein d'eau. Dormagen versa le seau sur la tête de Fresswanst. Fresswanst n'eut pas l'air seulement de s'en apercevoir.

Dormagen recommença à lui parler à l'oreille : — Combien le grand Gustave-Adolphe reçut-il de coups de sabre?

Fresswanst hocha la tête deux fois.

Deux étudiants allèrent chercher deux seaux d'eau qui lui furent encore religieusement vidés sur l'occiput. Fresswanst ne sourcilla pas.

Dormagen continua son interrogatoire : — Combien le grand Gustave-Adolphe reçut-il de coups de feu?

Fresswanst hocha la tête cinq fois.

Cinq étudiants allèrent chercher cinq seaux qui continuèrent l'inondation du buveur léthargique. A la cinquième douche, — qui était la huitième, — une grimace de Fresswanst prouva que l'esprit lui revenait.

Dormagen saisit rapidement sur la table un flacon de genièvre et l'introduisit entre les lèvres de Fresswanst. Fresswanst, ainsi aidé, ingurgita la diabolique liqueur, et, réveillé par cette braise après la glace de l'eau, se dressa sur son séant et proféra machinalement, d'une voix rauque et d'une langue épaisse, le mot : — Assassin !

Puis il retomba, et, cette fois, définitivement.

Mais le côté Dormagen triomphait. — Trichter, couché par terre, insensible, à demi mort, n'était pas évidemment en état de continuer la lutte.

— Nous ayons le dessus, dit Dormagen. — Tu crois? dit Samuel.

Il s'approcha de son renard, et l'appela de toute la force de sa volonté et de sa voix : Trichter resta sourd. Samuel, courroucé, le poussa du pied : Trichter ne donna pas signe de vie. Samuel le secoua rudement : inutile. Samuel saisit sur la table un flacon égal à celui que venait de vider Fresswanst si vaillamment; seulement, au lieu de genièvre, c'était du kirsch; il pencha le flacon et essaya d'en insérer le goulot dans la bouche de Trichter : mais celui-ci serra instinctivement les dents.

Les assistants félicitaient déjà Dormagen.

— O volonté humaine! prétends-tu me résister! murmura Samuel entre ses dents. Il se releva, alla à un buffet et y prit un couteau et un entonnoir.

Avec la lame du couteau, il desserra les dents de Trichter; il fourra dans l'ouverture le bout de l'entonnoir, et il versa tranquillement le kirsch,

qui s'infiltra goutte à goutte dans le gosier du renard inerte.

Trichter se laissa faire, sans même ouvrir les yeux. On se pencha sur lui avec anxiété. On le vit remuer les lèvres, mais en vain. Il ne put émettre un son.

— Rien de fait tant qu'il n'a pas parlé! s'écria Dormagen. — Et j'avoue qu'il est peu probable qu'une parole puisse sortir de ce muids, reprit Julius lui-même en secouant la tête.

Samuel les regarda fixement, tira de sa poche une toute petite fiole, et en versa avec précaution une goutte sur les lèvres de Trichter.

Il n'avait pas retiré sa main que Trichter, comme frappé d'une commotion électrique, se dressa, sauta debout, éternua, et, l'œil flamboyant, le bras étendu, jeta d'une voix nette à Fresswanst le mot qui est, dans le vocabulaire des étudiants, la suprême injure, le mot auprès duquel lâche, filou et assassin, sont des douceurs madrigalesques : — Imbécile !

Puis il retomba roide sur le dos.

Ce fut une exclamation générale d'étonnement et d'admiration.

— C'est triché! s'écria Otto Dormagen furieux. — Pourquoi? dit Samuel en fronçant le sourcil. — On peut jeter de l'eau à la figure des combattants, on peut les secouer, on peut les faire boire de force; mais on ne peut employer de breuvage occulte et inconnu. — Allons donc! reprit Samuel; un duel de buveurs admet nécessairement tout ce qui se boit. — C'est juste! c'est juste! dirent-ils tous. — Et qu'est-ce que cette drogue? reprit Dormagen. — Une liqueur toute simple que je mets à ta disposition, répondit Samuel. J'en ai versé, et très-ostensiblement, ce me semble, une goutte dans un flacon de kirsch, et Trichter a pu parler. Dans le double de kirsch, quantité que Fresswanst doit boire pour relever le défi, verses-en deux gouttes, et Fresswanst parlera. — Donne, dit Dormagen. — Voilà la fiole. Seulement, un simple avis : Cette composition n'est pas tout à fait sans danger, et si ton renard en boit deux gouttes, il n'en reviendra certainement pas. Pour une seule goutte, j'aurai déjà quelque peine à me conserver le mien.

Il y eut un frémissement dans l'assistance.

— J'ajoute, reprit Samuel, que si tu te résous à cette extrémité, tu n'auras pas le dernier mot pour cela. Samuel Gelb ne doit pas être vaincu. Je n'hésiterai pas à sacrifier Trichter et à lui verser trois gouttes.

Ceci fut dit avec un si atroce sang-froid, que malgré la terreur inspirée par Samuel, un long murmure s'éleva. Julius eut une sueur froide par tout le corps.

Otto Dormagen trouva du courage dans le sentiment général, fit un pas vers Samuel, et, le regardant en face :

— Notre langue est pauvre, dit-il, et me réduit à ces mots bien faibles pour rendre ma pensée : Samuel Gelb, tu es un misérable et un infâme !

Tout le monde frémit et attendit avec anxiété ce que Samuel allait répondre à une telle injure. Un éclair passa dans les yeux du roi des étudiants, sa main eut un mouvement fébrile, mais cela ne dura qu'une seconde, il ressaisit aussitôt son calme, et ce fut le plus tranquillement du monde qu'il répondit. Mais sa tranquillité était plus effrayante que sa colère.

— Nous nous battrons donc tout de suite. Dietrich, tu seras mon second. Que les seconds et les amis s'arrangent de manière à ce que nous trouvions toutes choses prêtes au Kaiserstuhl; que les éclaireurs s'échelonnent sur le chemin. La police gâterait tout. Le bruit du duel de Ritter et de Hermelinfeld a dû déjà lui donner l'éveil. Et nous avons besoin qu'on ne nous dérange pas. Car, par le diable ! ceci, je vous en réponds, ne sera pas un assaut pour rire. C'est la première fois qu'on m'offense, ce sera la dernière. Messieurs, je vous promets à tous un duel dont les pavés parleront. Allez !

C'était, de nouveau, le roi des étudiants qu'on entendait. Il parlait avec empire, et chacun s'inclinait et obéissait. Il fit sortir, par groupes inégaux et espacés, les étudiants qui se trouvaient dans la salle, leur indiquant, en quelques paroles brèves, l'itinéraire qu'ils devaient suivre pour ne pas inspirer de soupçons, et le poste qu'ils auraient à prendre au Kaiserstuhl. Dormagen lui-même attendit, pour s'éloigner, les ordres de ce général. Enfin Samuel dit à Julius : — Pars, je te rejoindrai aux Acacias. Tu as ton second ? — Oui, Lewald. — Bien ! A tout à l'heure.

Julius sortit, mais de la salle, non pas d'abord de l'hôtel. Devons-nous dire ce qu'il fit ? Il entra dans un cabinet, ferma sur lui le verrou, prit son portefeuille et en tira une églantine flétrie, la baisa, puis la glissa délicatement dans le sachet de satin qu'il avait acheté de Lolotte, passa le ruban à son cou et cacha sous ses vêtements la chère relique. Cet enfantillage d'homme accompli, il sourit, comme satisfait, et seulement alors quitta l'auberge.

Cependant, Samuel, lorsqu'il n'y eut plus dans le cabinet bleu que lui et les deux buveurs étendus ivres morts à terre, se pencha et posa la main sur le front de Trichter. Trichter soupira. Samuel dit : — C'est bon !

Puis il murmura : — Ce Dormagen ! il a oublié son renard, qui fut pourtant colossal. C'est bon signe.

Samuel appela un garçon, et, lui montrant les deux combattants : — Dans la *Chambre des morts*, dit-il.

La chambre des morts est un réduit bourré de paille où l'on emporte, pour les soigner, les buveurs passés à l'état d'insensibilité totale.

Samuel, alors, sortit le dernier et prit le chemin du mont Kaiserstuhl en sifflotant un vivallera.

XVI

DUEL A QUATRE.

Samuel rejoignit, au rendez-vous convenu, Julius et les deux étudiants qui devaient leur servir de seconds.

Le lieu usité pour les rencontres des *studiosi* est derrière le mont Kaiserstuhl, à deux milles d'Heidelberg. A un mille, les marcheurs commencèrent à prendre quelques précautions. Ils quittèrent la grande route et se jetèrent dans les chemins de traverse. De temps en temps, ils se retournaient et regardaient de tous côtés s'ils n'étaient pas suivis. Quand ils rencontraient des Philistins, les deux seconds, Dietrich et Lewald allaient vers eux, et, d'un geste énergique, que complétait une canne ferrée, leur enjoignaient de diriger ailleurs leur promenade. Les bourgeois se hâtaient d'obéir.

Les ordres de Samuel avaient été ponctuellement exécutés. De distance en distance, des étudiants étaient placés en vedette, de crainte de surprise. Dietrich échangeait avec eux quelques mots à voix basse, et les vedettes disaient : — Passez.

Enfin, après trente-cinq minutes de marche, on arriva à une petite auberge dans les arbres, fraîche, riante, volets verts, murs roses, toit envahi d'un joyeux assaut de fleurs grimpantes. Les quatre étudiants traversèrent un jardin où les rayons de soleil pleuvaient parmi les fleurs, et entrèrent dans la salle de danse et de duel, vaste chambre de soixante pieds de long, de

trente de large, et où l'on pouvait à l'aise valser et se battre, aimer et mourir.

Ritter était déjà arrivé, et avec lui les étudiants du cabinet bleu, moins Dormagen, qui
arriva bientôt avec son second.

Quatre Maisons moussues étaient occupés à
marquer à la craie sur le plancher les limites où
chaque duel devait se restreindre pour ne pas gêner l'autre. En même temps, quatre Renards d'or
vissaient des poignées à des lames affilées et trian-
gulaires comme des baïonnettes.

Les épées des *studiosi* sont faites de deux morceaux qui se démontent, pour qu'on puisse les cacher plus aisément au public ; les *studiosi* mettent le fer dans leur redingote et la poignée dans
leur poche, et échappent ainsi aux espions.
Il résulta de cette opération quatre espadons
d'Iéna, longs de deux pieds et demi.

— Commençons-nous ? dit Ritter. — Tout à
l'heure, répondit un étudiant qui était en train
de préparer dans un coin une boîte d'instru-
ments.

C'était le chirurgien, un étudiant en médecine,
venu pour essayer de recoudre les peaux auxquelles l'épée allait faire des trous ou des entailles.

Le chirurgien alla à une porte qui était au
fond de la salle, et dit : — Vite donc !

Un domestique entra, portant deux serviettes,
une terrine et une cruche d'eau qu'il posa auprès
de la boîte du chirurgien.

Dormagen assistait à tous ces apprêts avec
impatience et jetait aux étudiants qui l'entouraient des paroles brèves et saccadées ; Frantz
allait d'Otto au chirurgien ; Julius était calme et
grave. Quant à Samuel, il paraissait uniquement
préoccupé de repousser l'assaut d'une petite rose
qu'une brise joueuse voulait à toute force faire
entrer par la fenêtre.

— Maintenant, c'est fait, dit le chirurgien.

Julius se rapprocha de Samuel, et Ritter de
Dormagen.

Les quatre seconds décrochèrent d'un porte-
manteau cloué au mur, quatre feutres, quatre
gantelets et quatre ceintures rembourrées, et
vinrent pour les mettre aux combattants.

Samuel repoussa Dietrich : — Reprends cette
défroque, dit-il. — Mais c'est la règle, objecta
Dietrich, et il montra ouvert, sur une table, le
Comment, vieux livre graisseux relié en noir avec
des sinets rouges. — Le *Comment*, répliqua Samuel, règle les querelles entre les étudiants, mais
ici c'est une querelle entre hommes. Il ne faut pas
que cela se passe en piqûres d'épingles ; et ce n'est

pas le moment de mettre les plastrons, c'est le
moment d'ôter les habits.

Et, agissant comme il parlait, il ôta son habit
et le jeta à l'autre bout de la salle. Puis il sauta
sur une épée au hasard, la fit ployer en appuyant
la pointe au plancher, et se redressa, attendant.
Otto Dormagen suivit son exemple, ainsi que Julius et Frantz, et tous quatre se trouvèrent prêts
à l'attaque, la poitrine et les bras libres, l'épée à
la main.

Le mot et le geste de Samuel avaient rendu
les spectateurs sérieux. Tous pressentaient que
l'affaire pourrait bien avoir un dénoûment sombre.

Dietrich frappa dans ses mains trois fois, puis
prononça les paroles emphatiques et sacramen-
telles : — Retentissez, épées !

Les quatre épées s'engagèrent en même temps.
Dans la salle, tous les regards étaient fixes, toutes les respirations suspendues. La première passe
fut, des deux parts, comme un essai. Les adversaires prenaient réciproquement leur mesure.

Julius et Frantz Ritter paraissaient d'égale
force. A l'accès de colère que la jalousie avait
donné à Frantz, au moment du défi, avait succédé une rage froide et concentrée. Pour Julius,
on peut dire qu'il était là dans son beau. Calme,
ferme, brave sans bravade, sa grâce adolescente
rayonnait de la fierté mâle du péril et du courage. C'était, au reste, des deux côtés, une telle
agilité et une telle présence d'esprit, qu'on eût
dit d'un assaut plutôt que d'un duel, si, de temps
en temps un dégagement rapide vivement paré,
riposté plus vivement, et où les poitrines avaient
semblé effleurées, ne fût venu rappeler aux témoins que le danger était réel et qu'il y avait des
existences au bout de ces fines lames, si gracieuses et si promptes.

Contrairement à l'usage des duels d'étudiants,
qui sont plutôt des jeux d'escrime un peu plus
périlleux que les autres, ni Julius ni Frantz ne
parlaient.

Quant à l'autre partie, on la sentait tout d'a-
bord plus sérieuse et plus terrible encore. Samuel Gelb avait pour lui l'avantage de sa haute
taille et d'un sang-froid à toute épreuve. Mais
Otto Dormagen était souple, fougueux, téméraire, impossible à esquiver par l'audace et
l'imprévu de ses mouvements.

C'était un rare et poignant spectacle de voir
la tranquillité et l'aisance de Samuel devant la
vivacité et l'emportement de son adversaire. La
rencontre était assurément émouvante ; de ces

Le duel.

deux épées, l'une, brusque, subite, leste, aveuglante, comme le zigzag de l'éclair; l'autre, inflexible, imperturbable, sûre, droite, comme l'aiguille du paratonnerre.

Samuel, lui, ne pouvait se tenir de parler et de rire. En même temps qu'il opposait une sécurité dédaigneuse aux furieuses attaques d'Otto, il ne manquait pas une occasion de raillerie, et un sarcasme accompagnait chaque parade.

Il reprenait Dormagen, l'avertissait, lui donnait des conseils comme un professeur d'escrime à son élève.

— Mal riposté. Je m'étais découvert exprès! Recommençons. En tierce, cette fois... Mieux

déjà!... Jeune homme, vous arriverez... Attention! je vais me fendre à fond.

Et, en le disant, il le faisait. Dormagen n'eut que le temps de sauter violemment en arrière. Une seconde plus tard, l'épée de Samuel lui crevait la poitrine.

Cependant cette insouciance méprisante commençait à exaspérer Dormagen. A mesure qu'il s'irritait et que son amour-propre blessé se traduisait dans l'activité plus saccadée de sa main, Samuel redoublait de moquerie superbe et multipliait les coups d'épée par les coups de langue.

Sa figure éclatait d'une joie amère. On sentait que le danger était son élément, la catastrophe son plaisir, la mort, sa vie. Lui aussi, à sa manière, il était superbe, et les traits forts et anguleux de sa tête puissante atteignaient alors à une incontestable beauté. Ses narines se dilataient, le pli de ses lèvres qui lui servaient de sourire était plus froidement insolent que jamais; ses prunelles fauves et changeantes resplendissaient comme celles du tigre. Une intraduisible expression d'orgueil féroce, répandue dans tout son être, faisait hésiter les spectateurs entre l'horreur et l'admiration. Il y avait des moments où il éclairait toute la salle de son regard hautain et supérieur à la vie.

Il était impossible, en le voyant ainsi, calme, solide, bref et multiplié en paroles, comme un maître d'armes sous son plastron, de ne pas avoir l'idée qu'il était invulnérable.

Dormagen, qui commençait à se sentir mal à l'aise sous la pression de cette raillerie glaciale, voulut en finir, et risqua la botte dont Samuel avait parlé à Julius. C'était une remise de main d'une hardiesse et d'une impétuosité extraordinaires. Il se fendit sur un coup dégagé, et tira de nouveau sans se relever, après avoir manqué le corps. Le péril était dans la vigueur, l'élan et la rapidité qu'il imprimait à ce bond redoublé.

Il y eut un cri. Tout le monde crut Samuel mort.

Mais Samuel, comme s'il eût conçu la pensée de Dormagen en même temps que lui, s'était si brusquement jeté de côté, que, tout foudroyant qu'il fût, le coup ne toucha que les plis bouffants de la chemise. Samuel ricana, et Dormagen pâlit.

Au même instant, Julius avait moins de bonheur. Il arrivait un peu trop tard à la parade de prime, sur un coup dans le haut de la ligne de quarte, et il avait le bras gauche légèrement touché.

Les seconds s'interposèrent, et ces deux coups mirent fin à la première passe.

XVII

PRIÈRE D'ANGE, TALISMAN DE FÉE

On essaya de terminer là l'affaire de Julius et de Frantz. Un mot dit en passant à une grisette ne semblait pas aux témoins valoir qu'on allât plus loin. Mais Frantz, outre sa jalousie, avait l'ordre de l'*Union des Vertus*. Quant à Julius :
— Allons donc, messieurs, dit-il; lorsqu'il y en aura un des deux couché aux pieds de l'autre,

nous nous arrêterons; pas avant. Si l'on vient ici pour des égratignures, les épées sont inutiles, une aiguille suffit.

Et, se retournant vers Ritter — : Es-tu reposé? dit-il.

Pour ce qui est d'Otto et de Samuel, personne n'eut un seul instant l'idée de les faire s'en tenir là, tant on sentait dans l'attitude de l'un la furibonde rancune de son coup manqué, et dans l'attitude de l'autre l'implacable résolution d'une volonté de marbre.

L'entr'acte n'interrompait pas les plaisanteries de Samuel : — Retiens ceci, disait-il à Dietrich, qu'il n'y a pas d'avantage au monde qui ne contienne son inconvénient. Ainsi, la botte d'Otto est sûrement un avantage jusqu'au moment où il la manque. A présent, tu vois mon honorable adversaire tout démoralisé. — Tu crois? dit Dormagen exaspéré. — Oh! si j'ai un avis à te donner, mon cher Otto, reprit Samuel, c'est de ne pas parler. Tu es essoufflé par les très-louables efforts que tu as faits pour m'introduire dans la peau un demi-pied de fer pointu, et si tu parles, tu vas accroître encore la difficulté que tu éprouves à respirer.

Dormagen sauta sur son épée : — Tout de suite! dit-il avec une telle autorité de colère, que les témoins donnèrent instinctivement le signal.

Julius était en train de songer : — Il est onze heures. *Elle* doit être à la chapelle; *elle* prie peut-être pour moi. C'est cela certainement qui m'a sauvé tout à l'heure.

Le signal, en l'arrachant à la douce rêverie, ne le trouva, on le conçoit, que plus prêt et plus vaillant.

Le duel recommença. Dormagen, cette fois, n'entendait plus les railleries de Samuel. Tout à la rage, il attaquait sans presque se défendre, plus désireux de blesser que de se couvrir. Mais, comme il arrive toujours, la passion le troublait, la fièvre de son âme faisait trembler sa main, et il frappait plus fort que juste.

Samuel s'apercevait du trouble de son adversaire et faisait tout pour le redoubler. Cette fois, il avait transformé complètement son jeu. Au lieu d'être tranquille et imperturbable comme à la première passe, il bondissait, rompait, voltait, agissait, changeait son épée de main, inquiétant, taquinant, agaçant Dormagen, l'éblouissant de l'éclair de ses teintes, l'étourdissant du cliquetis de ses mots.

Dormagen commençait à perdre un peu la tête.

Tout à coup Samuel s'écria : — Eh! messieurs! Philippe de Macédoine, de quel œil était-il donc borgne?

Il poursuivit, fatigant toujours de son agilité prestigieuse Otto Dormagen, de plus en plus outré et de moins en moins adroit.

— C'était, je crois, de l'œil gauche. Philippe, le père du grand Alexandre... rien que cela, messieurs... faisait le siége de... de je ne sais plus quelle ville. Un archer de la ville prit une flèche, sur laquelle il écrivit : « A l'œil gauche de Philippe! » Et la flèche arriva à son adresse... Mais pourquoi diable! l'œil gauche plutôt que le droit?

Otto répondit par une botte à fond.

Mais il avait mal calculé; son épée glissa sur celle de Samuel, dont il sentit la pointe sur sa poitrine.

— Tu te découvres, dit Samuel.

Otto grinça des dents. Il était évident que Samuel le ménageait et jouait avec sa vie, comme le chat avec la souris.

L'engagement n'était pas moins vif pour l'autre couple. Il était seulement plus égal. Toutefois, sur une feinte de dégagé dans les armes et un dégagement dessous, Ritter riposta d'un coup droit si prompt et si fulgurant, que Julius n'eut pas le temps de parer. Le fer le toucha au côté droit. Mais, hasard merveilleux! au lieu de pénétrer, le fer se détourna sur un objet soyeux et flottant dont il suivit la direction mobile, et qui le fit glisser le long de la poitrine, à peine effleurée.

Pour Julius, sur ce coup il n'eut qu'à tendre son épée; elle s'enfonça de trois pouces dans le flanc de Ritter, qui s'affaissa sur lui-même et tomba.

Ce qui avait sauvé la vie à Julius, c'était le petit sachet de soie suspendu à son cou et contenant l'églantine desséchée.

— Ah! tu as fini? dit Samuel. Sur ce mot, les témoins comprirent que Samuel voulait finir, lui aussi. Dormagen essaya de le prévenir, et tenta une seconde fois le coup qu'il avait manqué la première.

— Encore! dit Samuel. Ah! tu te répètes!

Il avait déjà évité le fer par le même effacement rapide; mais, cette fois, par un coup singulier et imprévu, relevant violemment l'épée d'Otto, il rebroussa en même temps la sienne, piqua Dormagen au front de la pointe, puis la retira aussitôt d'un mouvement subtil. Mais la pointe avait pénétré d'un pouce et demi dans

l'œil gauche. Dormagen poussa un cri terrible.

— J'ai décidément choisi l'œil gauche, dit Samuel. Ce sera moins gênant pour chasser.

Les témoins s'empressaient auprès des blessés. Le poumon droit de Frantz avait été traversé. Pourtant le chirurgien espérait lui sauver la vie.

Le chirurgien vint à Dormagen. Samuel n'attendit pas qu'il eût prononcé : — Il n'y a pas de danger pour sa vie, dit-il. J'ai voulu seulement le priver d'un œil. Notez qu'au lieu de pénétrer dans le crâne et d'aller léser la cervelle, ainsi qu'il dépendait de moi de le faire, j'ai ramené à moi le fer aussi délicatement qu'un instrument de chirurgie. C'est une opération à vrai dire.

Et, se tournant vers le chirurgien : — Il n'a pas déjeûné. Saigne-le vite, si tu ne veux pas qu'il ait d'épanchement au cerveau. Avec des soins, dans quinze jours d'ici il se promènera dans les rues.

Au moment où le chirurgien, prenant sa lancette, s'apprêtait à exécuter les conseils de Samuel, la police entra précipitamment.

— Eh bien! qu'est-ce? dit Samuel. — La police! cria le pinson. — Je m'y attendais, dit paisiblement Samuel; c'était bien le moins qu'elle me fît l'honneur de se déranger un peu pour moi. Est-elle loin? — A cinquante pas. Alors nous avons le temps. Ne vous inquiétez pas, messieurs, ceci me regarde.

Il déchira son mouchoir et le noua au bras gauche de Julius. — Et, maintenant, vite, remets ta redingote.

Il remit également la sienne. La police entrait dans le jardin. Un renard s'adressa à Samuel : — Est-ce que nous n'allons pas résister aux collets droits? — Bataille rangée? répondit Samuel. Ce serait amusant. Nous les rosserions d'emblée, et tu me tentes, démon! Mais il ne faut pas prodiguer les amusements sanglants, nous finirions par nous blaser. Il y a un autre moyen plus simple.

On frappa à la porte de la salle. — Au nom de la loi! dit une voix. — Ouvrez à ces messieurs, dit Samuel.

On ouvrit, et une escouade d'agents entra dans la salle.

— On vient de se battre ici? dit celui qui les conduisait. — C'est possible, dit Samuel. — Les combattants vont nous suivre en prison, reprit le chef. — Ceci est moins possible, répliqua Samuel. — Et pourquoi cela? Où sont-ils?

Samuel lui montra Otto et Frantz : — Les

Julius.

voici l'un et l'autre aux mains du docteur. Ils se sont réciproquement ferrés. Vous voyez que, pour l'heure, ils ont plus affaire du chirurgien que du geôlier.

Le chef n'eut qu'à donner un coup d'œil aux graves blessures, fit une grimace de désappointement et s'esquiva, sans dire un mot, avec ses agents.

Dès que les collets droits furent partis, Julius passa dans un cabinet voisin, s'assit à une table, rouvrit la lettre qu'il avait commencée pour son père, y ajouta quelques lignes et la cacheta. Puis il prit une autre feuille de papier et écrivit :

« Monsieur et cher pasteur,

« Prière d'ange et talisman de fée m'ont tout à l'heure sauvé deux fois la vie. Nous sommes vivants, et tout péril est passé. A dimanche, pour mieux vous remercier et vous bénir.— JULIUS. »

Il donna ensuite les deux lettres à Dietrich, qui retournait sur-le-champ à Heidelberg, et qui les mettrait à la poste avant le départ du courrier.

Quand Julius rentra dans la salle du combat, on transportait sur un brancard les deux blessés, et Samuel disait : — Et maintenant, nous avons une heure à tuer jusqu'au dîner. Voilà l'ennui des distractions du matin. Que faire jusqu'à

Le château de Heidelberg.

midi? — Que faire jusqu'à dimanche? pensa Julius.

XVIII

DEUX MANIÈRES D'ENVISAGER L'AMOUR.

Le dimanche suivant, dès sept heures du matin, Samuel et Julius sortaient d'Heidelberg et prenaient, le long du Neckar, la route qui conduit à Landeck; ils étaient à cheval emportant chacun son fusil de chasse attaché à la selle. Samuel avait, en outre, une valise derrière lui.

Trichter, complétement remis de sa victoire, accompagna à pied, en fumant sa pipe, jusqu'aux dernières maisons, son noble *senior*, dont il semblait plus fier et plus charmé que jamais. Il lui rapportait qu'il était allé voir, la veille, les deux blessés. Ils en reviendraient l'un et l'autre. Mais Dormagen en avait pour trois semaines et Ritter pour un mois.

Aux portes de la ville, Samuel congédia son renard favori, et les deux compagnons mirent leurs chevaux au trot.

Julius rayonnait de ces deux joies : l'aube dans le ciel, Christiane dans son cœur. Jamais il n'avait trouvé Samuel plus spirituel, plus en verve, plus amusant, et, par éclairs, plus profond. La parole de Samuel, vive et savante, pleine de caprice et pleine de pensée, complétait à Julius son spectacle et son bien-être en les interprétant, et, pour ainsi dire, en les constatant. Julius avait l'impression, Samuel y ajoutait l'expression. Ils arrivèrent ainsi à Neckarsteinach.

Ils avaient parlé université, études et plaisirs. Ils avaient parlé Allemagne et indépendance. Julius était de ces jeunes et nobles cœurs que font battre ardemment ces idées, et il se sentait heureux et fier d'avoir bravement fait son devoir et risqué hardiment sa vie pour un devoir cher et sacré.

Samuel et Julius, enfin, avaient parlé de tout, excepté de Christiane. Samuel n'en avait pas parlé, peut-être parce qu'il n'y pensait pas ; Julius peut-être parce qu'il y pensait trop. Ce fut Samuel qui la nomma le premier. — Ah çà ! dit-il tout à coup à Julius, qu'est-ce tu apportes ? — Comment ! ce que j'apporte ? — Oui ; est-ce que tu n'as pas acheté quelque bijou pour Christiane ? — Oh ! crois-tu qu'elle l'aurait accepté ? Et la prends-tu pour une Lolotte ? — Bah ! il y avait une reine qui disait que cela dépendait de la

somme qu'on y met. Mais, du moins, tu as pensé à te procurer pour le père quelque livre rare de botanique ? Tiens, par exemple, le *Linnæi opera* avec gravures, précieuse édition dont le libraire Steinbach a un si excellent exemplaire.

— Sot que je suis ! je n'ai pas pensé au père, confessa ingénument Julius. — L'omission est fâcheuse, reprit Samuel, mais je suis bien certain que tu n'auras pas oublié le gentil enfant qui n'a pas quitté Christiane, et que tu n'as pas quitté. Tu as bien sûr, pour Lothario, un de ces merveilleux jouets de Nuremberg qui font le bonheur de tous les petits Allemands de cinq à dix ans ? Nous avons admiré une fois ensemble une prodigieuse chasse au porc ; tu te souviens, ce fourmillant bas-relief en bois où l'on voit tout un village, bailli, magister et bourgeois, pendus à la queue, aux oreilles, aux soies de sa majesté suine, et qui nous a fait crever de rire nous-mêmes, vieux enfants que nous sommes. Je gage que tu as acheté le bas-relief. Et tu as eu là une triomphante idée. Tu avais raison tout à l'heure ; c'est à l'enfant qu'il fallait faire le cadeau de Christiane. De cette manière la générosité se complète de la délicatesse. Donner à Lothario, c'est donner à Christiane deux fois. — Pourquoi me dis-tu cela si tard ? fit Julius mécontent de lui-même.

Et d'un brusque coup de bride il retourna la tête de son cheval du côté d'Heidelberg.

— Halte-là ! cria Samuel. Il est inutile que tu ailles chercher à Heildelberg la chasse et le volume : ils sont ici. — Comment ? — L'édition rare de Linnée et l'homérique chasse au porc sont toutes deux dans ma valise, et je te les offre. — Oh ! merci, dit Julius. Tu es charmant ! — C'est que, mon cher, il faut mener lestement ton affaire avec cette petite. Je t'aiderai. Si je t'abandonnais à ta nature, tu te rouillerais dans les mélancolies sentimentales, et, au bout d'un an, tu serais aussi avancé que la veille du jour où tu l'as vue pour la première fois. Mais je suis là, sois tranquille. Tu vois avec quelle obligation déjà je me suis abstenu de te faire concurrence. Je me rabats sur Gretchen. La chevrière m'en veut, elle me redoute d'instinct, elle m'a presque insulté. Cela me pique. J'en viendrai à bout. Je ne lui plais pas : donc elle me plaît. A qui de nous deux arrivera le premier. Un pari, veux-tu ? Un coup d'éperon dans le ventre de nos chevaux, commençons cette course à la beauté, et tu verras comme je suis un grand sauteur de scrupules.

Julius était redevenu sérieux. — Samuel, tiens, je t'en prie, dit-il, qu'il ne soit jamais question entre nous de Christiane. — Trouves-tu que je déforme son nom en le prononçant? Ah çà, tu peux bien me laisser dire ce que je te laisse bien faire; et, comme je ne suppose pas que tu ailles à Landeck uniquement pour M. Schreiber et pour Lothario, je puis bien insinuer que tu y vas pour Christiane. — Quand ce serait pour elle? — Si c'est pour elle, je conjecture que c'est dans un but quelconque; et, n'admettant pas que ce soit dans le but d'en faire ta femme... — Pourquoi pas? — Pourquoi pas? Ah! ah! ah! qu'il est jeune! Pour deux raisons, être candide. D'abord, le baron d'Hermelinfeld, très-riche, très-honorable, très-puissant, n'ira pas, entre les filles de comtes, de princes et de millionnaires, qui seraient heureuses de porter son nom, choisir une petite paysanne. Ensuite, tu ne voudras pas toi-même. As-tu l'âge d'un mari? — L'amour n'a pas d'âge. — L'amour et le mariage font deux, mon jeune ami.

Il reprit d'un accent profond et passionné : — Oh! je ne calomnie pas l'amour! L'amour, c'est la possession. Être maître d'une créature humaine, conquérir une âme, multiplier son cœur par un cœur qui n'est pas moins vôtre pour battre dans une autre poitrine, étendre son existence par d'autres existences dépendantes et soumises, cela certes est grand et beau! J'ai cette ambition prométhéenne de l'amour! Mais là question est d'ajouter à sa personnalité le plus de personnalités possibles, de s'enrichir de tous les dévouements qu'on rencontre, d'absorber en soi tout ce qu'on trouve à sa portée de puissance et de vie. Imbéciles ceux qui se contentent d'une femme et qui ont assez de se doubler lorsqu'ils pourraient se centupler! Cela fait pleurer les femmes? Tant pis pour elles! La mer n'est la mer que parce qu'elle boit toutes les gouttes de toutes les rivières. Moi, je voudrais boire toutes les larmes de toutes les femmes, afin de ressentir l'ivresse et l'orgueil de l'Océan. — Tu te trompes, ami, répondit Julius, la grandeur n'est pas d'avoir, mais d'être. La richesse n'est pas de recevoir, mais de donner. Moi, je me donnerai tout entier, et pour toujours, à celle que j'aimerai. Je n'éparpillerai pas mon cœur en la monnaie vile de cinquante fantaisies triviales et passagères; je le concentrerai en un seul amour d'or, profond et immortel. Et je ne me croirai pas plus petit et plus avare pour cela, au contraire. C'est par là, Samuel, que la joie humaine aboutit au bonheur divin. La fin de don Juan, avec ses mille et trois femmes, c'est l'enfer; la fin de Dante, avec la Béatrice unique, c'est le ciel. — Tu vois, dit Samuel, que la théorie aboutit à la poésie et à l'amour littéraire. Mais nous voici au carrefour. Ralentissons le pas et redescendons à la réalité. Premièrement, nous ne dirons toujours que nos prénoms et pas nos noms? — Non, dit Julius. Mais ce n'est pas par défiance d'elle, c'est par défiance de moi-même. Je veux passer pour un simple étudiant sans fortune, afin d'être bien sûr que c'est moi et non pas mon nom qu'elle aime. — Oui, être aimé pour soi-même! on connaît cela, dit Samuel. Passons, et, secondement, écoute avec calme l'amicale proposition que je vais te faire. Tu épouseras Christiane, soit : mais il faut qu'elle y consente. L'essentiel est donc de te faire aimer. Or, use de moi au besoin, comme conseiller, ou même... ou même, car cela peut servir, comme chimiste. — Assez! s'écria Julius avec horreur. — Tu t'exaltes à tort, répliqua tranquillement Samuel. Lovelace, qui te valait bien, ne s'y est pas pris autrement avec Clarisse.

Julius regarda Samuel en face : — Tiens, il faut que tu sois bien radicalement perverti, pour que la pensée de cette noble fille t'inspire ces projets monstrueux; il faut que ton âme soit bien morte pour que ce clair soleil y fasse éclore ces reptiles! Elle, si confiante, si pure, si innocente, si ignorante! abuser de sa bonté et de sa candeur! Ah! ce ne serait pas bien difficile de la perdre! Il n'y aurait pas besoin de tes philtres et de tes charmes. Les enchantements seraient inutiles : son âme suffirait.

Puis il ajouta comme se parlant à lui-même : — Elle avait bien raison de se défier de lui, et de me dire de m'en défier. — Ah! elle a dit cela? demanda Samuel en tressaillant. Ah! elle t'a parlé contre moi? Ah! elle me hait peut-être? Prends garde. Je me suis occupé d'elle, tu vois, je te la laissais. Mais si elle me haïssait, vois-tu, je l'aimerais. La haine, c'est une difficulté, c'est-à-dire une provocation; c'est un obstacle, et j'aime les obstacles. Elle m'aimerait, je n'y ferais pas attention; mais si elle me hait, prends garde. — Prends garde toi-même! s'écria Julius. Pour elle, je sens qu'il n'y aurait pas d'amitié qui tînt. Pour le bonheur d'une femme que j'aimerais, sache que cela me serait bien égal de mourir. — Et moi, dit Samuel, pour le malheur d'une femme qui me haïrait, sache que cela me serait bien égal de la tuer.

L'entretien, si gaiement commencé, allait tourner au sombre. Mais les chevaux avaient toujours marché, et en ce moment le presbytère apparut. Christiane et Lothario attendaient Julius sous les tilleuls, et lui faisaient de loin de joyeux signes.

O folle nature des amoureux! En un clin d'œil Julius oublia le cœur ténébreux et menaçant de Samuel, et il n'y eut plus pour lui au monde que lumière, douceur et pureté.

XIX

LA NONNE DES BOIS.

Julius piqua son cheval, fut tout de suite à la grille, et, fixant sur Christiane un œil de reconnaissance attendrie et joyeuse : — Merci! dit-il. — Il n'y a plus de danger? lui demanda Christiane. — Plus du tout. Votre prière nous a sauvés. Dieu ne pouvait pas nous refuser sa protection; nous la faisions implorer par vous.

Il descendit de cheval. Samuel arriva à son tour, et salua Christiane, qui l'accueillit poliment, mais froidement. Elle appela le petit domestique et le chargea de conduire les chevaux à l'écurie et de porter les valises dans les chambres. Puis on entra dans la maison. Gretchen y était, un peu gauche, la sauvage fille! dans ses habits du dimanche. La longueur de sa robe gênait ses pieds; ses bas lui étranglaient les jambes, elle ne savait pas marcher dans des souliers.

Elle eut pour Samuel un regard hostile, pour Julius un sourire triste.

Et M. Schreiber? demanda Samuel. — Mon père va venir, répondit Christiane. Mais, en sortant de la chapelle, il a été pris à l'écart par... par un garçon du village, qui avait à lui parler d'une affaire importante. Il s'agit de quelqu'un qui nous intéresse beaucoup.

Et Christiane regarda en souriant Gretchen, dont l'air étonné témoigna qu'elle ne comprenait pas.

En ce moment, le pasteur entra, empressé, joyeux et ouvert à ses hôtes comme à de vieilles connaissances déjà. On n'attendait que lui pour se mettre à table. Ce second dîner fut plus animé et plus cordial que l'autre. Selon la bonne vieille mode allemande, Gretchen en était.

Samuel, qui maintenant regardait avec de tout autres yeux la pure et virginale figure de Christiane, voulut plaire et fut d'un entrain et d'un esprit charmants. Il raconta tout le duel, en omet-

tant, bien entendu, les causes et les prétextes, et sans parler ni du château d'Heidelberg, ni de la fenêtre de Lolotte. Mais il fit rire Christiane avec la scène du cabinet bleu, et la fit trembler avec la scène du Kaiserstuhl. — Mon Dieu! dit-elle à Julius, si pourtant vous aviez eu, vous, ce Dormagen pour adversaire? — Oh! j'étais mort, il n'y a pas de doute, reprit Julius en riant. — Quel barbare et coupable préjugé que ces duels dont nos étudiants se font un jeu! s'écria le pasteur. Ce n'est pas seulement comme prêtre que je parle, messieurs, c'est comme homme. Et je vous féliciterais presque, monsieur Julius, de n'être pas plus habile dans ces mortelles parties. — Comme cela, reprit Christiane, sans savoir elle-même pourquoi elle faisait cette question, M. Samuel vous est donc supérieur à l'escrime, monsieur Julius? — Je ne puis en disconvenir, répondit Julius. — Heureusement, ajouta Samuel, il ne saurait y avoir de duel entre camarades aussi *fraternels* que nous. — Ou s'il y en avait un, dit Julius, ce serait un duel à mort, un duel d'où un seul de nous devrait se relever, et, en ce cas-là, il est toujours possible d'égaliser les chances. — Es-tu entêté du hasard, va! reprit tranquillement Samuel. Ce serait à tort vis-à-vis de moi. Je ne sais pas si c'est parce que j'ai toujours dédaigné de jouer de l'argent, mais, toutes les fois que j'ai tenté le sort, il ne m'a jamais manqué. Prends-y garde! Vous avez là d'excellent vin, monsieur Schreiber; c'est du Liebfraumilch, n'est-ce pas?

Sous quelle impression ou par quelle pressentiment, nous ne savons, mais, aux tranquilles et sinistres paroles de Samuel, Christiane ne put s'empêcher de pâlir et de frissonner. Samuel s'en aperçut peut-être.

— Voilà un sujet d'entretien bien dénué de gaieté, reprit-il. Va donc en chercher là-haut un autre plus amusant, Julius.

Julius comprit le signe de Samuel, disparut un moment, et revint bientôt porteur de la chasse au porc qu'il offrit à Lothario, et du Linnée qu'il offrit au pasteur.

La joie de Lothario fut immense. Une admiration sans bornes envahit son visage, et il resta immobile, foudroyé d'une telle merveille. Hélas! c'est en faisant de pareils bonheurs aux enfants que la vie se croit quitte envers les hommes. Mais le pasteur ne fut pas beaucoup moins joyeux ni beaucoup moins enfant que son petit-fils. Il se confondit en remercîments et en grônderies, reprochant à Julius de s'être ruiné.

C'était trop pour la bourse d'un étudiant.

Julius était un peu honteux de s'approprier ainsi la récompense d'une attention qu'un autre avait eue pour lui, et il allait rendre à Samuel ce qui appartenait à Samuel ; mais Christiane le remercia d'un regard. Il n'eut pas la force de restituer ce regard à Samuel. Il garda tout pour garder le sourire.

On passa dans le jardin pour prendre le café. Gretchen, qui avait conservé tout le temps son attitude défiante vis-à-vis de Samuel, vint se mettre derrière la chaise de Christiane.

— Çà, Gretchen, dit le pasteur en versant dans sa soucoupe son café brûlant, j'aurai à te parler. — A moi, monsieur le pasteur ? — A toi-même, et de choses sérieuses, encore. Cela te fait rire ? Tu n'es pourtant plus une enfant, Gretchen. Sais-tu que tu n'as pas loin de dix-huit ans ? — Eh bien ! monsieur ? — Eh bien ! à dix-huit ans, il commence à être temps qu'une fille pense à l'avenir. Tu ne peux passer ta vie avec des chèvres. — Avec qui donc voulez-vous que je la passe ? — Avec un honnête homme qui sera ton mari.

Gretchen hocha la tête en riant toujours : — Eh ! qui est-ce qui voudrait de moi pour femme ? — Mais ce n'est pas si improbable, mon enfant. Et enfin si cela se présentait ?

La chevrière devint grave. — C'est pour de bon ? — Je t'ai dit que j'aurais à te parler de choses sérieuses. — Alors, si vous me parlez sérieusement, reprit Gretchen, je vous répondrai de même. Eh bien ! si on me demandait en mariage, je refuserais. — Pourquoi ? — Pourquoi, monsieur le pasteur : mais d'abord, ma mère, quand vous l'avez convertie, m'a vouée à la Vierge Marie. — C'est contre mon gré et contre notre religion, Gretchen. Son vœu, d'ailleurs, ne saurait t'engager, et s'il n'y a pas d'autres raisons... — Il y en a d'autres, monsieur le pasteur. C'est que je ne veux jamais dépendre de rien ni de personne ; c'est que je suis habituée à ne pas avoir de toit sur ma tête, ni de volonté sur ma volonté. Mariée, il faudrait quitter mes chèvres, mes herbes, ma forêt, mes roches. Il faudrait rester dans les villages, marcher dans les rues, vivre dans les maisons. Je souffre déjà assez l'hiver dans les chambres ; j'étouffe assez le dimanche dans ces habits. Ah ! si vous aviez jamais passé les nuits d'été comme moi, en plein air, sous le plafond des étoiles, sur ce lit de mousses et de fleurs que le bon Dieu refait lui-même tous les matins ! Tenez, il y a des religieux qui s'enferment toute la vie dans des couvents et dans des monastères ; eh bien ! moi j'aurai pour cloître la forêt. Je serai une religieuse du bois. J'appartiens à la solitude et à la Vierge Marie. Je ne veux pas appartenir à un homme. A présent, je vais où je veux et je fais ce qui me plaît. Si je me mariais, je ferais ce qui plairait à mon mari. Vous trouverez cela orgueilleux de ma part, sans doute. Mais j'ai l'aversion du monde, qui flétrit et souille tout ce qu'il touche. Cela m'est venu peut-être d'avoir vu tant de mes pauvres fleurs mourir quand on les avait arrachées du sol ou seulement froissées. Je ne me laisserai jamais toucher. Il me semble que je mourrais aussi. Allez, monsieur le pasteur, ce n'est pas par égoïsme, mais par amour maternel que ma mère a fait ce vœu ; ce n'est pas en pensant à ses péchés, c'est en se souvenant de ses souffrances. L'amour des hommes est humiliant et cruel. Les jeunes chevaux auxquels on n'a pas encore mis la bride, dès qu'on les approche, prennent la fuite. Moi, je suis comme un cheval sauvage, et je ne veux pas être bridée.

En parlant ainsi, Gretchen avait un accent si fier et si résolu de chasteté fauve et de pudeur incorruptible, que Samuel leva de Christiane sur elle son œil ardent. Cette virginité farouche et charmante le dominait. Il la regarda fixement.

— Bah ! dit-il, si au lieu d'un paysan, quelqu'un de plus relevé se présentait ; si moi, par exemple, je te demandais en mariage ? — Vous ? dit-elle, comme hésitant à répondre. — Oui, moi. Sais-tu que j'en serais capable ?

Et dans ce moment il pensait dire vrai.

— Si c'était vrai, répondit-elle après un instant de silence, j'accepterais encore bien moins. Je dis que je déteste les villages ; ce n'est pas pour aimer les villes ! Je dis que la pensée de tout homme révolte quelque chose en moi ; ce n'est pas la vôtre qui peut me séduire. — Je te remercie du compliment, et je m'en souviendrai, dit Samuel en riant de son rire de menace. — Tu réfléchiras, Gretchen, se hâta de dire le pasteur. Il vient un âge où l'on n'a plus les jambes qu'il faut pour escalader les pics et les ravins. D'ailleurs, quand tu sauras le nom du digne garçon qui t'aime et qui voudrait faire de toi sa femme, tu changeras peut-être d'idée. Ton amie Christiane t'en reparlera.

La conversation finit là. Mais, au bout de quelques minutes, Gretchen, mal à l'aise dans un lieu où on lui avait parlé de mariage, disparut sans dire un mot. Le pasteur se remit à feuilleter son Linnée. Lothario, depuis qu'on s'était levé de table, était plongé, avec son jou-

Que le diable m'emporte si j'en vois le fond. — Page 45.

jou, dans un tête-à-tête d'éclats de rire. Christiane restait seule pour faire les honneurs de l'hospitalité paternelle à Julius et à Samuel.

XX

LE TROU DE L'ENFER.

Qui pouvait jamais savoir quelle pensée s'agitait dans le sombre et profond esprit de Samuel Gelb? Dès qu'il vit le pasteur et l'enfant absorbés par les présents de Julius, il se mit à entamer devant Christiane une apologie cordiale de son ami. Julius, selon lui, avait toutes les qualités tendres, dévouées, fidèles, et, sous sa douceur, au besoin, une énergie et une solidité réelles. Ceux qu'il aimait pouvaient toujours compter sur lui. Il s'était battu admirablement, etc.

Samuel embarrassait Christiane de cet enthousiasme à bout portant, et la jeune fille souffrait instinctivement d'entendre cet éloge dans la bouche de Samuel. Tout en croyant à ce qu'il disait, elle ne pouvait s'empêcher de sentir de l'ironie sous ses paroles. Il ne disait de Julius que du bien; elle eût préféré qu'il en dît du mal.

Quant à Julius, il n'écoutait pas. Après avoir ri et douté des premières louanges de Samuel, il avait laissé sa pensée s'enfuir ailleurs. Il songeait au charmant tête-à-tête qu'il avait eu avec Christiane l'autre après-dînée, et il était triste de cette joie passée.

Christiane eut pitié de lui: — Mon père, dit-elle, élevant la voix, j'ai promis à ces messieurs que nous les mènerions aux ruines d'Eberbach et au Trou de l'Enfer. Voulez-vous que nous y allions? — Volontiers, dit le pasteur en fermant son livre avec un regard de regret.

Mais Lothario, lui, ne voulut sortir sous aucun prétexte. Il avait chargé Gretchen de prévenir quelques-uns de ses amis du village qu'il aurait une importante communication à leur faire, et il tenait à les attendre pour les éblouir de sa chasse.

On se mit en route sans lui, et l'on prit un ravissant sentier de traverse aboutissant au Trou de l'Enfer, par lequel on voulait commencer, comme par le point le plus éloigné. Le pasteur, mis en train de botanique par le volume rare, s'empara de Samuel, l'interrogeant et le querellant sur toutes les plantes qu'ils rencontraient. C'était une autre façon de continuer la lecture de Linnée.

Julius se trouva enfin seul avec Christiane. Combien il avait souhaité cette occasion! Et, maintenant qu'il la tenait, il en était embarrassé et ne savait comment s'en servir. Il ne trouvait pas une parole. Il se taisait, n'osant pas dire la seule chose qu'il eût à dire. Christiane remarqua l'embarras de Julius, ce qui augmenta le sien.

Ils marchaient ainsi l'un à côté de l'autre, muets, gênés — et heureux. Mais qu'importait leur silence! Est-ce que les oiseaux dans le ciel, est-ce que les rayons dans les branches, est-ce que les fleurs dans l'herbe ne parlaient pas pour eux et ne leur disaient pas précisément ce qu'ils se seraient dit? Ils arrivèrent ainsi au Trou de l'Enfer.

Au moment où ils furent en vue, Samuel, se retenant d'une main à une racine, était penché sur le gouffre.

— Pardieu! disait-il, voilà un trou qui mérite son nom. Que le diable m'emporte si j'en vois le fond! Je crois qu'il n'en a pas. C'est mieux que de nuit. L'autre fois, quand je ne voyais pas le fond, je pouvais penser que c'était à cause de l'ombre; maintenant, c'est à cause de la profondeur. Je vois que je ne vois pas. Viens donc voir, Julius.

Julius s'avança sur le bord, à la grande pâleur de Christiane.

— Sais-tu bien, dit Samuel, que ce serait ici un lieu commode pour se défaire d'un homme à qui l'on en voudrait? Un coup de coude suffirait, et je doute que le camarade remontât jamais, ou que personne descendît le chercher. — Retirez-vous! cria Christiane effrayée en tirant vivement Julius par le bras.

Samuel éclata de rire. — Est-ce que vous avez peur que je ne donne un coup de coude à Julius? — Oh! c'est que le moindre faux pas!... balbutia Christiane, toute confuse de son mouvement. — Le Trou de l'Enfer est périlleux en effet, reprit le pasteur, et, outre sa légende pleine de mystères, il a son histoire pleine de catastrophes. Il n'y a pas encore deux ans qu'un fermier des environs y est tombé, ou s'y est précipité, le malheureux! On a essayé de retrouver son corps. Mais ceux qui ont eu le courage de descendre avec des cordes dans le gouffre ont à peine eu le temps de crier qu'on les remontât. À une certaine profondeur, les exhalaisons méphitiques de l'abîme causent l'asphyxie et la mort. — Brave et profond gouffre! dit Samuel. Il me plaît autant pour le moins sous le soleil que dans les ténèbres. Voyez, les fleurs sauvages y poussent cependant. La verdure y décore le danger. Il est charmant et mortel. Prestige et vertige! Je disais à minuit que je l'aimais; je trouve à midi qu'il me ressemble. — Oh! c'est vrai, s'écria comme irrésistiblement Christiane frappée. — Prenez garde, à votre tour, de tomber, mademoiselle! reprit gracieusement Samuel en l'écartant du bord. — Allons-nous-en d'ici, dit Christiane. Vous pouvez vous moquer de moi, mais j'ai toujours peur en ce lieu funeste. Mon cœur se serre, ma raison s'égare. Mon tombeau ouvert m'épouvanterait moins. Le malheur est ici. Allons-nous-en voir la ruine.

Ils se dirigèrent tous quatre en silence du côté du vieux burg, et quelques minutes après ils entraient dans les décombres qui avaient été le château d'Eberbach.

Au jour, la ruine était aussi joyeuse et verdoyante qu'elle était effrayante et morne la nuit. Une végétation moussue et fleurie se mêlait à tous les débris, égayant et parfumant tout, recousant chaque fente d'un cordon de lierre ou d'un cep de vigne, espoir de ce passé, jeunesse de cette vieillesse, vie de cette mort.

Des nids d'oiseaux chantaient à chaque branche, et au bas du château, du côté où le cheval de Samuel avait si terriblement tournoyé sur le vide, le Neckar, éclatant de soleil, se déployait largement à perte de vue à travers toutes les fécondités de la vallée.

Devant ce grand et doux spectacle, Julius se mit à rêver. Samuel avait entraîné le pasteur vers une porte surmontée d'armoiries dégradées, et se faisait raconter l'histoire des anciens comtes d'Eberbach. Christiane dit à Julius : — A quoi donc songez-vous?

Le geste qu'avait fait la jeune fille pour l'écarter du précipice avait un peu enhardi Julius.

— A quoi je songe? répondit-il. Oh! Christiane, vous disiez tout à l'heure devant l'abîme : Le malheur est ici. Je songe, moi, devant ces ruines : Le bonheur est là. Oh! Christiane, quelqu'un qui rebâtirait ce château dans sa beauté et sa majesté premières, et qui, enfermant son avenir dans ce passé comme pour le conserver et l'ennoblir, vivrait dans cette solitude, le ciel sur sa tête, ce spectacle sous les yeux, et à ses côtés une femme pure, jeune de cœur comme d'âge, faite de rosée et de lumière! Oh! Christiane, écoutez-moi...

Sans savoir pourquoi, Christiane se sentit tout émue. Une larme lui vint aux yeux, quoiqu'elle n'eût jamais été plus heureuse.

— Écoutez-moi, reprit Julius. Je vous dois la vie. Ce n'est pas une phrase, c'est une certitude. J'ai le cœur superstitieux. Il y a eu un moment, dans ce duel, où j'ai vu sur ma poitrine la pointe de l'épée de mon adversaire. Je me suis senti perdu. Alors j'ai pensé à vous; mon âme a prononcé votre nom, et l'épée n'a fait que m'effleurer. Je suis sûr que dans ce moment-là vous priiez pour moi. — A quelle heure? dit Christiane. — A onze heures. — Oh! c'est vrai que je priais! dit naïvement l'enfant avec une surprise joyeuse. — Je le savais. Mais ce n'est pas tout. A la seconde passe, j'ai été touché encore, et j'étais mort si la lame de mon adversaire n'eût trouvé et suivi un sachet de soie qui soutenait devinez quoi? L'églantine enchantée que je tenais de vous. — Oh! vraiment? Oh! sainte Vierge, merci! s'écria Christiane.

Julius reprit : — Eh bien! Christiane, puisque vous avez pris la peine d'intercéder pour moi, puisque vous avez réussi, c'est peut-être que ma vie doit vous être bonne à quelque chose. Ah! si vous vouliez!

Christiane était toute tremblante et ne répondait pas.

— Un mot, poursuivit Julius, la couvrant d'un œil de flamme et de tendresse, ou, sinon un mot, au moins un geste, un signe que ce que je vous dis ne vous blesse pas; que vous ne repousseriez pas, vous, ce rêve de vivre ainsi tous deux dans cette belle nature, seuls avec votre père...

— Et sans Samuel, dit brusquement une voix ironique derrière eux.

C'était Samuel, qui avait quitté le pasteur et qui avait écouté les derniers mots de Julius.

Christiane rougit. Julius se retourna, furieux contre Samuel qui interrompait si maladroitement son doux songe éveillé. Mais, à l'instant où il allait lui dire quelque parole blessante, il en fut empêché par l'arrivée du pasteur qui rejoignait ses hôtes.

Samuel se pencha à l'oreille de Julius : — Valait-il mieux te laisser surprendre par le père? dit-il.

On reprit le chemin du presbytère.

Les quatre promeneurs ne firent cette fois qu'un groupe. Christiane évitait Julius. Julius de son côté ne cherchait plus Christiane; il craignait sa réponse autant qu'il la désirait. Sur la route, en revenant, l'approche des promeneurs fit tout à coup fuir quatre ou cinq chèvres.

— Ce sont les chèvres de Gretchen, dit Christiane. La chevrière ne doit pas être loin.

Gretchen apparut bientôt, en effet, assise au sommet d'un monticule; elle avait repris avec ses habits agrestes et simples son aisance et sa grâce sauvages.

Le pasteur appela Christiane et lui dit quelques mots à voix basse. Christiane répondit par un signe d'assentiment, et se mit aussitôt à gravir le monticule, se dirigeant vers Gretchen. Julius et Samuel s'élancèrent en même temps pour lui offrir la main et la soutenir. — Non pas, leur dit-elle en riant, non pas! Il faut que je parle seule à Gretchen, et je suis bien assez montagnarde pour me passer de votre aide, messieurs.

Et elle grimpa seule, vive et légère, et eut bientôt rejoint la pastoure. Gretchen était triste et avait dans les yeux une larme.

— Qu'as-tu donc? lui demanda Christiane. — Oh! mademoiselle, vous savez bien ma petite biche, que j'avais trouvée orpheline dans la forêt, et que j'élevais comme ma fille, je ne l'ai plus retrouvée en rentrant; elle est perdue. — Sois donc tranquille! elle reviendra au bercail, dit Christiane. Mais, écoute, Gretchen, j'ai à te parler longuement. Demain matin, de six heures à sept, attends-moi. — Et moi aussi j'ai à vous parler, répondit Gretchen. Depuis trois jours les plantes m'ont dit sur vous bien des choses. — Eh bien! où conduiras-tu tes chèvres? — Du côté du Trou de l'Enfer, voulez-vous? — Non, non, du côté des ruines plutôt! — J'y serai, mademoiselle. — Eh bien! demain matin, à six heures, aux ruines. A demain, Gretchen.

Christiane en se tournant fut toute surprise de trouver derrière elle Samuel qui, en quelques bonds, venait de gravir la colline. — J'ai voulu du moins vous offrir mon bras pour redescendre, lui dit-il.

Elle ne sut s'il les avait entendues.

XXI

LES FLEURS SAVANTES.

Le lendemain matin, il n'était pas cinq heures et demie quand Samuel entra tout habillé et son fusil sur l'épaule dans la chambre de Julius. — Holà! dormeur éternel, lui dit-il, tu ne veux pas venir à la chasse avec moi?

Julius se frotta les yeux.

— Tu vas à la chasse? — A la chasse de toute sorte de gibier. Pourquoi sans cela aurions-nous apporté nos fusils? Hé! tu te rendors? Écoute, si tu te décides à te lever, tu me rejoindras. — Non, dit Julius, je ne pourrai sortir ce matin. — Ah! et pourquoi donc? — Je vais écrire à mon père. — Encore! Quel fils épistolaire tu fais! — J'ai des choses très-importantes à lui dire. — Comme il te plaira, reprit Samuel qui avait ses raisons pour ne pas insister. A tantôt alors. — Bonne chance!

— Merci du souhait et de l'augure.

Samuel sortit et Julius se leva. Mais, si matinal qu'eût été Samuel, Christiane avait été plus matinale encore. A l'heure où, pour des desseins assez douteux, le sceptique étudiant cheminait en sifflant dans l'herbe emperlée de rosée, — la douce jeune fille, plus prompte encore à sa bonne action, était déjà arrivée près de Gretchen, aux ruines d'Eberbach, et présentait à la petite chevrière, avec des paroles tendres et persuasives, le brave garçon qui voulait faire d'elle sa femme, l'honnête et laborieux Gottlob, un jeune laboureur de Landeck, qui, depuis un an, de loin et sans rien oser dire, aimait la jolie chevrière à en perdre la tête.

Gretchen, triste mais résolue, refusait toujours.

— Ainsi, vous ne voulez pas de moi, Gretchen? disait, le cœur gonflé, le pauvre Gottlob. Vous me rejetez et vous me méprisez? — Je vous remercie et je vous bénis, Gottlob, répondit Gretchen. C'est d'un bon cœur d'avoir pensé à épouser cette petite gardeuse de chèvres qui ne possède pas un pfennig, cette fille de bohémienne sans foyer et sans famille. Mais, Gottlob, la plante qui n'a pas de racines ne doit pas avoir de fleurs. Laissez-moi à ma solitude et à ma sauvagerie. — Écoute, ma Gretchen, reprenait Christiane, mon père dit que ce qui est contre nature est contre Dieu, et que tu seras peut-être punie et repentante, un jour, d'avoir méconnu la loi commune. — Chère demoiselle, vous avez la beauté et la bonté des fleurs, et votre père en a la sagesse et la sérénité. Mais je suis ma nature à moi en gardant ma liberté du grand air et de la forêt. Transplantez dans votre jardin cette aubépine sauvage, elle mourra. — Non! dites plutôt que vous me haïssez, Gretchen! s'écria Gottlob. Laissons-la, mademoiselle Christiane, je vois bien qu'elle me hait. — Arrêtez, Gottlob, reprit Gretchen, et n'emportez pas contre moi une pensée amère. Gottlob, si j'avais jamais souhaité vivre dans la maison et sous la domination d'un mari, c'est votre toit et votre autorité que j'aurais choisis, entendez-vous, parce que vous êtes bon et fidèle, et que vous travaillez avec calme et force, selon le devoir de la créature humaine. Gottlob, retenez encore ceci : si jamais Gretchen change d'avis, et que vous n'ayez pas engagé à une autre votre foi, Gretchen ne prendra pas d'autre mari que vous ; elle s'y engage devant Dieu. C'est tout ce que je puis vous dire, Gottlob. Et maintenant donnez-moi une poignée de main et pensez sans haine à moi, qui penserai à vous comme à un frère.

Le pauvre Gottlob voulut parler et ne put. Il se contenta donc de serrer la main que lui tendait Gretchen, fit un humble salut à Christiane, et s'éloigna d'un pas inégal à travers les décombres.

Quand il fut parti, Christiane voulut essayer encore de faire entendre raison à Gretchen ; mais la chevrière la supplia de ne plus l'affliger de ses instances.

— Parlons de vous, ma chère demoiselle, lui dit-elle, de vous qui, Dieu merci ! n'avez rien de ma méchante et folle humeur, et qui pourriez être aimée comme vous méritez de l'être. — Nous avons le temps, dit en riant Christiane. Et ta biche perdue ? — Elle n'est pas revenue, mademoiselle, répondit tristement Gretchen. J'ai passé toute la nuit à l'appeler : inutile. Ce n'est pas la première fois qu'elle se sauve, l'ingrate ! et j'espérais toujours qu'elle reviendrait. Mais elle n'est jamais restée si longtemps dans le bois. — Tu la retrouveras, rassure-toi. — Je n'y compte plus. Voyez-vous, ce n'est pas comme mes chèvres qui sont tout de suite apprivoisées. La biche, elle, est née sauvage, et elle a peine à se faire aux cabanes et aux visages humains. Elle a la liberté dans le sang. Elle me ressemble, et c'est pour cela que je l'aimais, c'est pour cela...

Gretchen n'acheva pas. Tout à coup elle tressaillit, et se dressa debout effarée.

— Qu'as-tu donc ? s'écria Christiane. — Est-ce que vous n'avez pas entendu ? — Quoi ? — Un coup de feu ? — Non. — Eh bien ! je l'ai entendu, moi, et c'est comme si je l'avais reçu moi-même. Si c'était sur ma biche qu'on avait tiré !... — Allons ! tu es folle. Calme-toi, et, puisque tu veux parler de moi, parlons-en plutôt.

Il ne fallut pas moins que la pensée de Christiane pour faire oublier à Gretchen son inquiétude. Elle se rassit à terre, et levant sur Christiane des yeux pleins de tendresse : — Oh ! oui, parlons de vous, dit-elle. J'en parle tous les

jours avec mes fleurs. — Voyons, reprit Christiane non sans quelque hésitation, est-ce que, vraiment, tu crois à ce que tes fleurs te disent ? — Si j'y crois ! fit Gretchen ; et son regard brilla, et son front prit un air d'inspiration singulière. Je n'y crois pas, j'en suis sûre. Quel intérêt les fleurs auraient-elles à mentir ? Rien n'est plus certain sur cette terre. La science du langage des plantes est très-ancienne. Elle vient de l'Orient et des premiers temps du monde, quand les hommes étaient encore assez simples et assez purs pour que Dieu daignât leur parler. Ma mère savait lire dans les herbes, et elle me l'a enseigné ; c'était sa mère qui le lui avait enseigné à elle. Vous ne croyez pas aux fleurs ? La preuve qu'elles disent vrai, c'est qu'elles m'ont dit que vous aimerez M. Julius. — Elles se trompent ! dit vivement Christiane. — Vous n'y croyez pas ? La preuve qu'elles disent vrai, c'est qu'elles m'ont dit que M. Julius vous aime. — En vérité ? reprit Christiane. Eh bien ! voyons, j'y veux croire. Consultons-les ensemble. — Tenez, je vous en ai apporté toute une moisson, dit Gretchen en montrant à ses pieds un gros bouquet parfumé. Sur quoi les consulterons-nous ? — Tu prétendais l'autre jour qu'elles t'avaient dit que ces deux jeunes gens devaient me porter malheur. Je veux savoir ce qu'elles entendent par là. — C'est justement de ces deux jeunes gens que je voulais aussi vous parler. — Eh bien ? — Regardez. Voici des plantes cueillies ce matin avant l'aube. Nous allons les interroger. Mais je sais d'avance ce qu'elles répondront ; car, depuis l'autre jour, j'ai fait l'expérience déjà treize fois, et toutes les treize fois elles ont fait la même réponse. — Laquelle ? — Vous allez voir.

Elle se leva, prit à terre les herbes fraîches, les étala sur une table de granit veloutée de mousse et les rangea dans un certain ordre mystérieux, selon leur forme, et l'heure ou l'endroit où elles avaient été cueillies.

Puis, fixant sur elles un regard profond, oubliant par degrés la présence de Christiane, et, de plus en plus absorbée dans une contemplation extatique, elle commença à parler d'une voix lente et presque solennelle : — Oui, les herbes disent tout pour qui sait les comprendre. Les hommes ont des livres où ils écrivent leurs pensées avec des lettres ; le livre de Dieu, c'est la nature, et sa pensée y est écrite en plantes. Seulement, il faut savoir la lire. Moi, ma mère m'a appris à épeler les fleurs.

Sa figure s'assombrit. — Toujours les mêmes

Christiane et Gretchen se retournèrent en sursaut. C'était Samuel.

mots! murmura-t-elle. Celui qui est toujours là quand on ne l'attend pas est un homme de calamité. Pourquoi l'ai-je amené! Et l'autre, sera-t-il moins funeste? Pauvre chère fille! voici déjà qu'elle l'aime. — Mais non! interrompit Christiane. Tes fleurs sont méchantes! — Et lui, poursuivit Gretchen sans remarquer l'interruption, comme il aime Christiane! — Laquelle dit cela? demanda vivement Christiane. Est-ce cette fleur de mauve? Comme elle est jolie!

Gretchen continua, toujours absorbée : — Ils sont jeunes, ils s'aiment, ils sont bons, et c'est pour cela qu'ils seront malheureux. Toujours la même réponse. Mais voilà qui est extraordinaire!

— Quoi donc? demanda Christiane inquiète. — Je n'avais pas encore été jusque-là. Ici, je les vois tous deux qui s'unissent; puis l'union finit brusquement, presque aussitôt. Mais c'est étrange! la séparation n'est pas la mort, et cependant ils s'aiment toujours. L'un sans l'autre, de longues années, séparés, éloignés, ils vivent comme étrangers. Qu'est-ce que cela veut dire?

Comme elle se penchait sur la table avec anxiété, une ombre passa devant le soleil et se refléta subitement sur les herbes.

Christiane et Gretchen se retournèrent en sursaut. C'était Samuel.

Samuel feignit un profond étonnement en apercevant Christiane. — Pardon de vous déranger, dit-il, mais je venais prier Gretchen, qui connaît toutes les broussailles du bois, de me rendre un service. Voici ce que c'est : tout à l'heure, dans la forêt, j'ai tiré sur une pièce de gibier.

Gretchen tressaillit. Samuel continua : — Je suis sûr de l'avoir blessée très-gravement. J'offre à Gretchen un frédéric si elle veut bien chercher l'endroit où elle est allée mourir. Elle a disparu du côté du Trou de l'Enfer. — Une biche? demanda Gretchen tremblante. — Blanche, tachetée de gris. — Je vous l'avais bien dit! cria Gretchen à Christiane.

Et elle partit comme une flèche.

Samuel regarda cette brusque sortie avec étonnement. — Pardieu! se dit-il, j'ai réussi plus aisément que je n'espérais à rester seul avec Christiane.

XXII

TROIS BLESSURES.

Christiane fit un mouvement pour suivre Gretchen; mais Samuel lui dit : — Pardonnez-moi de vous retenir, mademoiselle, j'ai à vous parler. — A moi, monsieur? dit Christiane interdite. — A vous, reprit Samuel, et laissez-moi vous poser tout de suite, sans préparations ni circonlocutions, la question qui, depuis hier, me préoccupe. Est-ce vrai que vous me haïssez?

Christiane rougit.

— Parlez-moi franchement et nettement, continua-t-il, et ne craignez pas de me blesser. Je ne hais pas qu'on me haïsse. Je vous dirai pourquoi tout à l'heure. — Monsieur, répondit Christiane d'une voix troublée et en cherchant ses mots, vous êtes l'hôte de mon père, et vous n'avez rien fait ou rien dit jusqu'à ce moment qui pût justifier de ma part de l'aversion. D'ailleurs, je tâche d'être assez chrétienne pour ne haïr personne.

Les yeux ardents et perçants de Samuel n'avaient pas quitté la jeune fille pendant qu'elle parlait ainsi, les yeux baissés et intimidés. Il reprit : — Je n'ai pas écouté vos paroles, j'ai regardé votre visage. Il a été plus franc que votre réponse. C'est certain, vous avez contre moi, je ne sais pas si c'est tout à fait de la haine, mais de l'antipathie. Ne vous en défendez pas, allez! Je vous répète que cela ne me fâche pas; au contraire. Cela me met plutôt à mon aise. — Mon-

sieur!... — Je préfère la haine à l'indifférence, la colère à l'oubli, la lutte au néant. Tenez, vous êtes très-jolie, et, pour les hommes comme moi, une jolie fille c'est déjà une provocation. C'est quelque chose qui appelle et défie tous les cœurs un peu orgueilleux. Je n'ai jamais vu la beauté sur un front de seize ans sans avoir cette effrénée ambition de me l'approprier. Seulement, comme le temps me manque, le plus souvent je passe. Mais ici la provocation est double. Vous me faites l'honneur de me détester. Au défi de votre beauté, vous ajoutez le défi de votre aversion! Vous me déclarez la guerre. Je l'accepte! — Eh! monsieur, où avez-vous vu?... — Oh! dans votre air, dans vos manières, dans vos paroles au Trou de l'Enfer. Et ce n'est pas tout. N'avez-vous pas déjà essayé de me desservir auprès de Julius? Ne le niez pas! Vous vous êtes placée entre lui et moi, imprudente! Vous avez voulu, audacieuse! me dérober cette confiance, me reprendre cette affection. C'est là votre troisième défi. Eh bien, soit! Je suis son mauvais génie, à ce que dit son père; soyez son bon ange! Ce sera entre nous deux le drame de toutes les vieilles légendes. Cette perspective me sourit. Double lutte : lutte entre vous et moi pour Julius, lutte entre Julius et moi pour vous. Il aura votre amour, mais j'aurai votre haine. Haine ou amour, c'est toujours une part de votre âme. Et je suis plus sûr déjà de la mienne que de la sienne. Vous éprouvez certainement de l'éloignement pour moi; êtes-vous convaincue d'éprouver de l'amour pour lui?

Christiane ne répondit pas; mais, debout, muette, indignée, et malgré elle charmante, son aspect répondait pour elle. Samuel reprit : — Oui, je suis plus avancé que Julius. Vous ne lui avez pas encore dit que vous l'aimiez. Il y a plus : il est probable qu'il ne vous a pas dit encore clairement qu'il vous aimait. Ce jeune homme est doux et beau, mais il manque totalement d'action. Eh bien! moi, sur ce point encore, je le précède. Écoutez : Vous me haïssez. Je vous aime. — Monsieur, c'est trop! s'écria Christiane, éclatant.

Samuel n'eut pas l'air de prendre garde à l'indignation de la jeune fille. Il jeta un coup d'œil insoucieux sur la table où étaient les fleurs consultées par Gretchen : — Que faisiez-vous donc quand je vous ai interrompue? demanda-t-il négligemment. Ah! vous questionniez les herbes? Eh bien! voulez-vous que je vous réponde pour elles, moi? Voulez-vous que je vous dise la bonne aventure, la mauvaise aventure, si cette épithète vous va mieux? Je vais commencer par une nouvelle qui vous intéressera passablement, je l'espère. Je vous prédis que vous m'aimerez.

Christiane secoua dédaigneusement la tête. — Oh! pour cela, dit-elle, je ne le crois pas et je ne le crains pas. — Entendons-nous, répliqua Samuel. Quand je dis que vous m'aimerez, je ne veux pas dire précisément que vous me trouverez charmant et que vous éprouverez pour moi une tendresse sans bornes. Mais qu'importe, si je parviens à me passer de votre tendresse pour vous soumettre, et si, les moyens différant, le résultat est le même? — Je ne vous comprends pas, monsieur. — Vous allez me comprendre. Je dis que cette enfant qui ose me braver, moi Samuel Gelb, — un jour ou l'autre, — avant que nous mourions, — bon gré, mal gré, — sera à moi.

Christiane se redressa fière et courroucée. C'était la jeune fille qui avait écouté; ce fut la femme qui répondit.

— Oh! dit-elle avec un amer sourire, vous avez écarté Gretchen, parce que vous aviez peur devant deux enfants, et maintenant qu'il n'y en a qu'un, vous osez parler! vous osez insulter la fille de votre hôte! Eh bien, quoique vous ayez la force, quoique vous ayez un fusil dans les mains et la méchanceté dans le cœur, vous ne m'effrayez pas et vous ne m'empêcherez pas de vous répondre. Vous avez mal prédit l'avenir. Je vais vous dire, moi, ce qui arrivera, et non pas un jour ou l'autre, mais avant une heure : je pars, et avant une heure, monsieur, j'aurai tout dit à mon père, qui vous chassera, et à votre ami, qui vous châtiera.

Elle fit un pas pour s'éloigner; Samuel, au lieu de la retenir, lui dit : — Allez.

Elle s'arrêta surprise et le regarda effrayée.

— Eh bien, allez donc! reprit-il avec sang-froid. Vous me croyez lâche parce que je vous ai dit ce que j'avais dans le cœur et sur le cœur! Mais, si j'étais lâche, j'aurais agi et je me serais tu. Enfant! enfant! continua-t-il avec un accent étrange, tu sauras un jour que le fond de cet homme que tu défies, c'est le mépris de l'humanité en général, mais en particulier le mépris de la vie. Si tu veux le savoir tout de suite, cours me dénoncer. Mais non, reprit-il, vous ne le ferez pas; vous ne direz pas un seul mot de tout ceci à votre père, ni à Julius; vous ne vous plaindrez pas de moi, et vous éviterez avec le plus grand soin toute marque extérieure de répulsion

à mon égard. Vous resterez vis-à-vis de moi glacée, mais polie, comme ce marbre. — Et pourquoi cela? dit Christiane. — Parce que, si vous aviez seulement l'air de m'en vouloir, votre père vous en demanderait la raison, et Julius m'en demanderait raison. Or, Julius vous l'a dit : je lui suis singulièrement supérieur à l'escrime. Cependant le pistolet est encore mon arme favorite. Je sais beaucoup de choses, moi, voyez-vous. Je ne dis pas cela pour me vanter, je n'y ai pas grand mérite; cela tient à ce que je ne dors guère que quatre heures par jour. Alors il m'en reste quinze pour étudier et cinq pour vivre. Et de ces cinq heures même d'apparent loisir, aucune n'est perdue pour ma volonté, pour ma pensée. Quand j'ai l'air de me délasser, j'apprends une langue, ou je me romps à un exercice du corps, à l'équitation ou aux armes. Cela sert, comme vous voyez. Donc, dire un mot à Julius, c'est tout bonnement le tuer. Si vous vous y prêtez, je regarderai cela comme une marque de votre faveur pour moi.

Christiane le regarda en face.

— Soit! dit-elle, je ne parlerai ni à mon père ni à M. Julius. Je me protégerai toute seule. Et je ne vous crains pas, et je me ris de vos menaces. Que peut votre audace contre mon honneur? Et puisque vous me forcez à vous le dire, oui, c'est vrai, dès le jour où je vous ai vu j'ai senti tout d'abord pour vous une insurmontable aversion. J'ai senti que vous aviez un mauvais cœur. Mais ce n'est pas de la haine. Je ne vous hais pas, je vous méprise!

Un mouvement de courroux, vite réprimé, contracta les lèvres de Samuel; mais il se remit aussitôt.

— A la bonne heure! s'écria-t-il, c'est parler, cela. Voilà comme je vous aime. Vous êtes belle ainsi. Résumons-nous. La question est carrément posée. Premièrement, vous voulez m'enlever l'âme et la volonté de Julius, et vous ne les aurez pas. Secondement, tu me hais, je t'aime et je t'aurai. C'est dit. Ah! voilà Gretchen.

Gretchen revenait en effet, lentement et avec précaution, rapportant péniblement sa biche blessée. Elle s'assit sur le rocher, tenant sur ses genoux la pauvre bête, qui la suppliait d'un œil plaintif.

Samuel s'approcha, et s'appuyant sur son fusil : — Bah! dit-il, elle n'a que la cuisse cassée.

Le regard de Gretchen, penché sur sa biche, se releva sur Samuel plein de colère et d'éclairs.

— Vous êtes un monstre! dit-elle. — Tu es un

ange, dit-il. Toi aussi tu me hais, toi aussi je t'aime. Croyez-vous que ce soit trop de deux amours pour mon orgueil? Un jour à l'Université je me suis battu contre deux étudiants à la fois; j'ai blessé mes deux adversaires sans recevoir une égratignure. Au revoir! mes chères ennemies.

Il jeta son fusil sur son épaule, salua les deux jeunes filles, et reprit la route du presbytère.

— Quand je vous le disais, mademoiselle, s'écria Gretchen, que cet homme-là nous serait fatal!

XXIII

COMMENCEMENT DES HOSTILITÉS.

Pendant ce temps, Julius avait écrit longuement à son père. La lettre cachetée, il s'habilla et descendit au jardin. Le pasteur y était. Julius alla à lui et lui serra les mains affectueusement et respectueusement.

— Vous n'avez donc pas accompagné votre ami à la chasse? demanda le pasteur. — Non, dit Julius, j'avais à écrire.

Et il ajouta : — Une lettre de laquelle dépend le bonheur de toute ma vie.

Il tira la lettre de sa poche : — Je fais là dedans à mon père une question dont je vais attendre bien impatiemment la réponse. Pour l'avoir une heure plus tôt, je ne sais pas ce que je donnerais. Aller la chercher moi-même? j'y ai pensé un moment, mais je n'en ai pas le courage. Est-ce que je ne trouverais pas à Landeck quelque postillon, quelque courrier exprès qui pût monter à cheval tout de suite, aller porter cette lettre à Francfort et me rapporter la réponse à Heidelberg aussitôt? Je le payerais ce qu'il voudrait. — C'est facile, dit le pasteur. Le fils même du courrier habite Landeck. Il est connu des maîtres de poste, sur toute la ligne, pour suppléer quelquefois son père, et il sera charmé de gagner quelques florins. — Oh! alors voici la lettre.

M. Schreiber prit la lettre, appela son petit domestique, et l'envoya dire au fils du courrier de se trouver en selle devant le presbytère avant trois quarts d'heure.

— C'est juste le temps qu'il faut pour aller à Landeck et revenir ici, dit-il à Julius. Vous remettrez la lettre vous-même pour qu'elle ne s'égare pas d'ici là.

Puis, jetant machinalement les yeux sur la suscription : — Au baron d'Hermelinfeld? dit-il avec une joie profondément étonnée. C'est là le nom de votre père, monsieur Julius? — Oui, dit Julius. — Vous êtes le fils du baron d'Hermelinfeld! Un pauvre vicaire de campagne comme moi a l'honneur de recevoir dans sa maison le fils de cet homme illustre dont le nom emplit toute l'Allemagne! J'étais heureux de vous avoir ici, je vais en être fier à présent. Et vous ne vous nommez pas! — Et je vous prie encore de ne pas me nommer devant mademoiselle Christiane ou devant Samuel, dit Julius. Nous étions convenus, Samuel et moi, de ne pas dire nos noms, et je ne voudrais pas avoir l'air d'un enfant qui ne sait pas tenir un engagement pendant vingt-quatre heures. — Soyez tranquille, dit le bon pasteur, je serai aussi mystérieux que vous. Mais je suis bien content de vous connaître. Le fils du baron de Hermelinfeld! Si vous saviez comme j'admire votre père? J'ai bien souvent parlé de lui avec mon ami intime, le pasteur Ottfried, qui a été son camarade d'études.

La conversation fut interrompue par Samuel qui rentrait.

— Eh bien, es-tu content de ta chasse? lui demanda Julius. — Enchanté! Je n'ai rien tué, pourtant, ajouta-t-il en riant; mais j'ai trouvé des gîtes et découvert des voies.

Christiane rentra presque en même temps.

Les jeunes gens avaient annoncé la veille qu'ils partiraient après le déjeuner. On déjeuna donc, le pasteur joyeux de ce qu'il savait, Julius rêveur, Christiane grave, Samuel très-gai.

Le café pris, le pasteur jeta à Julius un regard cordial et suppliant. — Ah çà, dit-il, est-ce qu'il vous est absolument nécessaire de retourner si vite à Heidelberg? Puisque vous êtes si pressé d'avoir la réponse à votre lettre, pourquoi ne l'attendez-vous pas ici, vous l'auriez deux heures plus tôt. — Quant à moi, dit Samuel, il m'est tout à fait impossible de rester. Il me serait assurément fort agréable de passer ma vie à recevoir votre charmante hospitalité; à chasser et à respirer le bon air; mais j'ai à étudier, surtout maintenant. Je suis préoccupé d'une expérience que je ne veux pas retarder d'un instant. — Mais M. Julius? — Oh! Julius, lui, est libre. Pourtant, qu'il se souvienne qu'il a là-bas aussi des engagements.

Christiane, qui n'avait rien dit jusque-là, regarda fixement Samuel et dit : — Ces engagements sont-ils de telle nature que M. Julius ne

— Je ne vous hais pas, je vous méprise! — Page 51.

puisse vraiment nous sacrifier cette journée? — C'est cela! mets-toi avec moi, mon enfant, dit gaiement le pasteur. — Ah! ce sont les hostilités? dit Samuel en riant aussi, mais en jetant sur Christiane un regard qui devait avoir sa signification pour elle. La lutte n'est réellement pas égale. Je ne me rendrai pas, pourtant, et si mademoiselle me permet de dire un mot à part à Julius, pour lui rappeler ce qui le réclame à Heidelberg... — Oh! faites, dit Christiane avec dédain.

Samuel emmena Julius dans un coin. — As-tu confiance en moi? lui dit-il tout bas, et t'es-tu jamais repenti d'avoir suivi mes conseils dans la conduite de ta vie? Eh bien! crois-moi. Pas de faiblesse. La petite mord à l'hameçon. Mais prends garde, il ne faut pas trop se donner. Pars avec moi, et laisse la solitude et l'ennui travailler pour toi. L'absence fera tes affaires. Autre chose : souviens-toi qu'il y a samedi, ou plutôt dimanche, à une heure de la nuit, assemblée générale de la Tugendbund, et ne risque pas de t'endormir dans les délices de Capoue. Es-tu un homme qui aime sa patrie, ou un enfant comme Lothario, toujours pendu à des jupes? Maintenant, fais ce que tu voudras, tu es libre.

Julius revint pensif vers la table.

— Eh bien? dit le pasteur. — Eh bien! répondit Julius, je dois convenir qu'il m'a donné d'assez bonnes raisons.

Le pasteur fit une moue attristée, et Samuel regarda Christiane d'un air de triomphe.

— Ne désespérez pas encore, mon père, dit Christiane en riant et en tremblant. C'est à mon tour de parler bas à M. Julius. C'est juste, n'est-ce pas? — Très-juste! s'écria l'excellent pasteur, qui ne se doutait guère du drame qui s'agitait sous cette comédie.

Christiane prit Julius à part : — Écoutez, je n'ai qu'un mot à vous dire, et si ce mot ne prévaut pas sur les conseils de votre M. Samuel, c'est bien : j'aurai fait du moins une épreuve utile. Vous m'avez fait hier, dans les ruines d'Eberbach, une question à laquelle je n'ai pu répondre. Si vous restez, je vous répondrai. — Oh! je reste! cria Julius. — Bravo! Christiane, fit le pasteur. — Je m'en dédis, dit Samuel froidement. Quand reviendras-tu? — Mais demain, je suppose, dit Julius. Au plus tard après demain. J'aurai la réponse de mon père demain, n'est-ce pas, monsieur Schreiber? — Demain, oui, répondit le pasteur. Et vous, dit-il à Samuel, vous ne vous ravisez pas? L'exemple de votre ami ne vous a pas décidé? — Oh! moi, repartit Samuel, je ne reviens jamais sur ce que j'ai résolu.

Christiane n'eut pas l'air de s'apercevoir du ton menaçant dont Samuel avait prononcé ces paroles, et, le plus naturellement du monde : — Ah! voilà les chevaux, dit-elle.

En effet, les chevaux de Samuel et de Julius étaient à la grille tout sellés. — Ramenez à l'écurie le cheval de M. Julius, dit-elle à la servante qui les tenait tous les deux par la bride.

Samuel prit la bride du sien et monta.

— Mais, lui dit le pasteur, vous n'aurez pas d'études dimanche. Nous comptons sur vous avec M. Julius. — A dimanche, soit, dit Samuel. A demain, Julius. Pense à samedi.

Et, saluant Christiane et son père, il éperonna son cheval et partit au galop. Derrière lui arrivait le courrier, auquel le pasteur remit la lettre de Julius.

— Cent florins pour toi si tu es revenu demain avant midi, lui dit Julius; en voilà vingt-cinq d'avance.

Le courrier ouvrit des yeux ébahis, resta immobile de joie, puis tout à coup partit ventre à terre.

XXIV

L'UNION DE VERTU.

Le mardi soir, Julius n'était pas de retour à Heidelberg. Samuel sourit. Il s'y attendait. Le mercredi et le jeudi se passèrent de même, sans que Julius parût. Samuel, repris par son ardente fièvre du travail, n'y fit pas attention. Pourtant, le vendredi, dans une heure de repos, il commença à s'inquiéter un peu. Que signifiait cette absence persistante? Il reprit la plume et écrivit à Julius :

« Mon cher camarade,

« Hercule a eu le droit jusqu'à présent de filer aux pieds d'Omphale. Mais j'espère qu'il n'a pas oublié quel travail l'attend demain. A moins qu'Omphale ne soit Circé et ne l'ait métamorphosé d'homme en bête, il se souviendra du devoir qui le réclame. Une mère passe avant une maîtresse, une idée avant un amour. Patrie et liberté. »

— Je suis sûr maintenant qu'il viendra, se dit Samuel.

Il ne s'occupa plus de Julius pendant toute la journée du samedi. L'assemblée générale de la Tugendbund n'était désignée que pour minuit.

Dans la journée il envoya savoir des nouvelles des deux blessés. Franz Ritter et Otto Dormagen étaient couchés et seraient, avait dit le médecin, incapables de se lever avant une quinzaine de jours. L'ordre de l'Union était exécuté. Samuel et Julius pouvaient se montrer fièrement aux chefs.

A la nuit tombante, Samuel dirigea sa promenade accoutumée vers la route de Neckarsteinach par où Julius devait arriver. A une bifurcation du chemin, il fit la rencontre de quelqu'un qu'il crut reconnaître; mais point de Julius. Il rentra à l'auberge. — Julius est là-haut? demanda-t-il au maître de l'hôtellerie. — Non, monsieur Samuel, répondit celui-ci.

Samuel monta dans sa chambre et s'y enferma, maussade. La petite est plus forte que je ne croyais! pensa-t-il. Elle me le payera. La Bible dit : « L'amour est puissant comme la mort. » C'est ce qu'il faudra voir.

Neuf heures, dix heures, dix heures et demie sonnèrent. Julius n'arrivait pas.

À onze heures, Samuel, n'espérant plus, se disposa à partir seul. Il prenait sa casquette et allait sortir, lorsqu'un pas accourut dans le corridor. Presque aussitôt on frappa à la porte.

— Ah! enfin! dit Samuel, c'est heureux!

Il ouvrit. Mais ce n'était pas Julius, c'était un domestique de l'auberge. — Qu'est-ce donc? dit Samuel brusquement. — C'est un étudiant de Leipzig en tournée qui vient parler au roi des étudiants. — Je n'ai pas le temps dans ce moment, répliqua Samuel. Qu'il repasse demain.

— Il ne peut pas. Il m'a recommandé de vous dire qu'il était en voyage.

À ce mot de « voyage, » la figure de Samuel reprit subitement toute sa gravité. — Qu'il entre, dit-il aussitôt.

Le domestique sortit. Le prétendu étudiant de Leipzig entra, et Samuel referma soigneusement la porte.

Le nouveau venu serra les mains de Samuel en croisant les pouces d'une certaine façon, lui dit quelques mots à voix basse, enfin ouvrit sa poitrine et lui montra une médaille.

— C'est bien, dit Samuel. D'ailleurs, je te reconnais. Tu es le voyageur du Necker. Que viens-tu m'annoncer? — J'apporte un contre-ordre. L'assemblée générale n'aura pas lieu ce soir. — Allons donc! dit Samuel. Et pourquoi cela? — Parce qu'elle a été dénoncée et qu'elle aurait été cernée et surprise. Un des hauts dignitaires en a été prévenu à temps, heureusement. La réunion est remise. Il y aura une convocation nouvelle. — À quelle heure donc est arrivé l'avis? demanda Samuel. — À midi. — C'est étrange, alors, objecta le soupçonneux roi des étudiants. J'ai rencontré à la brune, se dirigeant vers un certain côté du château, quelqu'un qui se cachait dans son manteau et sous son chapeau, mais qui, si je ne me trompe, doit être un de nos chefs. Comment cela se fait-il? — Je ne sais, frère. J'ai rempli mon devoir envers toi; je n'ai plus qu'à me retirer. — Mais, insista Samuel, si, ne tenant pas compte de l'avis, j'allais au rendez-vous? — Je ne te le conseille pas. Tu y trouverais des agents apostés; là police occupe évidemment la route, et tu pourrais bien aller passer vingt ans de ta vie dans une prison d'État.

Samuel sourit avec hauteur. — C'est bien, dit-il; merci, frère.

Et il reconduisit le voyageur jusqu'à sa porte. Le voyageur parti, Samuel regarda à sa montre; il était onze heures et demie. — J'ai le temps, se dit-il.

Il mit sa casquette, prit sa canne ferrée et deux pistolets, et sortit. Comme la première fois, il gagna d'abord les quais; seulement il remonta les bords du Neckar beaucoup plus loin, et, au lieu de gravir directement la route-escalier, il tourna le château pour l'aborder du côté opposé à la ville.

Quand il eut dépassé de quatre ou cinq cents pas la masse noire de la montagne et de la ruine, il s'arrêta, regarda dans l'obscurité si personne ne rôdait par là, n'aperçut âme qui vive, et revint droit sur le gros mur des fondations, autrefois à pic, maintenant à moitié démantelé.

— C'est à cet angle, se disait-il en marchant, que j'ai rencontré tantôt mon homme, mon débiteur d'un kreutzer. Or le chemin dans lequel il s'engageait est une impasse et se cogne contre un mur. Il faut donc que nos très-illustres et très-mystérieux directeurs aient découvert comme moi l'excavation enfouie dans les broussailles. Quant à la police, il va sans dire que, selon sa louable habitude, elle est là-dessus d'une ignorance virginale, et qu'elle se contente de garder très-hermétiquement la porte publique par laquelle personne n'entrera ni ne sortira. Admirable institution, également grande chez tous les peuples civilisés!

Samuel était arrivé au pied de la haute muraille, entièrement revêtue de broussailles, d'herbes et de lierre. Il alla à l'endroit où la végétation était le plus touffue, écarta, non sans déchirer ses mains, les ronces et la vigne vierge, poussa une pierre énorme qu'il remit ensuite en place, descendit, ou plutôt roula dans une espèce d'antre, et bientôt erra dans les anciennes caves de cette partie du château.

Mais les chefs de la Tugendbund, en supposant que Samuel eût raison de les croire là, n'étaient pas faciles à trouver dans les profondeurs secrètes de ces immenses catacombes. Samuel marcha longtemps au hasard, se heurtant dans les ténèbres aux pierres écroulées, et prenant pour des voix humaines les cris des oiseaux de nuit, dont il troublait le sommeil, et qui parfois le souffletaient pesamment du vent de leurs ailes engourdies.

— Un autre s'effraierait ou se lasserait pourtant! se disait Samuel.

Enfin, après une demi-heure de tâtonnements et de pérégrinations, il entrevit au loin une faible lumière, comme celle que projette une lanterne sourde. Il se dirigea de ce côté, et ses yeux habitués à la nuit distinguèrent bientôt, assis

Samuel avait déjà un pistolet armé à chaque main.

sous une voûte, trois hommes masqués. Quand il fut assez près d'eux, il s'arrêta, retint son souffle et écouta, mais vainement : il ne put rien entendre. Cependant il était évident, aux gestes des trois hommes, qu'ils s'entretenaient à voix basse.

Samuel s'approcha encore, s'arrêta une seconde fois et se remit à écouter.

Il n'entendait rien encore.

Il prit soudainement son parti : — C'est moi! cria-t-il hardiment, un des vôtres, Samuel Gelb.

Et il s'avança vers les hommes masqués. A ce cri, tous les trois, comme si un même ressort les eût fait mouvoir, ils s'étaient levés debout des quartiers de granit où ils étaient assis, et s'étaient élancés sur des pistolets posés près d'eux tout armés. Mais où viser, dans l'ombre? Samuel, qui les voyait, lui, avait déjà un pistolet armé à chaque main. — Holà! dit-il tranquillement, allons-nous faire du tapage et attirer la police ici? Est-ce votre façon de recevoir les amis? Car je suis un ami, vous dis-je! Samuel Gelb. Mais je vous préviens que je me défendrai, et qu'avant de mourir j'en tuerai toujours au moins un de vous. D'ailleurs, qu'est-ce que vous gagneriez à me tuer?

Et en parlant, il avançait toujours. Les trois hommes masqués subissaient malgré eux l'ascendant de son étrange et audacieux sang-froid. Les canons des pistolets s'abaissèrent. — A la bonne heure, dit Samuel.

Il désarma ses pistolets, les remit dans sa poche et s'approcha tout à fait des trois hommes masqués.

— Malheureux! dit un des chefs, que Samuel reconnut à la voix pour celui qui lui avait adressé, à sa précédente comparution, des paroles si solennelles et d'une sévérité si supérieure, comment as-tu pénétré jusqu'ici? Est-ce que l'avis ne t'est pas parvenu? Parle à voix basse, au moins. — Je parlerai aussi bas que vous voudrez. Et, soyez tranquille! personne ne m'a suivi, et j'ai refermé derrière moi l'entrée connue de moi seul. — L'avis m'est parvenu; mais, précisément parce qu'il n'y avait pas là-haut de réunion générale, une rencontre fortuite m'a fait conjecturer qu'il y aurait en bas, dans ce trou que j'ai découvert avant vous peut-être, une réunion particulière. Et vous voyez que mon raisonnement ne s'est pas tout à fait trompé. — Prétends-tu donc t'immiscer dans les résolutions du Conseil suprême? — Je ne prétends m'immiscer en quoi que ce soit. Rassurez-vous, je ne viens pas m'imposer, je viens m'offrir. — Comment? — Il est certain que les affaires de l'Union sont un peu dérangées, et que vous devez être dans l'embarras. Eh bien! n'était-ce pas mon droit, n'était-ce pas mon devoir même, de redoubler de zèle quand les difficultés redoublaient, et de venir ici me mettre à votre disposition? — Est-ce vraiment ce motif qui t'a poussé à cette aventureuse démarche? — Eh! quel autre serait-ce? Doutez-vous de mon zèle? Vous avez déjà essayé de moi, et il me semble que je n'ai pas trop mal répondu à votre confiance?

Les trois se consultèrent un moment. Il paraît que la consultation fut favorable à Samuel, car le chef lui dit : — Samuel Gelb, tu es un hardi compagnon. Nous te croyons loyal, nous te savons intelligent et brave... C'est vrai, tu as rendu un réel service à l'Union; tu as vaillamment tenu notre épée dans votre duel avec les traîtres, et nous regrettions de ne pouvoir t'en remercier aujourd'hui. Puisque tu t'es frayé cet audacieux chemin jusqu'à nous, nous allons te témoigner notre reconnaissance mieux qu'en paroles. Nous allons te donner une preuve inouïe de confiance. Nous te mettrons au courant de notre délibération, et cela te fait de droit affilié au second degré. — Merci, dit Samuel en s'inclinant; mais je jure Dieu que vous ne vous re-

pentirez pas de m'avoir fait cet honneur. — Ecoute donc; voici ce qui s'est passé. L'un de nous, qui occupe dans les affaires publiques une position très-haute, a été mis en demeure de nous faire traquer cette nuit. C'est précisément la blessure d'Otto Dormagen et de Frantz Ritter qui nous a valu ce contre-temps. Quand on a su qu'ils ne pouvaient assister à notre assemblée, on a jugé sans doute prudent d'écraser ce qu'on ne pouvait plus surveiller, et l'on a résolu d'en finir ouvertement avec nous. Dormagen et Ritter ont livré les mots de passe et les secrets des formalités de l'entrée. Celui de nous qui avait reçu l'ordre de nous prendre au piège ne pouvait désobéir sans trahir sa complicité et sans se dénoncer; il a donc dû mettre la police sur pied. Mais il a eu le temps de nous prévenir. Les agents gardent les passages par où tous les adeptes devaient venir; ils ont le mot d'ordre, et ils attendent. Ils attendront jusqu'à demain matin; mais personne ne se présentera; ils s'en iront comme ils sont venus, et nous avons échappé à ce danger. — Eh bien! dit Samuel, vous en êtes quittes pour une réunion manquée et l'assemblée est ajournée, voilà tout. — Ce n'est pas, en effet, un grand inconvénient, reprit le chef, car nous n'avons pas de projets immédiats. Dans ce moment, notre grand ennemi, l'empereur Napoléon, est plus glorieux et plus heureux que jamais. Nos princes et nos rois encombrent ses antichambres et bornent leur ambition à se faire inviter à ses chasses. Rien à faire à cette heure pour l'indépendance de l'Allemagne. Mais les événements peuvent changer. Celui qui a pu monter peut descendre. Et, dès qu'un homme est sur la pente, il suffit quelquefois d'un coup de coude imprévu pour le faire rouler jusqu'en bas. Cet instant peut survenir d'un jour à l'autre. — Je l'espère bien, dit Samuel, et quand cette occasion se présentera, Samuel Gelb pourra vous servir encore. Mais, jusque-là, que souhaitez-vous? — Jusque-là, il faut que la Tugendbund se tienne prête à toute éventualité et que ses chefs aient où communiquer avec les principaux adeptes. Ces ruines ne peuvent plus nous servir. Le souterrain où nous sommes n'a qu'une issue et nous livrerait tous jusqu'au dernier. Où se réuniront désormais les assemblées générales? Telle est la question que nous agitions lorsque tu nous as interrompus. Question de vie et de mort peut-être. Nous ne voyons aucun lieu qui nous paraisse assez sûr. — La chose est assez rare, en effet, dit Samuel Gelb. — Connaîtrais-tu quelque endroit qui pût être secret? reprit le chef. Sais-tu quelque part un asile impénétrable, garanti par de nombreuses issues, à la fois fermé à l'espionnage et ouvert à la fuite? Si tu en connais un, tu auras rendu à l'Union un nouveau service bien supérieur, certes, au premier.

Samuel réfléchit une minute et dit : — Vous me prenez de court. Pour l'heure, je ne vois rien; mais je chercherai, ce qui, dans ma langue, veut dire : je trouverai. Quand ce sera fait, comment vous en avertirai-je? Assignez-moi un rendez-vous. — Ceci est impossible. Mais écoute : le 13 de chaque mois, le voyageur du fleuve sur les bords duquel tu résideras t'ira trouver et te demandera : « Es-tu prêt? » Le jour où tu le seras, nous te reverrons. — C'est dit. Merci, et comptez sur moi. Vous pouvez vous séparer maintenant. Vous avez trouvé, sinon le lieu, du moins l'homme qui le trouvera. — Nous n'avons pas besoin de te recommander le secret. Ceci est une affaire où ta tête est engagée comme les nôtres.

Samuel haussa les épaules. Puis, sur un geste du chef, il salua et sortit. Il retrouva son chemin plus aisément que lorsqu'il était venu. La lune, luisant à travers les broussailles, lui montrait vaguement l'issue.

Il revint joyeux et fier de l'échelon qu'il avait franchi, l'esprit plein d'une ambition hautaine; et ce ne fut qu'en rentrant dans sa chambre qu'il repensa à Julius.

— Ah çà! se dit-il, que diable peut faire ce Julius? Cette petite Christiane m'a-t-elle décidément dérobé cet être que je croyais si bien à moi? A-t-il été aussi prévenu à Landeck que l'assemblée était remise? Et à quoi a-t-il empli sa semaine? Bon! ne nous tourmentons pas. C'est demain dimanche, je le saurai demain.

XXV

VICTOIRE PAR SURPRISE.

Quand Samuel arriva au presbytère, à la même heure que le dimanche précédent, la grille était fermée. Il sonna. Le petit domestique et la servante apparurent.

Le jeune garçon se chargea de son cheval et la servante le conduisit à la salle à manger. La table était servie, mais il n'y avait que deux couverts. Samuel commença à s'étonner.

La servante était sortie, le priant d'attendre. Un moment après, la porte s'ouvrit. Samuel fit un pas en avant, puis recula stupéfait en voyant la personne qui entrait. C'était le baron d'Hermelinfeld.

Le père de Julius était une sérieuse, une sévère figure. Cinquante ans à peu près, taille élevée, cheveux blanchis par l'étude, front haut, œil profond et perçant, tête encore fière et belle, un air grave, calme et un peu triste. Il vint à Samuel, qui semblait décontenancé : — Vous ne vous attendiez pas à me revoir, surtout ici, n'est-ce pas, monsieur? dit-il à Samuel. — En effet, répondit celui-ci. — Asseyez-vous. Le digne pasteur Schreiber vous avait offert l'hospitalité pour aujourd'hui. Il n'a pas voulu que vous trouvassiez la maison fermée. Je suis resté pour vous l'ouvrir. — Pardon! je ne comprends pas bien, dit Samuel. — Oui, ce que je vous dis vous fait l'effet d'une énigme, n'est ce pas? reprit le baron d'Hermelinfeld. Si vous êtes curieux d'en savoir le mot, mettez-vous à table et déjeunez avec moi; je vous mettrai au courant. — Soit, dit Samuel en s'inclinant; et il s'assit bravement à table vis-à-vis du baron.

Il y eut un silence pendant lequel ces deux hommes, qui se tenaient de si près et qui différaient si fort, semblèrent s'observer mutuellement.

Le baron commença enfin : — Voici ce qui s'est passé... Servez-vous, je vous prie... Vous savez peut-être que lundi matin Julius m'a écrit? J'ai reçu sa lettre à Francfort. C'était une lettre pleine d'amour et d'anxiété. — Je me doutais de cela, dit Samuel. — Julius me racontait comment il avait vu Christiane et ce qu'elle était devenue presque aussitôt pour lui, son premier amour, sa vie, son rêve. Il me parlait de sa grâce, de sa pureté, de son père et de la douce vie qu'il pourrait se faire dans cette calme famille et dans cette calme vallée. Or voici ce qu'il avait à me demander. Riche, noble, célèbre que j'étais, approuverais-je jamais son amour pour une fille pauvre, humble et obscure? Vous l'en aviez fait douter. — C'est vrai, dit Samuel. — Julius ajoutait pourtant que, dans le cas où, soit à cause de sa jeunesse à lui, soit à cause de sa condition à elle, je répondrais non, il ne ferait pas ce que vous lui disiez de faire : il ne séduirait pas Christiane. Il avait horreur du conseil... et du conseiller. Non, il n'abuserait pas de la généreuse confiance de la fille et du père, il ne déshonorerait pas Christiane; il n'achèterait pas un moment de bonheur pour lui d'une vie de larmes pour elle; il s'éloignerait le cœur déchiré. Il dirait à Christiane son nom et l'arrêt de son père, et il la quitterait pour ne jamais la revoir. — Tout cela est fort beau, en vérité, dit Samuel. Veuillez me passer un peu de jambon, monsieur.

— Quand je reçus cette lettre de Julius, si amoureuse et si filiale, continua le baron d'Hermelinfeld, il y avait quatre jours, Samuel, que je réfléchissais à la vôtre, si audacieuse et si impie, quatre jours que je demandais comment je pourrais jamais rompre l'influence funeste que vous aviez usurpée sur l'âme délicate et tendre de Julius. Et, dix minutes après avoir reçu la lettre de Julius, mon parti fut pris. Nous autres hommes d'intelligence et de pensée, on croit que nous ne sommes pas faits pour l'action, parce que nous ne donnons pas toute notre existence à l'agitation stérile de ces hommes affairés qui ont, pour se croire pratiques, cette admirable raison qu'ils ne sont pas autre chose. C'est comme si on accusait les oiseaux de ne pas savoir marcher, parce qu'ils ont des ailes. En un coup d'aile ils ont fait mille pas. En un jour nous agissons plus que les autres en dix années. — Ç'a été de tout temps mon avis, monsieur, dit Samuel, et vous ne m'apprenez rien. — Le courrier attendait la réponse, reprit le baron, et devait être de retour à Landeck le lendemain avant midi. Je lui dis qu'il n'y avait pas de réponse, et je lui demandai de n'être de retour que le lendemain soir. Il refusa. Julius lui avait promis cent florins. Je lui en donnai deux cents. Il consentit. Cela fait, sans perdre une minute, j'allai chez le pasteur Ottfried, une des lumières de l'Église réformée, et mon camarade d'enfance. Je lui demandai s'il connaissait le pasteur Schreiber. C'était un de ses amis intimes. Ottfried me le dépeignit simple, modeste, désintéressé, une âme d'or, un regard sans cesse tourné vers le ciel pour y regarder Dieu et deux anges envolés, et ne connaissant de la terre que des misères à soulager. Quant à Christiane, Ottfried ne m'en dit qu'un mot : elle était la digne fille du pasteur. Je passai, en revenant, par la Zeile; je commandai à la poste des chevaux, et, cette nuit-là même, je partis pour Landeck. J'y arrivai le mardi dans la matinée. J'envoyai remiser ma chaise à Néckarsteinach; j'entrai à pied dans toutes les maisons de Landeck, et je complétai mes informations sur M. Schreiber et sur sa fille. Tout le monde, sans exception, me répéta ce que m'avait dit Ottfried. Jamais concert plus unanime de bé-

nédictions mieux senties ne s'éleva de la terre pour recommander à Dieu des créatures humaines. Le pasteur et sa fille étaient pour toutes ces bonnes gens des providences visibles. Ils étaient pour ce village plus que la vie; ils en étaient l'âme. Ah! quoi que vous en disiez, Samuel, la vertu a du bon. Il y a plaisir à être aimé. — Il y a même parfois profit, dit Samuel. — Je revins sur mes pas et j'entrai au presbytère. Dans cette salle où nous sommes, je trouvai réunis Julius, Christiane et le pasteur. Julius, frappé d'étonnement, s'écria : — Mon père! — Le baron d'Hermelinfeld! s'écria à son tour le pasteur non moins étonné. — Oui, monsieur, le baron d'Hermelinfeld, qui a l'honneur de vous demander, pour son fils Julius, la main de votre fille Christiane. M. Schreiber resta pétrifié, ayant mal entendu, croyant rêver, cherchant sa raison. Christiane se jeta en larmes dans ses bras. Sans savoir pourquoi, il se mit à pleurer aussi et à sourire.

Samuel interrompit le baron. — Cette scène est attendrissante, dit-il, mais passez-la. Vous savez que je suis médiocrement sentimental.

Samuel s'était remis depuis longtemps de sa surprise. La présence et les premiers mots du baron lui avaient révélé une conspiration contre son influence, et son caractère, fait pour la lutte, s'était redressé aussitôt. Tout son sang-froid hautain et ironique lui était revenu, et il avait écouté le baron en mangeant et en buvant, sans perdre un coup ni une bouchée, de l'air le plus aisé du monde.

Le baron d'Hermelinfeld reprit : — J'abrège. D'ailleurs je suis au bout. Je passai toute cette journée avec mes joyeux et amoureux fiancés. Pauvres enfants! leur bonheur me remerciait. Ils m'étaient reconnaissants comme si j'avais eu le droit de défaire ce que Dieu avait si bien fait. Vous me connaissez mal, Samuel, et vous m'avez jugé trop petit. Vous m'avez vu parfois céder aux exigences étroites et iniques du monde, c'est vrai. Mais sachez ceci : en paraissant les subir, je me réservais toujours de les corriger. Seulement, soyons sincères et soyons justes : la nature ne semble-t-elle pas trop souvent donner raison à la société? — J'ai compris l'allusion délicate, monsieur, dit Samuel avec amertume. Continuez.

Le baron reprit : — Pourquoi me serais-je opposé à ce mariage? Parce que Christiane n'est pas riche! Julius l'est pour deux. Il le sera pour quatre, avec la fortune de mon frère. Parce que

Christiane n'est pas noble! L'étais-je il y a vingt ans? Mais je m'en tiens aux faits. Le mercredi, je retournais à Francfort; le jeudi, je revenais à Landeck, muni de toutes les dispenses civiles et religieuses, et accompagné de mon ami Ottfried. Hier matin, samedi, Ottfried a marié à la chapelle de Landeck Julius et Christiane. Pardonnez à Julius de ne pas vous avoir invité à sa noce. C'est moi qui l'ai empêché de vous écrire. Une heure après le mariage, Julius et Christiane partaient pour un voyage d'une année. Ils vont voir la Grèce et l'Orient et reviendront par l'Italie. M. Schreiber n'a pas pu se résoudre à se séparer si subitement de sa fille. Il les accompagne à petites journées jusqu'à Vienne avec Lothario. Là, il les quittera et reviendra dans sa vallée, les laissant au soleil et à l'amour. Eh bien! que dites-vous de tout cela, Samuel? — Je dis, répondit Samuel en se levant de table, que vous m'avez très-bien escamoté Julius. L'enlèvement est réussi. Je vous avais acculé à la générosité et au désintéressement; vous avez vaillamment tiré parti de cette position désespérée. C'est joué largement, et je conviens que j'ai perdu la première partie. Mais j'aurai ma revanche.

Il appela. La servante entra. — Faites préparer mon cheval, dit-il. Je repars.

Le baron se mit à sourire. — Est-ce que vous allez courir après eux? — Allons donc! dit Samuel; je les attendrai. Dieu merci, j'ai autre chose à faire au monde, et je ne prétends pas donner à ma vie ce but unique et médiocre de gagner une sorte de pari. Mais chaque détail vient en son temps. Vous et Christiane, vous avez eu votre heure contre moi, j'aurai la mienne contre vous. Vous avez fini; je commence. — Je n'ai pas fini, repartit le baron. L'année de leur absence, je veux l'employer à réaliser un rêve de Julius. Je ne suis pas resté ici absolument pour vous tenir compagnie. A la rigueur, une lettre que vous auriez reçue ce matin, au moment de vous mettre en route, aurait épargné le désagrément de venir de si loin faire une visite aux domestiques. J'attends un architecte de Francfort. Je veux acheter et faire reconstruire d'ici à un an le château d'Eberbach. De sorte que Julius, au lieu des ruines qu'il a laissées, trouvera son désir sorti de terre et planté dans la montagne. Car je veux que rien ne lui manque, ni en lui, ni autour de lui, et que l'amour dans son cœur soit complété par le bien-être dans sa vie. Mon arme contre vous, ce sera son bonheur. — C'est vouloir que la mienne soit son malheur,

répliqua Samuel. Mais je vous en avertis, tendre père, vous aurez beau faire, vous ne m'arracherez pas Julius. Il m'admire et moi je l'aime. Oui, Dieu me damne! continua-t-il, répondant à un geste du baron, je l'aime comme les âmes fières et fortes savent aimer les âmes faibles et dévouées qui leur appartiennent. Il y a trop longtemps que j'ai scellé mon empreinte sur l'esprit de votre *fils* pour que vous parveniez à l'en effacer maintenant. Vous ne changerez pas sa nature ni la mienne. Vous ne le rendrez pas énergique ni moi scrupuleux. Vous lui referez un château; lui referez-vous un caractère? Ses instincts indécis ont besoin d'une main ferme et rude qui les soutienne et les dirige. Est-ce une enfant comme Christiane qui pourra lui rendre ce service? Je ne lui donne pas un an pour me regretter. Courir après lui! pourquoi faire? C'est lui qui viendra me chercher. — Écoutez, Samuel, dit le baron, vous me savez, moi, d'humeur à ne pas reculer devant un défi et à accepter toute lutte. Apprenez une chose : ce que Christiane ne pouvait dire à Julius, ce qu'elle ne pouvait dire à son père, elle a su qu'elle pouvait me le confier à moi sans crainte, et elle me l'a confié. Oui, elle m'a révélé vos incroyables menaces, monsieur, et nécessairement je serai contre vous son second. — Eh bien, tant mieux! dit Samuel, cela me mettra plus à mon aise. — Non, Samuel, vous vous calomniez, vous devez vous calomnier! reprit le baron. Vous n'êtes pas si au-dessus des remords ou, si vous voulez, des préjugés! Je me suis promis d'épuiser avec vous tous les moyens de conciliation. Samuel, voulez-vous la paix? Moi aussi, j'ai peut-être eu des torts envers vous. Je déchirerai votre lettre et j'oublierai vos paroles. Vous êtes ambitieux et orgueilleux; eh bien, je suis assez riche et assez puissant pour vous aider sans nuire à l'avenir de Julius. J'ai, vous le savez, à New-York, un frère aîné qui a fait dans le commerce une fortune trois et quatre fois plus solide et plus brillante que la mienne. Il n'a pas d'enfants, et tous ses biens appartiendront à Julius. Son testament est fait d'avance, et j'en ai le double entre les mains. Je puis donc disposer sans scrupule de ce que j'ai acquis de mon côté. Samuel, jurez-moi que vous renoncez à vos projets odieux, et dites-moi ce que vous voulez. — Un plat de lentilles? ricana Samuel. Mais vous prenez mal votre moment pour m'offrir ce marché après le copieux dîner de M. Schreiber. Je n'ai plus faim, — et je garde mon droit d'aînesse.

Un piaffement résonna sous les fenêtres de la salle à manger, et la servante vint prévenir Samuel que son cheval était sellé.

— Adieu, monsieur le baron, dit Samuel. J'aime mieux ma liberté que votre fortune. Je ne me laisserai jamais attacher un pavé au cou, ce pavé fût-il d'or. Sachez que je suis un de ces ambitieux qui vivent volontiers de pain sec, et un de ces orgueilleux qui portent sans honte un habit râpé. — Un dernier mot, dit le baron. Voyez comme, jusqu'à présent, vos mauvais desseins ont tourné contre vous. La principale raison qui m'a fait donner Julius à Christiane, c'est la lettre où vous me menaciez de me le prendre. C'est vous qui avez marié ces deux enfants ; c'est votre haine qui a fait leur amour ; c'est votre menace qui a fait leur bonheur. — Eh bien, alors, vous devez souhaiter que je les haïsse et que je les menace, puisque tout ce que je fais contre eux doit tourner pour eux. Votre désir sera comblé. Ah ! ma haine leur réussit ! En ce cas, vous pouvez compter que je vais travailler à leur prospérité. Je vous donnerai cette preuve d'affection, soyez tranquille ! Ce sera ma manière d'être votre fils. Sans adieu, monsieur, dans un an, avant un an peut-être, nous nous reverrons.

Et, saluant le baron, Samuel sortit le front haut et le regard menaçant.

Le baron d'Hermelinfeld laissa tomber sa tête sur sa poitrine. — Lutte impie ! murmura-t-il. Il a tort contre le monde ; mais ai-je raison avec le monde ? Et dans vos desseins impénétrables, mon Dieu, ne serons-nous pas l'un pour l'autre un châtiment ?

XXVI

IMPROVISATION DE PIERRE.

Treize mois après les événements que nous avons déjà racontés, le 16 juillet 1811, vers dix heures et demie du matin, une chaise de poste quittait le presbytère de Landeck et roulait sur ce même chemin où nous avons vu l'année précédente Julius et Samuel rencontrer Gretchen.

Quatre personnes étaient dans la chaise, cinq même, en comptant un tout petit enfant rose et blanc, de deux mois à peine, endormi dans les bras de sa nourrice, une belle et fraîche paysanne revêtue de l'éclatant costume des femmes de la Grèce

Les trois autres voyageurs étaient une très-jeune femme en deuil, un jeune homme et une femme de chambre.

Derrière la voiture était assis un domestique.

La jeune femme, c'était Christiane ; le jeune homme, Julius ; l'enfant, leur enfant. C'est de son père que Christiane portait encore le deuil. M. Schreiber était mort il y avait dix mois déjà. En allant porter dans la montagne, par une horrible tempête, les dernières consolations de la religion à un agonisant, le digne pasteur avait contracté le germe de la maladie qui l'avait rapidement conduit au tombeau. Christiane n'ayant plus besoin de lui, il avait remercié Dieu qui lui permettait de rejoindre son autre fille et sa femme.

Il s'était éteint doucement, presque gaiement. Le baron d'Hermelinfeld avait fait venir auprès de lui Lothario et avait confié au pasteur Ottfried le petit-fils du pasteur Schreiber.

Cette triste nouvelle avait passé comme un nuage noir sur l'aube du bonheur de Christiane. La mort de son père lui avait été annoncée en même temps que sa maladie ; elle n'avait donc pu revenir pour le voir et pour l'embrasser une dernière fois. D'ailleurs elle était déjà enceinte, et Julius n'avait pas voulu qu'elle vînt alors s'agenouiller sur la tombe glacée. Par un surcroît de précaution, il avait même refusé de continuer leur voyage, et s'était arrêté avec la bien-aimée dans une des îles fleuries de l'Archipel.

La première vivacité de leur tristesse s'était peu à peu atténuée. N'ayant plus au monde que Julius, Christiane l'avait aimé pour deux, et le regret de son père s'était par degré adouci dans l'espérance de son enfant. La mère avait consolé la fille.

Julius et Christiane avaient ainsi passé les mois les plus heureux de leur vie parmi tous les enchantements que peut ajouter l'Orient du monde à l'orient de l'amour, mêlant leur âme aux brises de la mer, reflétant dans leur cœur limpide le bleu du ciel de la Grèce, et ne demandant au Paradis que d'éterniser ce moment radieux. Puis Christiane était accouchée du petit garçon que nous voyons dormir dans la chaise de poste. Le médecin avait déclaré que, pour élever l'enfant, il serait prudent de regagner les climats tempérés avant les grandes chaleurs de l'été. Julius et Christiane s'étaient donc déterminés à revenir tout de suite. Débarqués à Trieste, ils étaient revenus à petites journées par Linz et Wurtzbourg. Mais, avant de rentrer à Francfort, ils avaient voulu passer par Landeck. Leur première visite avait été, naturellement, pour la tombe.

Christiane avait prié et pleuré au cimetière. Elle avait tenu ensuite à revoir le presbytère, qu'elle avait trouvé occupé par le pasteur qui succédait à M. Schreiber. Cette maison où elle avait toujours vécu et où vivaient maintenant des étrangers, où ses impressions s'effaçaient sous les pas d'inconnus, qui gardait tant de son cœur, de sa vie, de ses rêves, et qui donnait tout à d'autres, — cette maison lui avait fait mal. Elle y avait souffert plus qu'au cimetière. Son père lui avait semblé plus mort au presbytère que dans sa fosse. Julius l'avait vite emmenée.

Les treize mois de mariage ne paraissaient pas avoir diminué l'amour de Julius pour Christiane. Le regard qu'il tournait vers elle contenait, sinon toute la passion ardente des natures fougueuses, au moins toute la tendresse délicate des caractères dévoués. Le mari était certainement resté l'amant. Il tâchait de distraire sa chère désolée des impressions douloureuses qu'elle venait d'éprouver, en attirant son attention sur la vallée qu'ils traversaient et qui leur rappelait tant de souvenirs. Ou bien, il lui montrait leur petit enfant qui venait de se réveiller et qui fixait sur sa mère ses doux yeux à peine éclos et vaguement étonnés.

Il le prit des mains de la nourrice, et leva la faible créature jusqu'aux lèvres de Christiane :

— Vois comme je suis peu jaloux! dit-il. C'est moi qui te fais embrasser mon rival. Car j'ai désormais un rival. Il y a deux mois, j'étais seul à être aimé de toi ; maintenant nous sommes deux. Tu as fait deux parts de ton cœur, et je ne suis pas sûr que celui qui a la plus grande part, ce n'est pas lui.

Et, tout en disant cela, il embrassait lui-même l'enfant, et lui riait, et le faisait rire.

Christiane essayait de sourire aussi, par reconnaissance pour les efforts de Julius.

— Mais, demanda Julius pour la faire parler, est-ce que nous ne sommes pas bientôt aux ruines d'Éberbach? — Tout à l'heure, répondit-elle.

Le successeur de M. Schreiber, dans les quelques mots qu'ils avaient échangés, leur avait dit qu'ils allaient sans doute au château d'Éberbach. Sur leur réponse négative, il leur avait demandé quand ils y viendraient. — Pourquoi faire? avait dit Julius.

A cette question, le pasteur avait paru étonné, avait refusé d'en dire davantage, et leur avait conseillé seulement de passer par les ruines. Sans

comprendre ce qu'il voulait dire, Julius avait vu là une distraction possible à l'émotion de Christiane, et avait donné ordre au postillon de prendre la route du Trou-de-l'Enfer.

Tout à coup la voiture tourna brusquement à un coude du chemin, et Julius jeta un cri.

— Qu'est-ce donc? fit Christiane. — Regarde là-haut, dit-il. Est-ce que je me trompe? Je me figurais que c'était ici les ruines d'Éberbach. — Eh bien! dit-elle en s'arrachant enfin à la pensée qui l'absorbait. — Eh bien! te souviens-tu d'un rêve que je te disais dans ces ruines? — Tu me parlais de rebâtir le château? — Voilà notre rêve debout. — C'est étrange! répondit Christiane, aussi étonnée que son mari.

En effet, à la place où ils avaient quitté trois murailles effondrées, crevées et branlantes, ils retrouvaient un burg entier et vivant, superbement posé sur le roc, jeté hardiment entre le précipice et le ciel.

Le château qui leur apparaissait était un donjon carré, flanqué à chacun des quatre angles d'une tourelle ronde. Ils en voyaient une tout entière et la pointe du toit des autres. Du reste, les arbres, déjà tout en feuilles, leur masquaient les détails.

— Si tu veux, Christiane, dit Julius, la curiosité me prend de savoir quel est le magicien qui a eu la fantaisie de réaliser notre songe. — Descendons, dit Christiane.

La chaise était arrivée à la grande porte, ouverte dans le mur d'enceinte comme une large brèche, et d'où l'œil plongeait sur une avenue circulaire montant au château. Julius fit arrêter le postillon. Le domestique sauta à terre et sonna.

Deux petits pavillons, dans le style de la renaissance, s'appuyaient à la porte. Un portier sortit du pavillon de droite, et vint ouvrir.

— A qui appartient ce château? demanda Julius. — Au vicomte d'Éberbach. — Est-ce qu'il est ici? — Non, dit le portier, il voyage. — Peut-on visiter le château? — Je vais en demander la permission, monsieur.

Pendant que le portier se dirigeait vers le burg, Julius jeta un coup d'œil avide et jaloux sur cette noble demeure si rapidement sortie de terre. L'avenue-colline se composait d'un morceau de l'ancien bois, dans lequel l'architecte avait abattu et taillé de façon à laisser une pelouse libre entre deux rangées doubles de grands arbres. La pelouse, noyée de hautes herbes, était comme une mer de verdure avec des îlots de fleurs.

Au haut de la pelouse. la façade du burg rayonnait. Il devait y avoir une autre façade du côté
du Trou-de-l'Enfer, sévère sans doute, hautaine et âpre comme l'abîme sur lequel elle pendait à pic, Mais, ici, c'était la façade riante, et
tranquille. Un mélange de grès rouge égayait l'é-
difice et lui ôtait ce ton crayeux et sec de la blan-
cheur des pierres neuves. De légers feuillages
sculptés, pleins de nids d'oiseaux, couraient autour des ogives des fenêtres. Et déjà de vrais oiseaux vivants commençaient à faire leurs nids
dans les sculptures; de sorte qu'en entendant de
petits cris sortir des frises on ne savait plus
bien de quels nids ils sortaient, des nids de
mousse ou des nids de pierre. Tous ces feuillages s'animaient et remuaient au passage de la
brise, et Julius vit certainement un ravissant
chardonneret sculpté agiter son plumage de granit.

Le portier revint, et leur dit d'entrer.

Julius prit le bras de Christiane, et la nourrice les suivit portant l'enfant. Ils gravirent l'allée d'arbres et arrivèrent à une rampe en pierre
de taille avec balustres découpés en trèfle, au
haut de laquelle s'ouvrait, dans un second mur,
une grande porte ogivale en chêne, à clous cise-
lés. Ils traversèrent encore deux ou trois portes
ou préaux. Puis le portier les introduisit dans le
burg.

En dépassant le seuil, on se trouvait brusquement transporté du présent dans le passé. Le
moyen âge revivait dans la disposition et dans
l'ameublement des salles. Chacune avait sa spécialité : l'une appartenait aux armures, l'autre
aux tapisseries. Il y en avait une dont les bahuts
étaient encombrés de hanaps, de vidrecomes et
de coupes gigantesques. Il y en avait une autre
qui était un admirable musée où éclataient les
plus belles toiles d'Holbein, d'Albert Durer et de
Lucas de Leyde. Une chapelle tamisait le jour
aux éclatantes peintures d'admirables vitraux du
temps. Quel savant artiste, quel archéologue-
poëte, quel précurseur antiquaire, devançant,
dès 1811, le grand mouvement gothique de
1850, avait si complétement restauré les âges
écroulés? Julius était frappé d'admiration et d'é-
tonnement. C'était la parfaite restitution de quatre siècles disparus, du douzième au seizième.

Au fond de la salle des panoplies, une porte
était fermée. Julius demanda au portier de la lui
ouvrir. — Je n'ai pas la clef des appartements
intérieurs, répondit le portier.

Mais à ce moment la porte s'ouvrit.

— Je l'ai, moi, dit une voix. C'était la voix du
baron d'Hermelinfeld.

XXVII

Le baron tendit les bras à son fils et à sa fille,
qui s'y jetèrent.

La première impression du baron, de Julius
et de Christiane fut la joie, la seconde fut l'étonnement. Comment le baron se trouvait-il là, et
comment avait-il les clefs de ce château? Le
baron n'était pas moins surpris que Julius. Il
n'attendait pas son fils sitôt. Julius avait voulu
lui faire une surprise et ne l'avait pas prévenu de
son arrivée. Il y avait quelque temps que le baron n'avait reçu de nouvelles du cher couple. La
dernière lettre que Julius lui avait écrite remon-
tait à l'accouchement de Christiane.

Ce fut donc, après les embrassements, une li-
tanie de questions. Le baron trouva Christiane
aussi jolie, aussi fraîche et aussi blanche, tant la
sollicitude amoureuse de Julius avait su lui mé-
nager l'ombre même dans le pays du soleil. Mais
celui qui fut surtout fêté, ce fut l'enfant. Le grand-
papa ne se lassait pas d'embrasser son petit-fils.
Il remercia Christiane de l'avoir appelé Wilhelm
comme lui. Wilhelm n'était pas encore baptisé ;
on avait attendu le retour du voyage, afin que le
baron pût être son parrain.

Puis ce fut au tour des voyageurs d'interroger
le baron : — Mais comment se fait-il, mon père,
que vous soyez chez le vicomte d'Éberbach comme
chez vous? — Bah! répondit le baron, le vicomte
d'Éberbach est mon ami intime. — Je ne vous
avais jamais entendu parler de lui, mon père, et
je croyais la maison d'Éberbach éteinte. — La
preuve qu'il y a un vicomte d'Éberbach, c'est que
voilà son château; et la preuve que je le connais,
c'est que, si vous voulez, je vais vous en faire les
honneurs en son absence.

Ils entrèrent dans la pièce qu'avait ouverte le
baron, et se mirent à visiter, après les salles of-
ficielles, les chambres intérieures.

Elles avaient à la fois toute la splendeur gothique et tout le *comfort* moderne; vastes, pour
être fraîches l'été, et bien closes, pour être chau-
des l'hiver. Partout des calorifères, c'est-à-dire
la chaleur du feu, et des cheminées, c'est-à-dire
la lumière de la flamme.

Les points de vue étaient superbes. Les fenêtres encadraient les plus beaux paysages du monde et les plus variés : les unes ouvraient sur le fleuve, les autres sur la montagne. Par une de celles-ci, Christiane aperçut la cabane de Gretchen. Mais la cabane, comme les ruines, était renouvelée. Le merveilleux architecte qui en si peu de temps avait fait jaillir du sol et du passé ce burg énorme, n'avait pas eu grand'peine à susciter un chalet par-dessus le marché.

— Gretchen ! je voudrais bien la voir, dit Christiane. — Il n'y a qu'à l'envoyer chercher, dit Julius. — Dans ce moment, répondit le baron, elle est sans doute au bois avec ses chèvres. Quand elle rentrera on la fera avertir.

Enfin, il ne restait plus à voir que deux logements, le baron les ouvrit. Dans l'un, un lit en chêne sculpté avec ses tentures de damas rouge ; dans l'autre, un lit en incrustations avec des rideaux de soie rose. Entre les deux chambres, une bibliothèque, cabine de travail du goût le plus sévère, donnant sur la montagne, et un oratoire-boudoir du goût le plus charmant donnant sur le Neckar.

Julius soupira. Il ne pouvait se retenir de penser que ces deux chambres semblaient faites exprès pour Christiane et pour lui. Hélas ! un plus heureux avait accompli son souhait et lui avait volé son rêve.

Le baron sourit et dit à Julius : — Tu as l'air d'envier celui qui est maître de ce château ? — Je ne l'envie pas ; je le félicite. — Tu crois donc qu'on peut être heureux ici ? — Où le serait-on ? dit Julius. — Et tu es persuadé que, si tu habitais ici, entre ta femme et ton enfant, tu ne regretterais ni ne souhaiterais rien ? — Que pourrais-je regretter ou souhaiter ? — Eh bien ! mon cher Julius, eh bien ! ma douce Christiane, soyez heureux ! Vous êtes chez vous ! — Quoi ! dit Julius, balbutiant de joie, ce beau château ?... — Il vous appartient. — Mais, objecta Julius, n'osant croire à la réalité de ce qu'il entendait, le vicomte d'Eberbach... — C'est toi ! Au jour de l'an de cette année, S. M. le roi de Prusse,

en me conférant l'ordre du Mérite de première classe, a bien voulu me faire comte d'Éberbach, et a érigé pour toi en majorat le château et les prés et bois environnants qui t'appartiennent aussi. — Mon bon père !

Ce furent de nouveaux embrassements.

— Comment vous remercier ! dit Christiane.
— En étant heureux, dit le baron. C'est tout ce que je vous demande. Mais je mérite bien cela : car ce n'a pas été sans peine que j'ai pu venir à bout de cette reconstruction en moins d'une année. Je tenais à ma surprise. L'architecte a été prodigieux. Je doutais de lui d'abord. Il me présentait des dessins gréco-romains qui se superposaient assez mal aux fondations du temps de Barberousse. Mais il paraît qu'il a trouvé à la bibliothèque d'Heidelberg les plans mêmes de l'ancien burg. Puis il a mis la main sur je ne sais quel jeune homme, profond antiquaire, qui s'est pris de passion pour cette résurrection. Il avait la science, j'avais l'argent ; les choses ont marché le mieux du monde. Jusqu'aux moindres détails, aux meubles, aux serrures, aux pincettes, tout est pur moyen âge, n'est-ce pas ? Il faudra que nous remerciions de son chef-d'œuvre cet auxiliaire inattendu. Figure-toi que je ne l'ai pas vu encore. Pris par mes affaires, je ne pouvais venir que de temps en temps jeter un coup d'œil sur l'avancement des travaux, et j'ai eu du malheur : quand j'arrivais, il venait toujours de partir. Au reste, je n'étais pas fâché, avant de le complimenter comme il sied, d'avoir votre avis. Maintenant que vous voilà, vous l'inviterez et nous le fêterons. — Mais, dit Christiane, vous avez dû vous ruiner ? — J'avoue, répliqua gaiement le baron en baissant la voix, que j'ai plus regardé à votre joie qu'à ma bourse, et que cette folie m'avait mis complétement à sec. Mes architectes étaient d'une verve chaque jour croissante, et, comme toutes leurs dépenses avaient trois fois raison, selon l'histoire, selon l'art et selon mon cœur, je laissais faire. Heureusement j'ai trouvé un auxiliaire à ma prodigalité, et vous n'avez pas que moi, mes enfants, à remercier... et à gronder.

Le baron d'Hermelinfeld.

XXVIII

CONTRE QUI LE CHATEAU A ÉTÉ BATI.

t à qui donc, mon père, demanda Julius, devons-nous encore l'enchantement de cette construction rapide et superbe? — A ton oncle Fritz, Julius, répondit le baron. Écoute ce passage d'une lettre que j'ai reçue de New-York il y a deux mois.

« ...... Ma fortune est tout entière à toi, mon cher et glorieux frère. Je n'ai pas d'autre enfant que ton fils Julius. Permets-moi donc d'être de moitié dans le présent que tu lui fais. Je joins à ma lettre un bon de cinq cent mille thalers sur la maison Braubach de Francfort. Si cette somme ne suffisait pas, tire à vue sur moi, selon le besoin, en m'avertissant seulement un mois d'avance.

« Je suis fier et heureux, Wilhelm, de contribuer, pour cette petite part matérielle, à la splendeur de notre maison. Nous aurons donc pleinement accompli le vœu de notre père! Seulement, moi, je n'aurai fait la famille que riche; toi, tu l'as faite illustre.

« Tu me dis que je devrais me reposer. Je suis en effet un peu las. Mais d'ici à un an j'aurai mis à jour mes affaires et liquidé *notre* fortune, qui pourra s'élever, sans compter ce que je t'envoie, à cinq millions de francs. Sera-ce assez? Si tu me dis oui, cette année écoulée, je retournerai vers toi, dans notre vieille Europe, dans notre vieille Allemagne! Garde-moi donc un coin dans ce château que tu fais bâtir. Je ne voudrais pas mourir sans t'avoir embrassé, sans avoir embrassé Julius... »

— Cher oncle! dit Julius. Comme il sera le bienvenu et le bien-aimé! — C'est grâce à lui, tu le vois, Julius, que j'ai pu te constituer ce majorat et achever de bâtir ce burg... — Où nous pourrons, avec cette fortune de princes, vivre en vrais burgraves, dit gaiement Julius, lever des troupes, armer nos créneaux, et, au besoin, tenir tête à l'ennemi. — Ne ris pas! dit le baron. Il y a un ennemi contre lequel ce burg a été construit. — Vraiment? quel ennemi? — Samuel Gelb. — Samuel Gelb? dit Julius en riant. — Je te répète que je parle sérieusement, reprit le baron. — Que voulez-vous dire? mon père. — Tu m'as assuré, Julius, qu'ici tu ne regretterais ni ne souhaiterais rien. C'est dans cette espérance, mon fils, que je t'ai arrangé ce château. J'ai voulu te faire une vie si heureuse et si pleine, que tu n'eusses besoin de personne. Dis-moi que j'ai réussi, et promets-moi de ne plus voir Samuel.

Julius gardait le silence. Quelque respect et quelque tendresse qu'il eût pour son père, il se sentait intérieurement humilié et piqué de cette recommandation. Était-il toujours un enfant, qu'on redoutât à ce point l'influence d'une autre volonté sur la sienne? Samuel était un vivant camarade, plein d'esprit, de science et d'entrain, et qui lui avait manqué plus d'une fois, il se l'avouait tout bas, même dans les ravissements de son voyage. Si l'un avait été mal pour l'autre, ce n'était pas Samuel : ce n'était pas lui qui s'était marié sans même en avertir son vieil ami; ce n'était pas lui qui s'était enfui pendant un an sans donner signe de vie à l'autre.

— Tu ne réponds pas? dit le baron. — Quel prétexte aurais-je, mon père, répondit enfin Julius, pour fermer ma porte à un compagnon d'enfance auquel je ne peux, en somme, reprocher que des théories plus ou moins paradoxales? — Ne lui ferme pas ta porte, Julius. Borne-toi à ne pas lui écrire, à ne pas l'inviter. C'est tout ce que je te demande. Samuel est fier, il ne viendra pas. Depuis un an qu'il a rompu avec moi, à la suite d'une lettre insolente, je n'ai pas même entendu parler de lui. — Quand je le verrais, objecta encore Julius, je n'ai plus huit ans, pour me laisser conduire aveuglément par un autre. Samuel fût-il aussi mauvais que vous le croyez, je suis en âge de discernement, ce me semble, et je puis prendre le bien et laisser le mal.

Le baron reprit solennellement : — Julius, tu crois à mon affection pour toi, n'est-ce pas? et tu ne me juges pas homme à m'entêter sottement dans un caprice puéril. Eh bien, Julius, je te demande, comme un service, de ne plus revoir Samuel! Je t'en conjure. Pense qu'il y a quelque chose de grave sous mon conseil, sous ma prière. Je ne peux rester auprès de vous que quelques jours, il faudra ensuite que je retourne à Berlin. Ne me laisse pas partir avec ce souci. Non, ce n'est point par une rancune mesquine contre Samuel ou par une injuste défiance de toi que je parle en ce moment. J'ai de plus sérieuses raisons. Fie-toi un peu, mon fils, à l'expérience et à l'amour de ton père. Rassure-moi, et promets-moi que tu n'écriras pas à Samuel. N'est-ce pas, Christiane, que vous voulez qu'il me le promette?

Christiane, qui avait pâli et tremblé pendant les paroles du baron, se rapprocha câlinement de Julius, mit ses deux mains sur son épaule, et le regardant, suppliante et tendre : — Oh! moi, dit-elle, je m'engage à n'avoir besoin de personne dans ce beau château, tant que j'aurai mon Wilhelm et tant que mon Julius m'aimera. Et toi, Julius, de plus que moi, tu as ton père! — Allons! toi aussi, Christiane, tu le veux? dit Julius. Soit donc, puisque vous l'exigez, je n'écrirai pas à Samuel. — Merci! dit Christiane. — Merci! dit le baron. — Maintenant il ne s'agit plus que de vous installer.

L'après-midi se passa à prendre possession du burg et à organiser l'existence qu'on y mènerait.

Lothario, dont Christiane s'était tout d'abord maternellement informée, ne pouvait, pour le moment, quitter les études que le pasteur Ottfried lui faisait suivre avec ses propres petits-enfants; mais, avant un mois, il viendrait passer les vacances dans le château de sa sœur Christiane. — Des domestiques, choisis par le baron, étaient déjà à leur poste. Après le dîner, les nouveaux arrivés firent un tour sous les arbres, et, promptement acclimatés au bonheur, il leur semblait, le soir, qu'ils avaient toujours habité ce château.

La route avait fatigué Christiane, qui se retira de bonne heure. Le baron et Julius ne tardèrent pas à en faire autant. Avant d'entrer dans sa chambre, Julius, en passant, donna un coup d'œil à sa bibliothèque. Dans les rayons de chêne sculpté éclatait une collection précieuse de livres reliés, tous à ses armes. Mais ce qui le frappa, ce fut le choix des volumes. Qui donc avait pu si bien deviner ses goûts, et ne pas se tromper une seule fois sur ses préférences? Il aurait dressé lui-même la liste qu'il n'y aurait pas changé un seul titre. Samuel, qui connaissait toutes ses admirations, pour les lui avoir faites, n'aurait pas choisi autrement.

Pendant qu'il rêvait à cela, il sentit brusquement une main se poser sur son épaule. Il tressaillit; il n'avait pas entendu de porte s'ouvrir. Il se retourna et vit Samuel Gelb.

— Eh bien! comment se sont passés pour mon cher Julius cette année et ce voyage?

— Samuel! s'écria Julius à la fois stupéfait et charmé. Samuel! mais comment es-tu ici? — Pardieu! dit Samuel, par la très-simple raison que j'y loge.

XXIX

L'ENNEMI DANS LA PLACE.

Était-ce instinct, pressentiment, vague terreur de femme? Christiane, dans ce beau et majestueux château, redoutait quelque chose. Il lui semblait qu'il y avait sur elle, autour d'elle, un danger. Était-ce elle ou Julius qu'il menaçait? N'importe! Elle regrettait leur amoureuse et tranquille solitude à deux, dans l'île heureuse et embaumée où les soucis du monde et les passions des hommes n'avaient pas, un seul moment, troublé leur paix. Cependant, qu'y avait-il en apparence de changé dans sa vie? Son mari l'aimait toujours; elle adorait toujours son enfant. Que pouvait-elle souhaiter? que pouvait-elle craindre?

Le baron d'Hermelinfeld avait dû retourner au bout de quelques jours à Berlin, où l'appelaient ses devoirs et ses travaux. Mais, avant de quitter le château, il avait dit à part à Christiane: —

Ma chère fille, il est bien vrai que je n'ai pas revu Samuel Gelb depuis treize mois. Seulement, il y a treize mois, le lendemain de votre départ, je l'avais revu. Et il n'a pas voulu retirer, il avait plutôt aggravé vis-à-vis de moi l'audacieuse déclaration de guerre qu'il t'avait faite. Toutefois, ne voyons là jusqu'à présent qu'une impudente bravade. S'il en était autrement, Christiane, si l'ennemi osait reparaître, souviens-toi, mon enfant, que je suis ton auxiliaire et ton second. Appelle-moi, et j'accourrai.

Cette promesse n'avait rassuré Christiane qu'à demi. Elle avait voulu interroger Gretchen pour savoir si, elle aussi, avait revu Samuel depuis la scène des ruines. Mais Gretchen ne lui avait fait là-dessus que des réponses évasives et distraites.

Il faut savoir que Christiane avait retrouvé la petite chevrière aussi dévouée sans doute, mais plus sauvage encore peut-être que par le passé. M. Schreiber mort et Christiane partie, Gretchen n'avait plus aucun point de contact avec la vie sociale, et elle s'était toute donnée à ses plantes et à ses bêtes. Il fut moins possible encore de l'accoutumer au château qu'au presbytère. Sa cabane même lui déplaisait depuis qu'elle était refaite à neuf: elle la trouvait trop belle, trop voisine du château, trop semblable aux maisons du village. Elle s'enfonçait dans la montagne avec ses chèvres, et elle était quelquefois plusieurs jours sans revenir.

Christiane était donc obligée de refouler en elle-même ses appréhensions, d'autant plus cruelles qu'elles étaient plus vagues et plus obscures: qu'y a-t-il de plus redoutable que l'inconnu? Et, chose douloureuse pour ce cœur aimant! Julius était le dernier à qui, sur ce point, elle pût et voulût s'ouvrir.

Christiane avait souffert déjà en voyant la résistance opposée par Julius à son père au sujet de Samuel, et l'air de regret avec lequel il s'était résigné. Elle ne lui suffisait donc pas? Elle n'était donc pas tout pour lui? Et la répugnance qu'elle lui avait dès l'abord témoignée pour Samuel ne le lui avait donc pas rendu fâcheux et pénible à lui-même?

Néanmoins, avec cette promptitude de l'amour à justifier l'être aimé, Christiane s'était ensuite expliqué l'opposition de Julius par la légitime susceptibilité d'un homme choqué d'être supposé dans la dépendance d'un camarade et sans volonté qui lui fût propre. Assurément, ce n'était pas Samuel Gelb, mais lui-même qu'il avait défendu. Et Christiane avait fini par penser qu'il avait eu raison, et qu'elle eût agi de même à sa place.

Son refuge, d'ailleurs, sa consolation, sa sauvegarde, c'était son fils. Auprès du berceau de Wilhelm, Christiane oubliait tout. Rien de plus charmant et de plus touchant à la fois que cette enfant, mère d'un enfant, — le bouton encore fermé sorti du bouton épanoui à peine. Christiane, vue sans son enfant, avait gardé la grâce, la timidité et la candeur de la virginité; mais quand elle regardait, quand elle caressait, quand elle portait son fils, son amour, son Jésus, comme on sentait bien qu'elle était mère!

Sa grande douleur, c'était de n'avoir pu nourrir l'enfant chéri! les médecins l'avaient jugée trop jeune et trop délicate, et Julius avait cru les médecins. Oh! si l'on eût cru la mère, elle aurait bien trouvé de la force! Elle enviait, elle haïssait presque autant d'ailleurs qu'elle la veillait et la soignait, cette nourrice, cette rivale, cette femme deux fois étrangère, cette robuste et stupide paysanne à qui elle, Christiane, était contrainte de laisser ainsi la plus douce part de sa maternité. Quel droit cette inconnue avait-elle d'allaiter son enfant? Quand la nourrice donnait le sein à Wilhelm, elle fixait sur elle un regard triste et jaloux : elle eût donné des années d'existence pour être à ces douces lèvres la source de vie. Du moins il n'y avait que son lait que cette mère de seize ans ne donnât pas à son fils; mais ses jours, ses nuits, son âme, son cœur, tout son être, tout était à lui. C'est elle qui le lavait, l'habillait, le berçait, lui chantait, l'endormait. Il la connaissait, joie infinie! mieux que sa nourrice, à qui la mère ne l'abandonnait que juste le temps de l'allaiter. Elle ne voulait pas que son berceau quittât son lit; la nourrice couchait sur un autre lit dressé chaque soir dans la chambre même de Christiane. Ainsi la mère ne perdait pas un mouvement, pas un cri, pas un souffle de l'enfant. Donc, quand elle pensait à Samuel, avec Wilhelm dans ses bras, elle se sentait déjà rassurée. La menace inconnue du sombre ennemi s'atténuait par degré dans son esprit, et, comme les ténèbres de la nuit quand le jour se lève, s'effaçait dans l'aube de son enfant.

Un matin, Julius, entrant chez Christiane, la trouva assise auprès du berceau qu'elle balançait doucement d'une main égale et légère. Elle posa un doigt sur ses lèvres pour lui recommander le silence, présenta son front à son baiser et lui montra une chaise basse à côté d'elle. Puis, à demi-voix :

— Je suis inquiète, lui dit-elle; Wilhelm a mal dormi, il a crié, il a été agité. Je ne sais ce que c'est. Il vient seulement de s'endormir. Parle bas. — Tu t'alarmes pour rien, répondit Julius. Le chérubin n'a jamais été plus rose et plus frais. — Tu trouves! Tu as peut-être raison. Je suis peureuse pour lui!

De la main gauche, elle attira sur son épaule la tête de Julius, sans quitter toutefois de la main droite le berceau.

— Je suis heureuse ainsi, dit-elle, entre mes deux amours. Ah! si l'un des deux seulement me manquait, je crois que je mourrais. — Vous l'avouez donc, reprit Julius en secouant la tête, que je n'ai plus que la moitié de votre cœur? — Ingrat! est-ce que lui, ce n'est pas encore toi? — Puisqu'il dort, reprit Julius, tourne-toi au moins un moment vers moi tout entière. — Oh! non, il faut qu'il se sente toujours bercé. — Eh bien! dis à la nourrice ou à Véronique de le bercer. — Il faut qu'il se sente toujours bercé par moi, monsieur. — Allons donc! — Eh bien, essaye.

Elle abandonna un instant le berceau que Julius, à son tour, balança le plus doucement possible. Mais l'enfant s'éveilla et se mit à pleurer.

— Là! tu vois! dit Christiane avec un regard triomphant.

Après une demi-heure de ces causeries et de ces enfantillages, Julius se retira chez lui. Mais il n'y était pas depuis vingt minutes, qu'il vit entrer Christiane tout émue.

— L'enfant est décidément malade, dit-elle; il vient de refuser de prendre le sein, et il pleure et crie de plus belle. Puis il a, ce me semble, un commencement de fièvre. Il faut envoyer chercher un médecin, mon Julius. — Sans doute, Julius; mais il n'y en a pas, je crois, à Landeck.

— Un domestique peut monter à cheval et courir à Neckarsteinach. En deux heures il sera revenu. Je descends le dire moi-même.

Elle donna ses instructions, vit partir le domestique et remonta. Elle trouva Julius dans sa chambre, auprès de l'enfant qui criait toujours.

— Il ne va pas mieux! Mon Dieu! que je voudrais voir arriver ce médecin! — Patience! dit Julius.

En ce moment, la porte s'ouvrit, et Samuel Gelb entra d'un pas rapide et comme s'il était attendu.

— Monsieur Samuel! s'écria Christiane pétrifiée.

J. BEAUCE.   PISAN.

— Je suis heureuse ainsi, entre mes deux amours. — Page 68.

XXX

SAMUEL MÉDECIN.

Samuel salua gravement Christiane. Julius, chose étrange! ne marqua point d'étonnement en le voyant, alla vers lui, et lui serra la main. — Toi qui as fait de la médecine, lui dit-il, vois donc, notre pauvre petit est malade.

Samuel examina silencieusement l'enfant, puis, cherchant autour de lui, aperçut la nourrice, alla à elle et lui tâta le pouls.

— Mais, monsieur, dit Christiane, chez qui l'inquiétude du cœur surmontait déjà la frayeur de l'esprit, ce n'est pas la nourrice qui est malade, c'est mon enfant. — Madame, répondit poliment et froidement Samuel, tout en continuant son examen, la mère ne voit que l'enfant, le médecin cherche la cause. Le mal de votre enfant n'est que l'effet du mal de sa nourrice. Le pauvre petit a faim, voilà tout, et cette femme ne peut plus le nourrir. Le changement de climat et d'habitudes, l'ennui, la nostalgie, que sais-je? ont altéré son lait. Il est urgent de la remplacer. — La remplacer? Par qui? demanda Christiane. — N'y a-t-il pas quelque nourrice dans les environs? — Mon Dieu! je ne sais pas. Oh! je suis une mère bien imprévoyante, ou du moins bien inexpérimentée. Il ne faut pas m'en vouloir, monsieur.

L'enfant cria et se plaignit de nouveau.

— Ne vous tourmentez, pas madame, reprit Samuel du même ton froid et poli, l'enfant n'est nullement malade et ne court aucun danger. Voici ce que vous pouvez faire. Prenez pour nourrice une des jeunes chèvres de Gretchen.— Wilhelm ne s'en trouvera pas mal? — Il s'en trouvera à merveille. Seulement, quand vous aurez commencé, il faudra continuer. De trop fréquents changements de lait pourraient avoir des inconvénients. Et puis, une chèvre est une nourrice qui n'aura pas la nostalgie de la Grèce.

Julius envoya aussitôt prévenir Gretchen, qui arriva quelques instants après.

Elle non plus ne témoigna aucune surprise à l'aspect de Samuel. Seulement Christiane, qui l'observait, remarqua qu'un sourire amer plissa sa lèvre. La joie lui revint lorsqu'on lui dit qu'une de ses chèvres allait nourrir le petit Wilhelm. Justement elle en avait une jeune et forte, et d'un lait parfait. Elle courut la chercher. Pendant son absence, Samuel acheva de rassurer Christiane. Ses manières étaient tout à fait différentes, sans être plus rassurantes peut-être. Une sorte de réserve respectueuse, mais glacée, avait succédé à sa moquerie âpre et hautaine.

Gretchen revint avec une belle chèvre, blanche et nette, qu'elle fit coucher sur le tapis. Christiane y posa près d'elle Wilhelm, qui se mit à teter avec avidité. Christiane battit des mains. — Nous voilà sauvés! dit Samuel en souriant.

Christiane ne put s'empêcher de lever sur lui un regard de reconnaissance. Cet homme étrange ajouta d'un ton pensif : — J'aime les enfants. Je voudrais en avoir un. Ils sont charmants et ne sont pas orgueilleux; ils sont faibles et ne sont pas méchants. J'aime les enfants : ils ne sont pas encore hommes.

Il se levait comme pour partir. — Tu vas déjeuner avec nous? lui dit Julius. — Je ne peux pas, répondit Samuel en regardant Christiane. Julius insista. Mais Christiane ne dit rien. Le passé, qu'elle avait oublié dans un premier élan de maternité, lui revenait en mémoire, et la femme reparaissait sous la mère.

Samuel sembla remarquer le silence de Christiane, et répondit plus sèchement aux instances de Julius : — Impossible. Fais-moi seller un cheval. Je te le renverrai de Neckarsteinach.

Julius donna des ordres. Christiane, ne craignant plus que Samuel restât, se sentit plus libre

pour le remercier, et lorsqu'on vint annoncer que le cheval était prêt, elle voulut le reconduire avec Julius jusqu'au perron, et le remercia encore. Mais elle ne l'invita pas à revenir. Et, pendant qu'il montait à cheval, elle dit tout bas à Julius : — Comment et pourquoi M. Samuel Gelb était-il donc ici, Julius? — Ma foi! répondit Julius, je te jure sur l'honneur que je ne le sais pas encore moi-même.

Samuel était en selle, il salua et s'éloigna au galop.

— Le voilà parti! dit Christiane comme soulagée.

Gretchen, dans cette minute, descendait avec sa chèvre et arrivait au perron. Elle entendit Christiane et secoua la tête : — Ah! madame, dit-elle à demi-voix, est-ce que vous croyez qu'il est parti?

XXXI

PAR QUI A ÉTÉ BATI LE CHATEAU.

Une des aurores qui suivirent éclaira auprès du château d'Eberbach un ravissant groupe : A dix pas de la cabane de Gretchen, entièrement refaite à neuf en forme de chalet rustique, sur une verdoyante pelouse en pente, arrangée dans le rocher même avec de la terre rapportée, sur un banc abrité par le roc surplombant, Christiane et Gretchen étaient assises. A leurs pieds, une chèvre blanche, couchée, que tetait avec ardeur un bel enfant demi-nu posé sur un tapis recouvert d'une toile fine et blanche, mangeait des herbes que lui donnait Gretchen, et semblait comprendre qu'elle ne devait pas bouger pendant le repas de son nourrisson. Christiane, avec une branche d'arbre, chassait les mouches qui parfois faisaient frissonner un peu le flanc rose et blanc de la bête patiente et douce.

Bientôt l'enfant, ayant assez bu, ferma les yeux et s'endormit.

Christiane, alors, sans le réveiller, le leva doucement et le prit sur ses genoux.

La chèvre, comme n'ayant plus la responsabilité de l'enfant, se dressa, fit quelques bonds pour se dégourdir, et alla rejoindre près de là la biche à la patte cassée, qui venait de montrer sa tête intelligente et fine entre deux arbustes.

— Et vous dites, madame, demanda Gretchen, reprenant un entretien commencé, qu'il vous est

apparu comme cela tout à coup, sans que le portier du château l'ait vu passer? — Oui. Tu avais
bien raison de me dire qu'il n'était jamais si près
que lorsqu'on le croyait bien loin.

Gretchen resta un moment pensive : — Oh!
oui, reprit-elle avec une sorte d'exaltation qui lui
était particulière, bien certainement cet homme
est un démon. Depuis un an j'en ai acquis la certitude. — Tu l'as donc vu depuis un an? Il est
donc revenu ici? Parle, je t'en prie. Tu sais quel
intérêt j'ai à le savoir.

Gretchen eut l'air d'hésiter un moment; puis,
se décidant et se rapprochant de Christiane : —
Voulez-vous me jurer de ne pas rapporter à M. le
baron ce que je vais vous dire? Jurez-le-moi, afin
que je puisse vous parler, et peut-être vous sauver. — Pourquoi ce serment? — Écoutez. Quelques jours après votre départ, ma biche blessée,
après avoir bien souffert, malgré mes soins, était
à la mort. Les herbes sur sa plaie, les prières à
la Vierge, rien n'y faisait plus. Elle me regardait
d'un air triste, comme pour me reprocher de la
laisser mourir! Je me désespérais. Devant ma
cabane, trois ou quatre étrangers passèrent allant du côté du château. Ce Samuel Gelb en était.
Il leva la tête, me vit, et de ses grandes jambes
alertes grimpa en trois bonds jusqu'à moi. Je lui
montrai du doigt ma pauvre biche étendue, et je
lui dis : « Bourreau! — Comment! dit-il, tu laisses mourir ta biche, toi, si experte aux plantes!
— Est-ce qu'elle pourrait vivre? m'écriai-je. —
Pardieu! — Oh! sauvez-la. » Il me regarda fixement et me dit : « Faisons un marché. — Lequel?
— J'aurai à revenir souvent à Landeck, et je
ne veux pas qu'on le sache. Je m'arrangerai
pour ne pas passer auprès du presbytère, et
M. Schreiber ne me verra pas. Mais toi, ta cabane est à deux pas des ruines, et je ne pourrais
t'éviter. Promets-moi que, ni directement ni indirectement, le baron d'Hermelinfeld ne saura
par toi que je viens dans le pays, et je te promets, moi, de guérir ta biche. — Et si vous ne
la guérissez pas? — Alors tu seras libre de parler. » J'allais promettre, mais un scrupule me
retint. Je lui dis : — « Ce que vous allez faire
peut-il nuire au prochain dans ce monde, ou à
mon âme dans l'autre? — Non, répondit-il. —
Eh bien, alors je me tairai. — Ni directement,
ni indirectement, le baron d'Hermelinfeld ne
saura par toi ma présence à Landeck : tu le promets? — Je le promets. — C'est bien. Attends-
moi et fais bouillir de l'eau. » Il s'éloigna et revint au bout de quelques minutes, avec des

herbes qu'il ne me laissa pas voir et qu'il trempa
dans l'eau bouillante. Il en entoura ensuite la patte
blessée, qu'il serra et enveloppa de linges. « Tu
laisseras cet appareil trois jours, me dit-il. Après
quoi, ta biche boitera, mais sera guérie. Seulement, si tu parles, je la tuerai. »

Voilà pourquoi, madame, je vous demande
de ne rien rapporter à M. le baron de ce que je
vous dirai, afin qu'il ne le sache pas par moi indirectement. — Sois tranquille, dit Christiane,
je te jure que je ne dirai rien. Mais parle, toi. —
Eh bien! votre château, madame, ce château que
vous a donné votre père et que vous habitez aujourd'hui, je crois que c'est M. Samuel qui en est
le vrai bâtisseur.

Christiane frissonna. Elle venait de se rappeler la façon subite dont Samuel avait surgi dans
son château.

— Mais comment serait-ce lui? demanda-
t-elle. — Et quel autre, chère madame, poursuivit Gretchen, quel autre aurait fait sortir de terre
tout ce château en si peu de temps? Vous voyez
bien que c'est le démon! Sans cela, est-ce qu'on
en onze mois, malgré le monde d'ouvriers qu'on y a
mis, il aurait pu ressusciter la poussière de ces ruines mortes? Et comment conduisait-il tout? Il était
partout et n'était nulle part. Il logeait, bien sûr,
dans le pays, puisque, dès qu'on avait besoin de
lui, il était là, à la seconde même; et cependant,
où logeait-il? Ce n'était ni à Landeck, ni au presbytère, ni ici... Et pas de cheval! Comment était-
il venu? Personne n'aurait su le dire. Qu'est-ce
qui l'avait apporté? Quand M. le baron venait voir
comment marchait la besogne, jamais il ne l'a-
percevait. M. le baron ne s'est même jamais douté
qu'il fût pour quelque chose dans tout cela. Et
comment M. Samuel avait-il forcé l'architecte à
ne pas le dire? Toute la journée il faisait des
courses dans la montagne, sous prétextes d'é-
tudes et de botanique, comme il dit. Et puis
il a fait fouiller tout le roc où le château est
bâti, il a tracassé la terre et creusé partout.
Je ne sais pas ce qu'il manigançait là-dessous.
Vous allez encore me prendre pour une folle;
mais un soir, en me collant l'oreille contre terre,
je suis sûre d'avoir entendu sous le sol comme le
hennissement d'un cheval. — C'est un de tes rêves où un conte de fées, dit Christiane. Gretchen
reprit : — Voulez-vous un exemple plus certain,
madame? Un jour, à deux pas de mon ancienne
cabane, il a fait jeter des fondations de maçon-
nerie. Je ne savais ce que cela voulait dire. Seulement, le lendemain, de grand matin, comme

T.A.BEAUCE.　　　　　　　　　　　　H.DELAVILLE.

Elle en cingla violemment le visage de Samuel. — Page 75.

ses ouvriers faisaient pour à mes chèvres, j'ai emmené mes pauvres bêtes dans la montagne, et je ne suis revenue que tard le soir. Ma cabane avait disparu, et à sa place j'ai trouvé ce chalet tout arrangé et meublé comme vous le voyez. Dites-moi s'il n'y a pas de sorcellerie là-dessous. Ce Samuel était là. Il me dit que ce changement avait été fait d'après un ordre donné à l'architecte par M. le baron. C'est égal, cela n'explique pas comment toute cette construction a pu être achevée en douze heures. Eh bien, madame, vous me direz tout ce que vous voudrez, ma nouvelle cabane est bien plus commode et surtout bien plus solide que l'autre, je ne le nie pas. N'importe, je regrette l'autre; j'ai peur dans celle-ci, et il y a des moments où je me dis que j'habite l'œuvre du diable. — Tout cela est étrange, en effet, dit Christiane, et, sans partager tes superstitions au sujet de M. Samuel, je me sentirais un peu inquiète comme toi, si je savais habiter une maison construite par lui. Mais dis-moi une chose. Pendant notre voyage, lorsque tu l'as revu, est-ce qu'il t'a renouvelé ses insolences et ses menaces? — Non, je l'ai trouvé plutôt protecteur et bienveillant. Il connaît les vertus et les propriétés des plantes mieux que moi, bien qu'il ne veuille pas croire comme moi à leur âme. Il m'a souvent indiqué des remèdes pour mes bêtes malades. — Alors tu es un peu revenue sur son compte, à ce que je vois? — Je le voudrais, mais je ne peux pas. Il n'a rien fait et rien dit de méchant devant moi depuis un an. Au contraire. Mais les fleurs et les plantes continuent à dire qu'il est funeste, funeste à tous ceux que j'aime, à vous et à M. le vicomte. Et les fleurs ne m'ont jamais menti. Il faut qu'il cache son jeu. Il fait semblant de ne plus penser à rien pour mieux nous surprendre. Lorsque je le vois, c'est plus fort que moi, je sens toujours en moi le même mouvement de colère. J'ai beau vouloir me vaincre et me rappeler les services qu'il m'a rendus, moi qui n'ai jamais haï personne, je crois que je le hais toujours. Mais j'ai tort de le dire tout haut; car il est sorcier, il le saura, il saura que je vous ai tout révélé, que je le hais, que.... — Qu'il n'y a pas d'ingrates que les mères, dit subitement et tranquillement Samuel Gelb derrière les deux jeunes femmes.

Gretchen et Christiane se retournèrent. Christiance ne put retenir un cri. Wilhelm se réveilla en pleurant.

Samuel fixait sur Christiane un regard grave et sévère; mais rien, dans son air, d'ironique ni de méprisant. Il avait à la main droite un feutre blanc qu'il venait d'ôter pour saluer, et à la main gauche un fusil. Une redingote de velours noir boutonnée jusqu'au menton faisait ressortir la pâleur calme et froide de son visage. Par où était-il venu? Derrière le banc où étaient assises Christiane et Gretchen, le rocher était à pic et avait cinquante pieds de haut.

— Pourquoi cette frayeur? demanda tranquillement Samuel. Voyez, vous avez fait pleurer cet enfant.

Gretchen continua à trembler : — Par quel chemin êtes-vous arrivé? dit-elle. D'où sortez-vous? — Comment êtes-vous ici, en effet, monsieur? demanda Christiane.

XXXII

L'OUTRAGE DES FLEURS ET DE L'ENFANT.

— Par où je suis venu, madame? dit Samuel, répondant à la question de Christiane. Croyez-vous, vraiment, comme Gretchen, que je sorte de l'enfer? Hélas! je ne suis pas si surnaturel et si

merveilleux! Seulement, vous étiez tellement absorbées à dire du mal de moi, que vous ne m'avez pas vu ni entendu venir. Voilà tout.

Christiane, un peu remise, apaisait Wilhelm qui se rendormit. Samuel reprit : — Eh bien, mon conseil n'a pas été mauvais, et Wilhelm se porte au mieux, ce me semble? — C'est vrai, monsieur, et je vous en rends grâces de tout mon cœur de mère. — Toi, Gretchen, ta biche serait morte si je ne l'avais guérie? il y avait sur tes chèvres une maladie et tu les aurais perdues presque toutes sans le remède souverain que je t'ai indiqué? — C'est vrai! dit Gretchen d'un air farouche. Mais de qui tenez-vous tous ces secrets? — Quand ce serait de Satan, comme tu le crois, vous ne devriez m'en savoir que plus de gré toutes deux d'avoir perdu mon âme pour vous; et, au lieu de cela, vous me haïssez. Est-ce juste? — Monsieur Samuel, dit gravement Christiane, c'est vous qui voulez que nous vous haïssions; moi, je voudrais vous estimer. Vous avez certainement une puissance singulière. Pourquoi, au lieu de l'appliquer au mal, ne l'appliquez-vous pas au bien? — Je le ferai, madame, quand vous m'aurez appris ce que c'est que le bien et ce que c'est que le mal. Est-ce mal à un homme de trouver une femme belle? de contempler avec ravissement sa grâce blanche et blonde? de penser, malgré soi, qu'il est bien heureux, celui qui possède cette beauté et cette âme charmantes? Vous voilà, par exemple. Je suppose que je vous aime. Serait-ce mal? Mais Julius vous a bien aimée, et vous avez trouvé que c'était bien. D'où vient que ce qui a été bien pour lui serait mal pour moi? Non, ce qui est bien, c'est tout ce que l'intelligence souhaite, c'est tout ce que la nature permet. Pourquoi ne pourriez-vous pas aimer aujourd'hui un homme que vous auriez pu aimer il y a quinze mois? La vertu est-elle donc une affaire de date?

Christiane se pencha sur son enfant et l'embrassa, comme pour abriter la femme derrière la mère. Plus rassurée, elle reprit : — Je ne répondrai pas à vos sophismes, monsieur. Ce n'est pas seulement par devoir, c'est par mon libre choix que j'aime Julius. Je ne veux aimer que lui. — Vous voulez l'aimer? dit Samuel, sans sortir de la politesse sérieuse. Oh! vous avez raison, madame. Julius le mérite. Il a toutes sortes de qualités. On ne peut lui refuser la tendresse, la délicatesse, le dévouement, l'intelligence, — pas plus qu'on ne peut lui accorder l'initiative, la force, l'action, l'énergie, — que je possède, moi. Or, est-il en votre pouvoir de ne pas apprécier l'énergie ou de ne pas voir que je l'ai? Pardonnez-moi de ne pas faire le modeste, mais la modestie est un mensonge, et je ne mens jamais. Eh bien! je suis sûr que vous m'avez quelquefois admiré, tout en me redoutant. Et Julius, — tenez, je n'étais pas avec vous dans ce voyage, mais dans votre conscience vous ne démentirez pas ma brutalité, — Julius, malgré la vivacité de son amour, s'est, — dirai-je le mot? — s'est ennuyé plus d'une fois depuis un an. Je crois bien! il ne sait pas mener la vie, c'est la vie qui le mène. La grande vertu de l'homme, c'est la volonté, voyez-vous! Sans elle l'intelligence et la bonté ne peuvent rien. Vous, vous êtes femme, vous êtes dispensée d'avoir de la volonté ; mais vous avez besoin d'en trouver chez celui qui vous protége. Vous n'en trouvez pas. De sorte que Julius vous échappe et ne vous retient pas. Vous ne le tenez que par le cœur, moi je le tiens par l'esprit. Résumé de ma philosophie et de la situation : vous êtes femme, il est féminin. C'est ce qui fait qu'il m'appartient... je n'ose dire : c'est ce qui fait que vous... — Ne le dites pas, en effet, monsieur! interrompit vivement Christiane irritée. Ne le dites pas, si vous ne voulez pas que je me rappelle d'odieuses insolences.

Mais Samuel se redressa à son tour, pâle, sombre, courroucé, menaçant, sinistre : — Madame, auquel de nous deux vraiment est-il à craindre que le passé revienne en mémoire? Il y a quatorze mois, quand j'eus le plaisir de faire votre connaissance, je ne pensais pas à vous, je ne vous cherchais pas, je ne vous offensais pas; et j'eus cependant aussitôt le malheur de vous déplaire? Pourquoi? Pour rien, pour mon air, pour ma physionomie, pour mon sourire, que sais-je? Gretchen vous disait du mal de moi; vous disiez de moi du mal à Julius. Vous en êtes convenue vous-même. Le loup laissait la brebis tranquille, le vautour ne faisait rien à la colombe. C'est la colombe, c'est la brebis qui a provoqué le vautour et le loup. Vous m'avez blessé dans mon endroit sensible... l'orgueil. Vous m'avez défié avec votre haine, je vous ai défiée avec mon amour. Et vous avez accepté la lutte: daignez encore vous en souvenir. Aussi, la commenciez-vous tout de suite : vous reteniez Julius à Landeck, quand je voulais, moi, l'emmener à Heidelberg. Première victoire, suivie bientôt d'une seconde autrement importante. Un rude et puissant allié vous venait en aide... le baron d'Hermelinfeld, qui vous a mariée à Julius bien moins encore pour Julius que contre Samuel. Il

en est aussi convenu lui-même. Me voici donc humilié, chassé, vaincu. Vous emportiez pendant un an votre Julius à mille lieues de moi, et vous combattiez mon souvenir à force de baisers, tandis que le père, pour confiner Julius dans son paradis et me le fermer à moi, démon, faisait à grands frais bâtir ce très-inaccessible château. Ainsi, votre amour, votre mariage, ce voyage, votre enfant, je crois, ce château, double muraille et double fossé, et trois millions dépensés, — tout cela a presque été fait, machiné, combiné contre l'humble adversaire qui vous parle. Vous me reprochiez, il y a treize mois, de m'attaquer à une femme. Mais aujourd'hui, en vérité, le combat est plus qu'égal contre moi. Vous avez avec vous un des hommes les plus puissants de l'Allemagne et une forteresse à pont-levis! Madame, encore une fois, c'est vous qui m'avez déclaré la guerre. Du moment que vous avez voulu être ennemie, vous avez accepté la chance d'être vaincue. Et, je vous le déclare, vous serez vaincue, madame, vaincue comme une femme l'est par un homme. — Vous croyez, monsieur? dit Christiane avec un sourire de suprême dédain. — J'en suis sûr, madame. Il y a des choses nécessaires et inévitables. Lorsque le baron d'Hermelinfeld a voulu soustraire Julius à mon ascendant, je ne me suis pas impatienté, je ne me suis pas irrité. Je savais qu'il me reviendrait. J'ai attendu, voilà tout. Avec vous aussi, madame, j'attendrai. Vous voilà déjà revenue dans mon voisinage. Vous serez bientôt dans ma main. — L'insolent! murmurait Gretchen.

Samuel se tourna vers elle : — Toi, Gretchen, tu m'as détesté et tu m'as plu la première. Aujourd'hui, tu as beau ne plus être mon principal souci et ma principale guerre, je puis et je veux te faire servir d'exemple, et montrer, par toi, comment je sais dompter qui m'attaque. — Moi, domptée! dit la sauvage fille. — Enfant! dit Samuel, je pourrais dire que tu l'es déjà. Depuis un an, quel est l'être qui occupe le plus souvent ta pensée? Est-ce Gottlieb? Est-ce quelqu'un de ce village? Non, c'est moi, tu es à moi — par la terreur, par la haine, qu'importe? Quand tu dors, le nom qui voltige toujours dans tes rêves, c'est mon nom. Quand tu te réveilles, ce qui vient le plus vite à ton esprit, ce n'est plus le souvenir de ta mère, ce n'est plus l'idée de la Vierge, c'est la pensée de Samuel. Quand je parais, tout ton être se soulève : quand je suis absent, tu m'attends à toute minute. Combien de fois ton anxiété ne m'a-t-elle pas épié quand j'étais censé partir pour Heidelberg! Combien de fois ne t'es-tu pas penchée sur le sol, croyant entendre dans le rocher le hennissement de mon cheval! Jamais bien-aimée n'attendit plus palpitante le retour de son bien-aimé. Appelle cela amour ou haine; moi je l'appelle possession, et je n'en demande pas davantage.

Gretchen, à mesure que Samuel parlait se serrait éperdue contre Christiane.

— C'est vrai, madame! c'est que c'est vrai tout ce qu'il dit là! Et comment le sait-il? mon Dieu! Madame, est-ce que je suis vraiment possédée par le démon? — Rassure-toi, Gretchen, dit Christiane. M. Samuel joue sur des équivoques. On n'est pas maître de ce qui vous hait. On ne possède que ce qui se donne. — A ce compte, répliqua Samuel, Napoléon ne possède pas les vingt départements qu'il a conquis. Mais n'importe! je ne suis pas homme à reculer devant le défi dans les termes mêmes où vous le posez. Vous assurez, madame, qu'on n'appartient qu'en se donnant. Eh bien, soit! vous vous donnerez. — Misérable! s'écrièrent en même temps Christiane et Gretchen.

Elles s'étaient levées toutes deux palpitantes de courroux et de douleur.

— Toi aussi, Gretchen, continua Samuel, afin que ta punition soit plus prompte et l'exemple plus frappant, avant huit jours, tu te donneras. — Tu mens! cria Gretchen. — Je croyais vous avoir dit que je ne mentais jamais, répondit Samuel sans s'émouvoir. — Gretchen, dit Christiane, tu ne resteras plus seule dans ta cabane, tu viendras passer toutes les nuits au château. — Oh! le château m'est impénétrable en effet, dit Samuel en haussant les épaules. Mais vous semblez persister à croire que j'emploierai la violence. Encore une fois, je n'ai pas besoin de moyens pareils. Seulement Julius et les langoureux de sa sorte usent de leur douceur, de leur beauté, des ressources enfin qu'ils tiennent du hasard; il me sera bien permis peut-être d'user de ma science et des facultés que m'a données le travail. Gretchen restera libre et maîtresse d'elle-même; mais j'aurai bien le droit sans doute de me servir des penchants et des instincts que la nature me donne pour auxiliaires en elle; j'aurai bien le droit de dégourdir dans son âme l'amour, d'éveiller le désir dans ses rêves, d'allumer enfin dans les veines de cette belle sauvage le sang de la bohémienne et de la fille de joie? — Ah! tu insultes ma mère, infâme! s'écria Gretchen.

Elle tenait encore à la main un des rameaux fleuris qu'elle faisait manger tout à l'heure à la chèvre; dans un transport furieux, elle en cingla violemment le visage de Samuel.

Samuel pâlit et eut aux lèvres une contraction de rage. Mais il se contint.

— Tiens, Gretchen, dit-il tranquillement, tu viens de réveiller encore une fois Wilhelm.

En effet, l'enfant se mit à pleurer.

— Et savez-vous ce qu'il crie dans son innocence et dans sa faiblesse? fit à son tour Christiane indignée; il crie que l'homme qui insulte deux femmes est un lâche.

Cette fois, Samuel n'eut pas même le mouvement vite réprimé qu'il avait laissé échapper vis-à-vis de Gretchen. Il resta impassible, mais son calme ressemblait à celui qu'il avait gardé devant l'insulte d'Otto Dormagen.

— Bien! dit-il. Vous me faites outrager par ce que vous avez toutes deux de plus cher et de plus sacré, toi, Gretchen, par tes fleurs; vous, madame, par votre enfant. Imprudentes que vous êtes! Ceci même vous portera encore malheur. Je vois si distinctement l'avenir, et je suis si vengé d'avance, que je ne peux même pas avoir de colère. Je vous plains. A bientôt.

Il leur fit de la main un signe d'adieu... ou de menace, et s'éloigna à grands pas.

Christiane réfléchit un moment; puis, mettant Wilhelm dans les bras de Gretchen : — Tu le reporteras dans son berceau, lui dit-elle.

Et, comme quelqu'un qui vient de prendre un parti, elle courut au château, où elle alla frapper à la porte du cabinet de Julius :

XXXIII

QUESTION POSÉE.

— Qui est là? demanda Julius.

Christiane se nomma. — Tout de suite, dit Julius.

Il sembla à Christiane que Julius parlait bas avec quelqu'un. Un moment après, il vint ouvrir. Christiane recula, interdite : Samuel était déjà dans la chambre.

Samuel salua Christiane avec un merveilleux sang-froid : — Vous allez bien, madame, lui dit-il, depuis votre émotion de l'autre nuit? Je ne vous demande pas de nouvelles de Wilhelm; Julius vient de me dire qu'il se trouvait très-bien de sa chèvre.

Christiane fut un moment à se remettre.

— Tu parais surprise de trouver Samuel ici? dit Julius. Je te demande grâce pour lui et pour moi, et je te prie de ne pas dénoncer à mon père la présence de mon ami de contrebande. Selon ma promesse, je n'avais pas invité Samuel; mais je l'ai, comment dirai-je?... rencontré. Je n'ai pu, je te l'avoue, sacrifier à des préventions chimériques la réalité d'une amitié ancienne. Mon père croit que Samuel perdra son fils; mais moi je sais qu'il a peut-être sauvé le mien.

Christiane avait déjà repris sa résolution et son courage. — Je saurai toujours gré à M. Samuel Gelb, dit-elle, du service de médecin qu'il nous a rendu. Mais, sans diminuer la reconnaissance que nous lui devons, je pense, Julius, que nous en devons aussi à ton père. A tort ou à raison, M. d'Hermelinfeld s'inquiète; pourquoi lui désobéir et le mécontenter? Si M. Samuel est réellement ton ami, il ne doit pas pousser un fils contre son père. Et, pour tout dire, ton père n'est pas le seul à avoir des préventions contre M. Samuel. Je suis loyale et brave, moi, ajouta-t-elle en regardant Samuel, et je dirai en face ce que je pense. Ces préventions, je les partage. Je crois que M. Samuel Gelb ne vient ici que pour troubler notre bonheur et notre amour. — Christiane! dit Julius avec reproche, Samuel est notre hôte. — Le croit-il? le dit-il? demanda Christiane en levant sur lui son pur et fier regard.

Samuel sourit et tourna la chose en galanterie, au fond menaçante : — L'animation vous fait plus charmante que jamais, madame, et je crois que c'est par coquetterie que vous faites toujours semblant de m'en vouloir. — Pardonne-lui, Samuel, dit Julius. C'est un enfant. Ma Christiane chérie, ce n'est pas Samuel qui s'impose ici, c'est moi qui le garde. C'est moi qui ai intérêt à ne pas être privé de sa bonne et spirituelle compagnie. — Il ne t'a pas manqué pendant un an. En sommes-nous là, que ta femme et ton enfant ne te suffisent plus?

Julius, échangeant un regard avec Samuel, fit asseoir Christiane, s'assit lui-même sur un tabouret à ses pieds, et, lui prenant la main entre les siennes : — Voyons, dit-il, causons sérieusement. Je t'aime toujours autant, ma Christiane, crois-le bien; je suis toujours aussi heureux de t'aimer et aussi fier d'être aimé de toi. Tu es la seule femme que j'aie aimée, et, je le dis devant Samuel, que j'aimerai jamais. Mais enfin, vois en toi, dans la femme qui m'aime, il y a aussi la mère, n'est-ce pas? et tu gardes à ton enfant une

grande part de ton cœur et de ta vie. Eh bien, le mari non plus n'est pas tout l'homme. Dieu ne nous a pas donné qu'un cœur, il nous a imposé un esprit. A côté de notre bonheur, il a mis notre devoir; à côté de la satisfaction de nos désirs, il a mis l'inquiétude de nos pensées. Dans l'intérêt même de notre amour, Christiane, je veux, moi, que tu m'estimes, je veux m'accroître, je veux être quelque chose. Je ne laisserai pas s'engourdir dans l'oisiveté cette existence qui t'appartient. Ma joie eût été de servir utilement mon pays, mais je ne me sens propre jusqu'ici qu'au métier des armes, et ce n'est pas dans la défaite de l'Allemagne que je voudrais le commencer. Que du moins le réveil de la patrie me trouve éveillé! Eh bien, Samuel (puisque tu as dit le mal devant lui, je veux dire devant lui aussi le bien); Samuel, par la contradiction même de nos natures, m'est nécessaire pour entretenir en moi l'énergie et l'élasticité de la volonté. Songe que nous vivons ici seuls, loin du monde, dans la retraite, dans le passé, dans l'oubli, presque dans la mort. Je ne regrette pas Heidelberg ni Francfort, non! mais quand un peu de vie vient à nous, ne lui fermons pas la porte. Je peux, d'un jour à l'autre, avoir besoin de ma volonté; ne la laissons pas s'éteindre. Est-ce que ce n'est pas raisonnable ce que je te dis là? Mon père et toi, vous vous êtes forgé des chimères au sujet de Samuel. Si sa présence auprès de moi vous faisait du tort ou du mal, je n'hésiterais pas, assurément, à me séparer de lui. Mais qu'est-ce que vous avez à lui reprocher? Mon père lui en veut de ses idées. Je ne partage pas les idées de Samuel, mais cependant je ne suis pas assez son supérieur par l'intelligence pour lui en faire des crimes. Quant à toi, Christiane, qu'est-ce que t'a fait Samuel? — Et, s'il m'avait outragée? dit Christiane éclatant.

XXXIV

DEUX ENGAGEMENTS.

Julius tressaillit, pâlit, se leva : — On t'aurait outragée, Christiane, et tu ne me l'aurais pas dit? Ne suis-je pas là pour te défendre? Samuel, que dit-elle donc?

Et le regard qu'il jeta sur Samuel brillait comme l'éclair d'une épée.

— Laissons madame s'expliquer, répondit

Francfort-sur-le-Mein.

paisiblement Samuel. Et son regard, à lui, gla-
çait comme le froid de l'acier.

Christiane avait vu les deux regards se croiser.
Il lui sembla que celui de Samuel était une lame
et traversait Julius. Elle se jeta au cou de son
mari, comme pour le protéger.

— Parle, reprit Julius d'une voix brève. Que
s'est-il passé? — Rien, dit-elle éclatant en pleurs.
— Mais qu'as-tu voulu dire? De quels faits as-tu
voulu parler? — Je n'ai pas de faits, Julius, je
n'ai qu'un instinct. — Il ne t'a rien fait? insista
Julius. — Rien du tout, répondit-elle. — Il ne
t'a rien dit?

Elle répondit encore : — Rien. — Que disais-
tu donc alors? reprit Julius, heureux au fond de
pouvoir rester l'ami de Samuel.

Samuel souriait. Après un silence, où Christiane essuya ses pleurs : — Ne parlons plus de
cela, dit-elle. Mais tu me disais tout à l'heure des
choses très-sensées. Tu te plaignais de ta solitude, et tu avais raison. Un homme de ta valeur,
Julius, est fait pour vivre parmi les hommes.
C'est bon pour les femmes de n'avoir que leur
cœur. Mais je saurai t'aimer, va! je ne te veux
pas absorber! Je ne veux rien retirer de toi à
ceux que tu peux servir! Ne nous enterrons pas
à perpétuité dans ce château; nous y reviendrons
quand cela te plaira, quand tu éprouveras l'envie de te reposer. Allons à Berlin, Julius, allons
à Francfort, allons là où tu pourras exercer tes
hautes facultés, là où tu te feras admirer comme
tu t'es fait aimer ici. — Chère petite, dit Julius
en l'embrassant, que dirait mon père, qui nous
a donné ce château, si nous avions l'air de le
dédaigner? — Eh bien! reprit-elle, sans quitter
le château, nous pourrons du moins aller de
temps en temps à Heidelberg. Tu m'as raconté
souvent combien la vie d'étudiant était parfois
animée et joyeuse. Tu la regrettes peut-être. Rien
n'est plus facile que d'avoir un pied-à-terre dans
la ville. Tu te retremperas dans tes études, tu
reverras tes compagnons d'autrefois, tes fêtes,
ta grande bibliothèque. — Impossible, ma chère
Christiane. Puis-je mener la vie d'étudiant avec
une femme et un enfant? — Tu me refuses tout,
Julius, dit Christiane, les larmes aux yeux.

Samuel, qui était resté à distance, s'approcha :
— Julius a raison, madame, dit-il. Le vicomte-
châtelain d'Éberbach ne peut guère se refaire
étudiant, et Landeck ne peut venir à Heidelberg.
Mais voulez-vous qu'Heidelberg vienne à Landeck? — Que veux-tu dire? demanda Julius. —
Je veux dire que madame est plus puissante que

Mahomet, et que la montagne peut bien faire
tout le chemin vers elle. — Je ne vous comprends
pas, monsieur, dit Christiane.

Samuel reprit gravement et comme solennellement : — Madame, je tiens à vous prouver que
je suis tout vôtre. Dans ce moment, vous désirez
deux choses : la première, c'est que Julius retrouve de temps en temps autour de lui le mouvement sérieux et joyeux de l'Université. Eh bien!
sous trois jours, l'Université sera transplantée
autour de ce château. — Ah çà! tu veux rire?
dit Julius. — Aucunement, répondit Samuel;
tu verras. L'autre requête que vous adressiez à
Julius, madame, me concerne. Ma vue vous déplaît, et vous voudriez m'éloigner. Eh bien! sur
ce point encore, vous serez satisfaite. Votre salon
particulier est, je crois, contigu à ce cabinet.
Daignez-y passer un instant.

Il ouvrit une porte. Christiane, dominée, y
passa. Il la suivit.

— Je n'ai pas le droit de vous accompagner?
demanda Julius en riant. — Si fait, vraiment,
dit Samuel.

Julius rejoignit Samuel et Christiane.

Samuel mena Christiane devant un panneau
de la muraille : — Vous voyez bien ce panneau,
madame? Vous voyez bien cet empereur sculpté
portant un globe dans sa main droite? Il se peut
qu'un jour ou l'autre vous désiriez me voir...

Christiane fit un geste d'incrédulité.

— Mon Dieu! qui sait? reprit Samuel. Ne di-
sons : non! à aucune éventualité. Enfin, s'il arrive jamais que je puisse vous être bon à quelque chose, pour m'avertir, voici ce que vous
aurez à faire : Vous viendrez à ce panneau, et
vous appuierez le doigt sur ce globe que tient cet
empereur. Le globe communique à un ressort;
le ressort fait sonner un timbre; le timbre m'a-
vertit. Que je sois loin ou près, — dans les vingt-
quatre heures, madame, si je suis absent, et si
je suis présent, tout de suite j'accourrai à votre
appel. Mais jusque-là, — écoutez bien ceci, —
jusqu'à ce que vous m'appeliez ainsi vous-même,
je vous donne ma parole d'honneur que vous ne
me reverrez pas.

Christiane resta un moment stupéfaite; puis,
se tournant vers Julius : — Que dis-tu de cela,
Julius? N'es-tu pas un peu étonné, enfin, que
M. Samuel connaisse ta maison mieux que toi-
même, et qu'il y soit à ce point chez lui?

Samuel répondit : — C'est le mystère que j'allais précisément expliquer à Julius quand vous
êtes entrée. Pardonnez-moi si je ne parle pas de-

vant vous; mais il y a là un secret qui ne m'appartient pas, et que je ne puis confier qu'à Julius. J'espère que, excepté en cela, je vous ai donné toute satisfaction. — Oui, monsieur, dit Christiane; et bien qu'il y ait quelque contradiction entre vos paroles et vos actes, je me retire, en voulant croire à vos paroles. — Vous verrez si j'y manque, dit Samuel. Avant trois jours l'Université d'Heidelberg, comme la forêt de *Macbeth*, sera venue à vous. Et vous ne me reverrez que lorsque vous presserez le ressort.

Samuel la reconduisit jusqu'à la porte, et la salua avec une élégance parfaite. Cette fois elle lui rendit son salut avec moins de répugnance, intéressée malgré elle par les promesses de cet homme étrange. Samuel l'écouta s'éloigner, puis revint vers Julius : — Maintenant, lui dit-il, rentrons dans ton cabinet, où toutes les précautions sont prises pour que personne ne puisse nous entendre, et causons de choses plus graves.

XXXV

LE CHATEAU DOUBLE

Samuel ferma les portes au verrou, et revint à Julius : — Ah çà! dit-il, j'espère que tu ne vas pas, comme ta femme, pousser des cris pour les choses les plus simples. Je te prie de ne pas t'étonner. C'est ici le lieu du *nil admirari* que nous avons appris au collége. — Soit! dit Julius en souriant. Avec toi, d'ailleurs, je m'apprête toujours aux surprises, et je ne m'attends qu'à l'inattendu. — Mon cher Julius, reprit Samuel, il faut d'abord que tu saches qu'en ton absence j'ai fait, à mon habitude, un peu de tout : un peu de médecine, un peu d'architecture, un peu de politique, un peu de géologie, un peu de botanique, etc. Un peu de médecine? tu as vu comme j'ai trouvé le mal de ton enfant dans sa nourrice. Un peu d'architecture? tu vas avoir un échantillon de mon savoir-faire, et tu conviendras que l'architecte vaut le médecin, à moins que tu ne trouves plus merveilleux de conserver un enfant mort que de ressusciter une époque morte. — Que veux-tu dire? demanda Julius. — Voici d'abord la répétition du secret d'à côté, dit Samuel.

Il alla à un angle de la bibliothèque. Un lion sculpté dans la boiserie bâillait, la gueule toute grande ouverte. Samuel posa le doigt sur la lan-

gue du lion, un panneau se dérangea et laissa voir le mur. Un bouton apparut, Samuel appuya dessus, et la muraille tourna, ouvrant le passage nécessaire pour laisser entrer un homme.

— Maintenant, suis-moi, dit Samuel à Julius stupéfait. Tu ne connais que la moitié de ton château, heureux propriétaire! Je vais te faire voir l'autre. — Nous allons entrer par là? demanda Julius. — Sans doute. Passe le premier, que je remette en place la bibliothèque et que je referme la porte.

Julius passé et la porte fermée, ils se trouvèrent dans une obscurité profonde.

— Je n'y vois goutte, dit Julius en riant. Quelle diable de sorcellerie est-ce là? — C'est bon! tu es un peu étonné, mais tu n'es pas effrayé du tout. Donne-moi la main. Bien. Je vais te diriger. Par ici. Prends garde, nous sommes à l'entrée de l'escalier. Tiens bien la corde. Cent trente-deux marches à descendre; c'est facile : l'escalier est à vis.

Ils descendirent ainsi, la nuit dans les yeux, respirant cette sueur d'humidité glacée des profondeurs où l'air ne pénètre pas. A la quarante-quatrième marche, Samuel s'arrêta : — Il y a ici à ouvrir une première porte de fer, dit-il.

La porte ouverte et refermée, ils se remirent en marche. Après quarante-quatre marches encore, Samuel s'arrêta de nouveau. — Autre porte, dit-il.

Enfin les quarante-quatre dernières marches descendues et la troisième porte dépassée, là lumière frappa tout à coup les yeux de Julius. — Nous sommes arrivés, dit Samuel.

Ils étaient dans une chambre ronde, éclairée par une lampe suspendue au plafond. Cette chambre avait à peu près dix pas de diamètre. Pas de boiserie, rien que la pierre. Sous la lampe, des siéges préparés et une table noire. — Asseyons-nous et causons, dit Samuel. Nous avons un quart d'heure. Ils ne viendront qu'à deux heures. — Qui est-ce qui viendra à deux heures? demanda Julius. — Tu verras. Je t'ai prié de ne pas t'étonner. Causons.

Samuel s'assit. Julius en fit autant. — Tu as vu une partie du dessous de ton château, dit Samuel, nous visiterons le reste tout à l'heure, quand la compagnie sera arrivée. Mais ce que tu as vu suffit pour te faire soupçonner que ce n'est pas précisément l'architecte de ton père qui a bâti le château. J'ai un peu collaboré avec lui, je te l'avoue. Ce pauvre diable d'architecte officiel et royal était fort empêché avec l'architecture gothique. Il venait à la bibliothèque d'Heidelberg tracasser les vieilles gravures. Conçois-tu un gâcheux gréco-romain à qui l'on commande un antre pour Gœtz de Berlichingen? Il proposait des plans qui eussent fait également frémir Erwin de Steinbach et Phidias. Heureusement je me suis trouvé là. Je lui ai persuadé que j'avais retrouvé les plans du château même d'Eberbach. Juge de sa joie! Il m'a laissé faire, d'autant plus librement que j'avais mes raisons de ne pas être en vue, et que je m'effaçais modestement derrière sa gloire. Donc, je me suis amusé à rétablir dans ses moindres détails le burg d'un comte palatin quelconque. Trouves-tu que j'aie réussi à ressusciter ce Lazare de pierre? Passablement, n'est-ce pas? — Admirablement, dit Julius pensif. — L'architecte, continua Samuel, n'en a vu que ce qui rayonne là-haut au soleil. Il n'était pas toujours là, Dieu merci! le cher homme ayant à bâtir à Francfort quelques maisons blanches et carrées. Et moi, tandis que j'avais les ouvriers sous mes ordres, je m'en suis servi sans le lui dire. Sous prétexte de fondements et de caves, je leur ai fait faire pour mon compte quelques escaliers et quelques maçonneries. C'était dans l'ancien plan, disais-je. Et mon architecte patenté ne s'est douté de rien. Ainsi, pendant que j'étais en train de bâtir un château, j'en ai bâti deux, un dessus, un dessous, et tu vois que je ne me suis pas vanté en te disant que j'avais fait en ton absence un peu d'architecture. — Mais dans quel but cela? dit Julius. — Ah! pour faire un peu de politique. — Comment? demanda Julius avec quelque embarras.

Samuel reprit gravement : — Julius, il me semble que tu ne me parles guère de la Tugendbund? L'as-tu donc oubliée si complétement? N'es-tu plus le Julius d'autrefois, toujours frémissant aux idées de liberté et de patrie, toujours impatient du joug de l'étranger, toujours prêt à dévouer sa vie? Il est d'usage, je sais bien, que les étudiants, leurs études finies, laissent à l'Université leur jeunesse, leurs inspirations, leur générosité, leur âme. On oublie cela, avec quelque vieille pipe, sur le coin de la table d'un Commerce de Renards. Celui qui dédaignait de saluer un Philistin devient Philistin lui-même, se marie, multiplie, respecte les princes, s'agenouille devant l'autorité, et trouve qu'il était bien ridicule et bien puéril d'aller s'enquérir du bonheur des hommes et de l'indépendance de son pays. Mais j'avais cru que nous laissions ces métamorphoses au troupeau vulgaire, et qu'il y

avait encore sous le ciel des cœurs d'élite capables de persister dans une noble entreprise. Julius, es-tu encore des nôtres, oui ou non? — Toujours! s'écria Julius dont l'œil s'alluma. Mais voudra-t-on encore de moi? Va, Samuel, si je ne t'ai pas reparlé de la Tugendbund, ce n'est pas indifférence, c'est remords. Le jour même de mon mariage, il y avait assemblée de l'Union, et j'y ai manqué. Que veux-tu? Mon bonheur m'a fait négliger mon devoir. C'est là un souci qui ne m'a pas quitté un seul jour depuis. Je me sens coupable, et j'ai honte de penser à cela. Si je ne t'en ai pas parlé, ce n'est pas que je n'y pense pas; c'est, au contraire, parce que j'y pense trop. — Et si je t'offrais une occasion, non-seulement de te réhabiliter aux yeux de l'Union, mais de te rehausser? non-seulement de te faire pardonner, mais de te faire remercier?

— Oh! avec quel bonheur je la saisirais! — C'est bien! dit Samuel. Écoutons.

A ce moment un timbre sonna. Samuel ne bougea pas. Le timbre sonna une seconde fois, puis une troisième. Samuel se leva. Il alla ouvrir une petite porte en face de celle par laquelle ils étaient entrés. Julius entrevit un escalier qui continuait le premier, et achevait sans doute la descente vers le Neckar.

XXXVI

L'ANTRE DU LION.

Presque aussitôt entrèrent trois hommes masqués. Le premier portait un flambeau.

Samuel salua avec un profond respect, et montra les fauteuils. Mais les trois hommes masqués n'avancèrent pas, surpris sans doute de la présence de Julius.

— Julius d'Hermelinfeld, messieurs, dit Samuel comme le leur présentant; le maître de ce château, qu'il met à votre disposition, et dont il devait au moins vous faire les honneurs. — Julius, nos chefs et maîtres du Conseil suprême, qui viennent, pour la première fois, reconnaître le refuge que nous leur avons préparé.

Les Trois firent un geste d'assentiment et s'assirent. Samuel et Julius restèrent debout.

— Nos Seigneurs les chefs ont-ils bien trouvé leur chemin? dit Samuel. — Oui, répondit l'un des Trois, grâce à la carte que vous nous aviez tracée, et dont nous avons suivi les indications pas à pas. — Cette chambre, si elle vous convenait, pourrait servir à vos délibérations particulières. — A merveille. Seulement, les précautions sont-elles bien prises pour que nous y soyons en sûreté? — Vous allez voir. Julius, aide-moi à tirer cette corde.

Il montrait une grosse corde en fils de fer tressés et tordus qui tombait de la voûte contre le mur. En se pendant à la poignée, Samuel et Julius la firent descendre d'un pied. Puis, Samuel accrocha la poignée à un crampon de fer scellé dans le granit.

— Ceci, dit-il, vient d'ouvrir vingt trappes dans chacun des deux escaliers qui conduisent ici. Vous voyez que les trois portes de fer qui les ferment sont du superflu. A présent, une armée ne vous atteindrait pas; il faudrait bombarder le burg et le démolir jusqu'à la dernière pierre, et vous avez quatre issues pour fuir. — Bien! dit le chef. — Et maintenant, reprit Samuel, voulez-vous voir la grande salle des Assemblées générales? — Nous sommes venus pour tout examiner. — Attendez, alors, que je referme les trappes, dit Samuel.

Il détacha la poignée qu'il avait passée au crampon, la corde de fer remonta, et l'on entendit au loin le bruit sourd des trappes qui se refermaient. Puis, prenant le flambeau, Samuel ouvrit la petite porte par où les trois chefs étaient entrés, et tous les cinq descendirent l'escalier.

Au bout d'une vingtaine de marches, Samuel poussa un ressort dans le granit, une ouverture se fit, et les chefs se trouvèrent dans un long couloir droit où Samuel leur dit de le suivre.

Ils marchèrent ainsi près d'un quart d'heure. Enfin, ils arrivèrent à une porte. — C'est ici, dit Samuel.

Il ouvrit la porte et introduisit les trois chefs et Julius dans une vaste excavation du rocher, où deux cents personnes auraient pu tenir à l'aise.

— Ici, reprit Samuel, nous ne sommes plus sous le château. Les adeptes arriveront par le flanc de la montagne, et ignoreront l'existence d'une communication quelconque entre cette salle et le burg d'Éberbach. J'ai arrangé cela ainsi, pour qu'au besoin, un Otto Dormagen qui dénoncerait l'Assemblée ne pût compromettre ni les maîtres du château, ni vos réunions particulières. Et maintenant que vous avez tout vu, ce lieu vous convient-il? Êtes-vous contents? — Contents et reconnaissants, Samuel Gelb. Nous acceptons cet asile si sûr, si ingénieusement et

si puissamment disposé. Les chefs seront désormais vos hôtes. C'est un second service que vous rendez à l'Union. Soyez remerciés tous deux. — Non, dit Julius, je ne peux partager des éloges que Samuel mérite seul. J'aurais été heureux de m'associer à sa pensée, et je lui rends grâce d'avoir disposé de mon château comme je me serais empressé de le faire. Mais j'étais absent, et c'est à lui que doit revenir tout l'honneur. — Gardez votre part, Julius d'Hermelinfeld, répondit le chef. Samuel Gelb n'aurait pas disposé de votre demeure s'il n'avait pas été sûr de votre âme. Tous deux vous avez bien mérité de l'Union et de l'Allemagne, et, pour que vous soyez tous deux récompensés, nous vous conférons le même grade que nous avons conféré à Samuel. Julius d'Hermelinfeld, vous êtes Second dans l'Union. — Oh! merci! s'écria Julius tout enorgueilli. — Il ne nous reste qu'à nous retirer, dit le chef. — Je vous accompagne, dit Samuel. Julius, attends-moi ici.

Il dirigea les Trois jusqu'à une des issues supérieures, où ils retrouvèrent leurs chevaux qu'ils avaient attachés à des branches. Puis Samuel revint prendre Julius. Julius le remercia avec effusion. — Bah! dit Samuel, j'ai fait, comme je te l'ai dit, un peu de géologie, voilà tout. Ne t'imagine pas pourtant que ce soient ces cavernes qui aient vidé la bourse de ton père. Elles ne t'ont pas coûté grand'chose. Elles existaient. Les anciens maîtres du burg les avaient probablement fait creuser pour s'en servir dans les siéges. Cet immense rocher est percé de corridors et d'alvéoles, comme une ruche à miel. A ce propos, un conseil utile : Ne t'avise pas de t'y hasarder jamais seul. Tu y serais absorbé comme une goutte d'eau dans une éponge. Pour qui ne connaît pas les lieux comme moi, les piéges abondent, et tu disparaîtrais brusquement dans quelque trappe. — Je comprends maintenant, dit Julius, comment tu as pu promettre à Christiane d'accourir à son appel. Tu as ta chambre quelque part ici? — Pardieu! c'est ici que je loge. Veux-tu que je te montre mon appartement? — Voyons, dit Julius.

Samuel, retournant par le couloir qui aboutissait à la grande salle, marcha, suivi de Julius, pendant à peu près cinq minutes.

Alors il s'arrêta, ouvrit une porte à droite, monta une cinquantaine de marches, et arriva à une sorte de plate-forme, divisée en trois pièces. L'une était une chambre, l'autre une écurie, la troisième un laboratoire.

Le cheval de Samuel mangeait une botte de foin.

Dans la chambre, il y avait un lit, et seulement les meubles indispensables. — Dans l'écurie, le cheval de Samuel mangeait une botte de foin. Le laboratoire était encombré de cornues, de fioles, de livres, d'herbages. C'était là évidemment le centre des opérations de Samuel. Un squelette grimaçait risiblement et terriblement dans un angle. Deux masques de verre étaient posés sur un fourneau.

Pour quelqu'un qui serait entré dans la mystérieuse caverne, après avoir admiré le même jour, dans quelque gravure, la cellule du *Philosophe* de Rembrandt, c'eût été un étrange contraste, de comparer le *revoir* si calme, si religieux, si doucement éclairé par le soleil levant, à cet atelier de ténèbres si nocturne, si souterrain, où vacillait si lugubrement une lueur sépulcrale. Il eût cru voir, après la lumière du visage de Dieu, le reflet des tisons de Satan. — Voilà mon gîte, dit Samuel.

Julius ne pouvait se défendre d'une impression pénible dans ce laboratoire de sciences occultes.

— Mais il y a assez longtemps, poursuivit Samuel, que tu n'as respiré l'air supérieur, et, à la longue, quand on n'en a pas l'habitude, une montagne finit par vous peser sur les épaules.

Je vais te ramener au jour. Attends seulement que j'allume mon fourneau, et que je mette bouillir quelques herbes que j'ai cueillies ce matin. La cuisine préparée : — Viens-tu? dit-il.

Et il reconduisit Julius silencieux par un escalier qui rejoignait celui qu'ils avaient pris pour descendre. — Tu vois, reprit-il. Remarque bien ces deux portes. Quand tu voudras venir me visiter, tu ouvriras le panneau de la bibliothèque et tu descendras quarante-quatre marches, ce qui te mettra à ces deux portes. La porte de droite mène à la salle ronde. La porte de gauche mène chez moi. Voici une clef. J'en ai une autre.

Il conduisit Julius, et ne le quitta qu'à la porte de la bibliothèque. — A bientôt, dit Julius, qui respira en retrouvant l'air et le jour. — Quand tu voudras. Tu sais le chemin.

XXXVII

LE PHILTRE.

Samuel descendit dans son laboratoire. Le mélange qu'il avait placé sur le feu bouillait. Il le laissa se consommer un moment, prit un morceau de pain et un peu d'eau, et se mit à manger et à boire en attendant.

Son repas fait, il prit une fiole, y versa la mixture, et mit la fiole dans sa poche.

Il regarda à sa montre. Il était quatre heures trois quarts.

— J'ai trois heures à moi, dit-il.

Il prit un livre et se plongea dans la lecture, posant parfois le volume pour écrire de longues notes.

Les heures se passèrent sans qu'il s'arrachât à son travail et sans qu'il fît un autre mouvement que celui de tourner des feuilles et de tracer des lignes. Enfin, il s'interrompit. — Maintenant, dit-il, je crois qu'il est temps.

Il tira encore sa montre. — Sept heures et demie. Bien.

Il se leva, sortit par l'écurie et gravit un passage en pente, sans flambeau, sans tâter les murs, et aussi lestement que s'il eût marché dans la campagne en plein jour. Puis il s'arrêta et se mit à écouter.

N'entendant aucun bruit, il poussa d'une certaine façon un quartier de roc qui roula sur ses gonds, et il sortit.

Il était derrière la cabane de Gretchen, à cette place même où Gretchen et Christiane s'étaient étonnées de le voir apparaître le matin.

La nuit commençait à tomber. Gretchen n'avait pas encore rentré ses chèvres.

Il alla à la porte de la cabane. Elle était fermée. Il tira une clef de sa poche, ouvrit et entra. Il y avait dans un bahut la moitié d'un pain, le souper de Gretchen. Samuel prit le pain, y versa trois gouttes de la fiole qu'il avait apportée et le remit à sa place. — Comme préparation et pour premier effet, ceci suffira, murmura-t-il. Demain, je serai revenu à temps pour doubler la dose.

Puis il sortit et referma la porte. Mais, avant de s'enfoncer de nouveau dans son passage souterrain, il se retourna et s'arrêta. Il avait alors à sa gauche la cabane de Gretchen, à sa droite le château, à demi estompé par l'ombre du soir, et où les fenêtres de l'appartement de Christiane rayonnaient illuminées sur la façade obscure.

Un éclair sinistre jaillit de sa prunelle. — Oui, s'écria-t-il, je vous enveloppe et je vous tiens toutes deux! J'entrerai dans vos destinées, quand je voudrai, à mon heure, comme j'entre dans vos chambres. Je suis le maître du château et le maître du rocher; ainsi, je veux être maître de celles qui semblent la vie du rocher et l'âme du château, de la brune Gretchen, âpre et sauvage comme sa forêt verte, de la blonde Christiane, délicate et précieuse comme son palais sculpté. Je veux! Maintenant je ne puis plus moi-même reculer. Ma volonté est devenue ma loi et votre fatalité. C'est votre faute! Pourquoi votre prétendue vertu a-t-elle défié, combattu et même jusqu'ici vaincu, mon soi-disant crime? Pourquoi votre fausse faiblesse a-t-elle bravé, outragé, et je crois, Dieu me damne! frappé ce que j'appelais ma force? Et voilà plus d'un an que cela dure! Dans cette partie terrible engagée par votre orgueil contre le mien, puis-je perdre? Je n'ai peur que de moi-même au monde; puis-je abdiquer devant deux enfants ce dernier sentiment : ma propre estime? D'ailleurs, votre défaite est nécessaire à la lutte que, comme Jacob, je soutiens avec l'Esprit de Dieu. Il faut que je me prouve que l'homme est aussi le maître du bien et du mal, et peut, tout comme une Providence et contre elle, faire pécher les plus purs et choir les plus fermes. Enfin, le mot de l'absolu est peut-être dans l'amour que je vous demande.

— Lovelace, singulier orgueilleux! endort celle dont il veut triompher. Je ne t'endormirai pas, je t'éveillerai, Gretchen. Le marquis de Sade, voluptueux étrange! poursuit l'idéal de l'esprit infini dans la torture de la matière bornée. Ce n'est pas ton corps, mais ton âme, Christiane, que je posséderai par la douleur. — Et nous verrons si mon alchimie du vouloir humain ne produit pas quelque chose! Ah çà, mais il me semble que je cherche des excuses et des raisons à mon action? Fi donc! J'agis ainsi, mortdieu! parce que je suis ainsi, parce que tel est mon caractère et mon bon plaisir, *quia nominor leo...* — Ah! voilà Gretchen qui rentre.

A la pâle lueur des étoiles, Gretchen rentrait, en effet, chassant ses chèvres devant elle, mais rêveuse, distraite, la tête penchée vers la terre.

— Celle-ci pense déjà à moi! se dit Samuel souriant. Au même moment, la fenêtre de Christiane s'ouvrait, et le regard perçant de Samuel distingua Christiane elle-même, qui vint s'appuyer sur son balcon et leva ses beaux yeux d'azur vers le ciel d'azur. — Est-ce que celle-là pense toujours à Dieu? se dit Samuel en se mordant les lèvres. Oh! avant que ces étoiles se lèvent une deuxième fois, je l'aurai forcée à penser à moi, à penser à l'homme qui, en vingt-quatre heures, aura pu déplacer une ville et *défaire* une âme.

Il rentra brusquement dans le rocher.

XXXVIII

PEINES DE CŒUR ET D'ARGENT DE TRICHTER.

Le lendemain, à dix heures du matin, Samuel entrait à l'hôtel du Corbeau, à Heidelberg, et demandait si Trichter était chez lui.

Sur la réponse affirmative du domestique auquel il avait fait la question, il monta à la chambre de son renard favori.

Trichter témoigna une grande joie et un immense orgueil de l'honneur que lui faisait son *senior* en venant chez lui. Il en laissa tomber à terre l'énorme pipe qu'il fumait.

Depuis un an que nous ne l'avons vu, notre ami Trichter s'était sensiblement enluminé. Sa figure semblait avoir voulu conserver l'honorable empreinte du vin qu'il avait absorbé dans son mémorable duel. Ses joues et son front étaient comme un masque rouge. Quant à son nez, il ne faudrait pas moins, pour en faire une description satisfaisante, que le grand William Shakspeare en personne, le peintre coloré du nez ardent de Bardolph. Comme le nez de Bardolph, celui de Trichter rutilait de rubis et devait pro-

curer, la nuit, à son noble possesseur, une notable économie de chandelles.

— Mon *senior* chez moi! s'écria-t-il. Oh! veux-tu me permettre d'aller chercher Fresswanst? — Pourquoi faire? dit Samuel. — Pour qu'il ait sa part de cette visite et de cet honneur. — Impossible. J'ai à te parler sérieusement. — Raison de plus. Fresswanst est mon ami de cœur et de bouteille, mon confident intime, et je ne fais rien sans lui. — Non, te dis-je. J'ai besoin que nous soyons seuls. Donne-moi une pipe et causons en fumant. — Choisis toi-même.

Et il lui montra une formidable rangée de pipes accrochées au mur et rangées selon la taille. Samuel prit la plus grande qu'il bourra et qu'il alluma.

Tout en s'occupant de ces préliminaires : — Ah çà! dit-il à Trichter, d'où t'est donc venue cette passion pour le Fresswanst? — De notre duel, répondit Trichter. Je l'aime comme mon vaincu. C'est ma victoire que j'ai avec moi, que je traîne partout, à qui je donne le bras. Au reste, c'est le meilleur enfant qui existe, vrai. Il ne m'en veut pas du tout de mon avantage; c'est à Dormagen qu'il en veut. Il le méprise, parce qu'il ne lui a pas fait boire deux gouttes de la liqueur que tu lui offrais. Il dit que tu m'as sauvé l'honneur, et que Dormagen lui a sauvé la vie. Il ne lui pardonnera jamais. Toi, il t'estime prodigieusement. Il m'envie bien, va, d'être ton renard. Il n'a plus voulu être celui de Dormagen. Ne pouvant être le tien, il s'est rapproché de toi en se faisant mon inséparable. Nous sommes maintenant renards de bouteille. Nous menons une vie des plus agréables. Nous passons nos journées à nous témoigner notre affection par des défis enjoués à qui boira le plus. Cela nous exerce au cas d'un duel. — Il me semble que vous étiez déjà passablement exercés, dit Samuel en lâchant une bouffée. — Oh! ce n'était rien. Nous avons fait des progrès qui t'étonneraient. Crois-en ma parole. — J'en crois ton nez. Mais ces libations perpétuelles doivent faire de larges saignées à vos bourses? — Hélas! dit piteusement Trichter, le fait est qu'en vidant les flacons on met vite les goussets à sec. Dans les trois premiers mois, nous nous sommes endettés pour toute notre vie. Mais il y a longtemps que nous ne faisons plus de dettes. — Comment cela? — Parce qu'on ne nous fait plus crédit. D'ailleurs, nous pouvons boire maintenant sans que cela nous coûte un pfennig. — Oh! oh! fit Samuel incrédule. — Cela te paraît invraisemblable? Écoute. Voilà notre procédé en un mot : nous parions. Comme nous gagnons tous les paris, alors c'est la galerie qui paye les frais. Mais cette noble ressource même pourrait bien tarir à la longue. Hélas! nous sommes trop forts. On n'ose plus tenir. Nous effrayons. Malheureux que nous sommes! nous en sommes à être admirés de tout le monde. — Donc, je vois poindre le jour néfaste où il n'y aura plus de parieurs qui payent pour nous, et alors comment ferons-nous pour boire?

Et Trichter ajouta avec tristesse : — J'ai tant besoin de boire! — Tu aimes donc bien le vin? dit Samuel. — Ce n'est pas le vin, c'est l'oubli qui est dedans. — Qu'est-ce que tu tiens donc à oublier? Tes dettes? — Non, ma conduite, reprit Trichter avec une moue affreuse. Ah! je suis un scélérat. J'ai ma mère à Strasbourg; j'aurais dû travailler pour l'aider. Au lieu de cela, j'ai toujours été à sa charge, comme un lâche. Après la mort de mon père, qui est-ce qui devait la soutenir? Moi, n'est-ce pas? Eh bien! j'ai eu l'infamie de me dire que j'avais un oncle, son frère à elle, lieutenant dans l'armée de Napoléon, et c'est lui qui a nourri sa sœur. Et puis mon oncle a été tué, il y a deux ans. Alors je n'avais plus de prétexte, et je me suis dit : Allons, gredin, voilà le moment! Mais mon oncle, par malheur, nous avait laissé un petit héritage; de sorte qu'au lieu d'envoyer de l'argent à ma mère, je lui en ai demandé. J'ai ajourné mes bons desseins. L'héritage n'était pas gros, et il n'a pas tardé à être mangé, d'autant plus que j'ai bu presque tout, et bientôt il n'en est plus resté ni une miette ni une goutte. Tu vois que je suis un grand gueux. Je te dis tout cela pour t'expliquer pourquoi je bois : c'est pour m'étourdir. Je ne veux pas que tu me prennes pour un grossier ivrogne, pour une vile éponge, pour une machine à boire. Je suis un misérable. — Mais, dit Samuel, comment comptes-tu sortir de là? — Je n'en sais rien. Comme je pourrai. Tout moyen me serait égal. Ah! pour que ma mère eût du pain, s'il me fallait mourir, je mourrais avec plaisir. — Sérieusement? dit Samuel pensif. — Très-sérieusement. — C'est bon à savoir, ajouta Samuel, et je m'en souviendrai. Mais, avant d'en venir là, pourquoi ne t'adresses-tu pas à Napoléon, puisque le frère de ta mère est mort à son service? Il a cette qualité des grands hommes de savoir récompenser ceux qui le servent. Il donnerait à ta mère une pension, une place, de quoi la faire vivre.

Trichter releva la tête avec fierté : — Je suis

Allemand; puis-je demander quelque chose au tyran de l'Allemagne? — Tu es Allemand, c'est fort bien; mais est-ce que tu ne m'as pas dit un jour que ta mère était Française? — Elle est Française, en effet. — Alors tes scrupules sont exagérés. Nous en reparlerons. Pour l'heure, le plus urgent serait de payer tes dettes. — Oh! j'ai renoncé à cette utopie. — Il ne faut jamais renoncer à rien. C'est à ce sujet que j'ai voulu causer avec toi. Quel est le plus aboyant de tes créanciers? — Le croirais-tu? ce n'est pas un tavernier, dit Trichter. Les taverniers me respectent, me ménagent, m'attirent comme un buveur rare et curieux, comme un idéal difficile à atteindre, qu'ils proposent à l'admiration du public. Mes paris se résolvent pour eux en recettes abondantes; et il éclot naturellement autour de moi un tas de petites griseries à mon exemple. Je fais école. D'ailleurs, je produis de l'effet dans une cave; j'orne le lieu; je suis un luxe! Un entrepreneur de bals voulait m'engager à trente florins par semaine, à la condition qu'il mettrait sur son affiche : « TRICHTER BOIRA. » J'ai dû refuser par dignité, mais j'ai été flatté au fond. Oh! non, ce ne sont pas les taverniers qui me harcèlent! Mon plus féroce créancier, c'est Muhldorf. — Le tailleur? — Lui-même. Sous prétexte que, depuis sept ans qu'il m'habille, je ne lui ai pas payé encore la première facture, ce lâche me traque. Pendant six ans, chaque fois qu'il me présentait sa note, je lui commandais un habit; mais depuis un an il a refusé tout à fait de me vêtir. Non content de cela, il me persécute audacieusement. Avant-hier, je passais devant sa boutique, il a eu l'impudence de sortir, de me dire en pleine rue que mon habit était à lui, puisque je ne le lui avais pas payé, et, joignant le geste à la parole, il a fait mine de porter une main sacrilège sur mon collet. — Il aurait osé manquer à ce point aux priviléges de l'Université! s'écria Samuel. — Sois tranquille, dit Trichter. Un regard hautain a contenu à temps le téméraire. Je lui pardonne. Je conçois la fureur de ce bourgeois sanguin, exaspéré par la longue attente d'une somme ronde, et qui ne peut porter sa plainte devant les tribunaux, à cause des lois universitaires qui défendent aux philistins de nous faire crédit. D'ailleurs, je te le dis, son intention n'a pas été suivie d'effet. — C'est déjà trop de l'intention! s'écria Samuel. Il importe que Muhldorf soit puni. — Cela importerait, sans doute, mais... — Mais quoi?... Je le condamne à te donner quittance, et à t'allouer,

Trichter.

en outre, une forte indemnité. Cela te va-t-il?
— Admirablement. Mais tu veux rire? — Tu
vas voir. Donne-moi ce qu'il faut pour écrire.

Trichter se gratta la tête avec embarras.

— Eh bien! de quoi écrire? répéta Samuel.
— C'est que, dit Trichter, je n'ai ni encre, ni
plume, ni papier.

— Sonne. Il doit y en avoir dans l'hôtel. —
Je ne sais pas : c'est un hôtel d'étudiants. Je
n'en ai jamais demandé.

Au coup de sonnette de Trichter, un garçon
vint et courut chercher ce qu'il fallait.

— Attendez, dit Samuel au garçon.

Il écrivit :

« Mon cher monsieur Muhldorf,

« Un ami vous prévient que votre débiteur
Trichter vient de recevoir de sa mère cinq cents
florins écus. »

— Est-ce que c'est à Muhldorf que tu écris?
demanda Trichter. — A lui-même. — Et que
lui écris-tu? — Une préface, une entrée en matière, l'exposition d'une comédie — ou d'un
drame. — Ah! dit Trichter, satisfait sans comprendre.

Samuel ferma la lettre, y mit l'adresse et la
donna au garçon.

— Faites porter ceci par le premier *vautour* (gamin), auquel vous donnerez cette monnaie pour la commission. Il remettra la lettre sans dire d'où elle vient.

Le garçon sortit.

— Toi, maintenant, Trichter, poursuivit Samuel, tu vas aller de ce pas chez Muhldorf. — Pourquoi faire? — Pour te commander un habillement complet. — Il me demandera de l'argent! — C'est évident, pardieu! Mais alors tu l'enverras promener. — Hum! il est capable de se fâcher si je vais le narguer chez lui? — Tu l'insulteras, tu l'exaspéreras. — Mais... — Ah çà! interrompit Samuel d'un ton sévère, depuis quand mon renard de cœur se permet-il des objections lorsque son *senior* a parlé? Je te guide, tu n'as pas besoin d'y voir : tu as mes yeux. Va chez Muhldorf, sois très-insolent et très-impudent, et prie Dieu qu'il achève le geste qu'il avait commencé l'autre jour. — Est-ce que je devrais le tolérer? demanda Trichter, humilié. — Oh! là-dessus tu es libre, dit Samuel. Je te livre à ton instinct. — C'est bon, alors! s'écria Trichter, belliqueux. — Prends ta canne. — Je crois bien!

Trichter prit sa canne et s'élança dehors.

— Voilà comme toutes les grandes guerres commencent! se dit Samuel, et toujours pour une femme! Christiane sera contente.

XXXIX

QUE VOULIEZ-VOUS QU'IL FIT CONTRE TROIS!

Cinq minutes après, Trichter entrait chez Muhldorf, le chapeau de travers, superbe, querelleur et courroucé d'avance de la réception que le tailleur allait lui faire. Muhldorf le reçut avec un sourire gracieux.

— Prenez donc la peine de vous asseoir, mon cher monsieur Trichter, dit-il, je suis enchanté de vous voir. — Bah! dit Trichter. Mais savez-vous ce qui m'amène? — Je m'en doute, répondit le tailleur en se frottant les mains. — Je viens vous commander un habit complet. — A merveille. Pour quand vous faut-il cela? — Tout de suite, dit Trichter, ne revenant pas de l'aménité du tailleur. Dépêchez-vous de me prendre mesure.

Le tailleur obéit avec empressement. Quand il eut fini : — Ce sera fait samedi, dit-il. —

Bien. Vous me l'enverrez, dit Trichter qui fit un pas pour sortir. — Vous vous en allez? dit Muhldorf. — Pourquoi resterais-je? — Je ne demande pas que vous restiez, mais j'espère que vous allez me laisser quelque chose. — Quoi donc? — Une centaine de florins, un simple à-compte. — Mon bon Muhldorf, répliqua Trichter, vous avez été trop gentil pour moi aujourd'hui, et vous m'avez trop amicalement pris mesure, pour que je vous réponde comme un honnête étudiant doit répondre à une vulgaire demande d'argent. Le mémoire des habits que vous m'avez livrés pendant sept ans, et l'espérance de celui que vous me livrerez samedi, me poussent à ne pas m'offenser de votre appel de fonds. Je vous pardonne. — Pardonnez — et donnez, dit Muhldorf tendant la main.

Trichter serra la main du tailleur :

— Une poignée de main si vous voulez, dit-il; mais je n'ai pas le sou.

Et il se dirigea vers la porte. Muhldorf lui barra le passage.

— Pas le sou! s'écria-t-il, et, les cinq cents florins que madame votre mère vous a envoyés? — Cinq cents florins? ma mère? répéta Trichter. Ah! l'aimable folie! Muhldorf, vous devenez spirituel. — C'est-à-dire, s'écria Muhldorf avec une colère qui tâchait de se contenir, que, non content de ne pas payer les anciens habits, vous êtes venu me railler chez moi en m'en commandant de nouveaux? — C'est-à-dire, répliqua Trichter déjà un peu allumé aussi, que c'est pour vous moquer de moi que vous m'avez reçu avec cette obséquiosité, et que vous m'avez si servilement pris mesure? — Donc, glapit Muhldorf, prenant sur son comptoir la lettre de Samuel et la levant furieux sous le nez de Trichter, cette lettre est une mystification? — Donc, hurla Trichter en jetant un regard irrité sur la lettre, quand vous me promettiez pour samedi un habillement complet, c'était pour l'argent dont vous me croyiez les poches lâchement pleines, et non pour l'inestimable honneur de m'habiller?

Et il brandit sa canne ferrée. Mais Muhldorf sauta sur son aune.

— Il ne s'agit pas des habits que j'allais vous faire, cria le créancier exaspéré, mais de ceux que je vous ai faits, et que vous allez me payer ou me rendre.

Il s'avança sur Trichter, l'aune levée.

L'aune de Muhldorf n'était pas levée sur Trichter, que la canne de Trichter était tombée sur Muhldorf.

Muhldorf poussa un cri, recula brusquement en arrière, creva deux vitres de sa devanture, et revint sur Trichter, dont la canne tourbillonnait.

Au cri du tailleur, deux voisins, un charcutier et un cordonnier accourent. Le noble Trichter éborgna le cordonnier, et ne s'effraya pas du nombre. Mais tout à coup il sentit au mollet gauche une atteinte qu'il n'avait pas parée ni prévue. C'était le chien du charcutier qui venait au secours de son maître.

Trichter baissa la tête instinctivement pour voir ce que c'était. Les trois adversaires abusèrent de ce mouvement pour se ruer sur lui et pour le lancer net à la porte. L'impulsion fut telle, que le valeureux Trichter alla rouler dans le ruisseau de la rue, pêle-mêle avec le chien qui eut l'honorable persistance de ne pas lâcher le mollet.

Trichter n'avait pu, au préalable, que tourner, en passant, sa canne de façon à la cogner en plein dans la devanture et à pulvériser le reste du vitrage. Mais, en tombant, il aperçut deux renards qui passaient à l'extrémité de la rue.

— A moi ! les compagnons ! cria-t-il de toute sa force.

XL

LE VERROU.

Racontons avec une concision émue les rapides et importants événements qui suivirent :

A l'appel de Trichter, les deux renards accoururent, délivrèrent leur camarade des dents du chien, et, comprenant sans explication l'aventure, se ruèrent sur la maison du tailleur.

Ce fut une lutte vigoureuse, dont le bruit ne tarda pas à attirer d'autres voisins et d'autres étudiants. La mêlée allait devenir générale, quand la garde arriva.

Trichter et ses amis se trouvèrent pris entre les bourgeois en tête et la police en queue. Ils eurent beau résister glorieusement, la position était impossible. Il fallut céder. Quelques étudiants parvinrent à s'échapper ; mais Trichter et les deux autres renards furent pris. On les mena en prison, maintenus par de forts poignets.

Heureusement, la prison était à deux pas de là ; car les étudiants commençaient à apparaître par groupes, et il y eut même quelques tentatives pour délivrer les prisonniers. Mais la garde, aidée par les bourgeois, tint bon, et les trois renards furent incarcérés bel et bien.

Le bruit de l'échauffourée et de l'affront fait à l'Université ne tarda pas à se répandre. Dix minutes après, tous les étudiants le savaient. En un clin d'œil les cours furent désertés, et les professeurs les plus suivis adressèrent leurs leçons à des dos, puis à des banquettes.

Des attroupements se formèrent dans les rues. Trois étudiants arrêtés pour une dispute avec un philistin ! la chose était grave et demandait vengeance. Il fut résolu qu'on en délibérerait en commun, et tous se dirigèrent vers l'hôtel où logeait Samuel. La circonstance valait que le roi fût prévenu.

Samuel fit entrer tout le monde dans l'immense salle que nous avons vue déjà servir au Commerce des Renards. Il présida l'Assemblée, et chacun put émettre son avis.

Ce fut une bien mémorable séance, et aussi peu parlementaire que possible. Il va sans dire que presque tous les avis qui furent proposés étaient violents, furieux, exaltés. On était applaudi en raison de la véhémence de la motion.

Une Maison Moussue demanda qu'on mît le feu à la boutique de Muhldorf. Un pinson fut expulsé avec une explosion de huées pour avoir insinué qu'on pourrait se contenter de la destitution des agents qui avaient arrêté Trichter et ses dignes défenseurs.

— Cataplasme et parapluie ! beugla un renard d'or ; c'est la destitution de leurs chefs qu'il nous faut, et encore ce ne serait pas assez !

Les acclamations unanimes éclatèrent.

Alors ce fut un tohu-bohu des motions les plus menaçantes et les plus extravagantes.

L'un voulait qu'on punît tous les tailleurs de la ville du crime de Muhldorf, qu'on ramassât tous les mendiants des environs, et qu'on les habillât gratis de tout ce qu'il y avait de drap dans les boutiques.

Un autre, — dont on voulait faire imprimer le discours, — soutint que ce serait encore là une satisfaction modeste, qu'il n'y avait pas seulement dans l'affaire un tailleur, mais encore un cordonnier et un charcutier ; — que même ce n'était pas comme tailleur, cordonnier et charcutier, qu'ils avaient rossé des étudiants, mais comme bourgeois, par suite de cette haine naturelle et éternelle des bourgeois contre les *studentes*: — et qu'ainsi ce n'était pas seulement aux tailleurs, aux cordonniers et aux charcutiers

Une seconde après, on distingua le cavalier : c'était Samuel. — PAGE 92.

qu'il fallait s'en prendre, mais aux bourgeois en masse, et que l'Université ne serait sérieusement vengée que par le sac de la ville.

La discussion, entretenue par le combustible qu'y jetaient sans interruption les imaginations de plus en plus brûlantes, n'était pas près de s'éteindre. Samuel Gelb se leva.

Il se fit un profond silence, et le président prit la parole en ces termes :

« Messieurs et chers camarades,

« Il a été dit d'excellentes choses, et l'Université n'aura que le choix entre les divers moyens de vengeance qui ont été proposés et développés. Mais les honorables préopinants me permettront de leur faire remarquer qu'il y a peut-être quelque chose de plus pressé que de nous venger de nos ennemis (Écoutez! écoutez!) : c'est de sauver nos amis! (Applaudissements.) Pendant que nous délibérons ici, trois des nôtres sont en prison; ils nous attendent, ils s'étonnent de ne pas nous voir venir à leur aide; ils ont le droit de douter de nous! (Bravo! C'est vrai! c'est vrai!) Quoi! il y a une demi-heure que des étudiants sont en prison, et ils ne sont pas encore délivrés! (Profonde sensation.) Commençons par eux, nous finirons par les autres. (Très-bien! très-bien! Écou-tez.) Ouvrons-leur les portes, et qu'ils aient la joie de participer avec nous à la punition de leurs offenseurs! » (Explosions de hurrahs.)

La séance fut levée d'enthousiasme. Le mot d'ordre fut donné. Les étudiants coururent s'ar-mer de pieux, de barres de fer et de poutres. Un quart d'heure après, le siége de la prison com-mençait.

Tout s'était fait avec une telle rapidité, que les autorités n'avaient pas eu le temps d'être préve-nues. La prison n'était gardée que par le poste ordinaire. En voyant les étudiants déboucher à l'angle de la rue, le chef du poste fit fermer la porte. Mais que pouvaient une douzaine d'hom-mes contre quatre cents étudiants?

— En avant! s'écria Samuel. Il ne s'agit pas de donner à la troupe le temps de venir.

Et, se mettant à la tête d'un groupe qui por-tait un madrier formidable, il s'avança le pre-mier contre la porte.

— Feu! dit le chef, et une décharge cribla les assiégeants. Pas un étudiant ne recula d'une semelle. Quelques coups de pistolets ripostèrent. Puis, avant que la garde n'eût eu le temps de recharger ses fusils, vingt madriers cognèrent d'un terrible effort la grande porte. La porte ploya.

— Courage, enfants! cria Samuel. Encore un coup, et nous sommes dedans. Mais attendez.

Il lâcha le madrier, saisit une pince en fer et la posa sous la porte. Une dizaine de renards en firent autant, et la porte se souleva un peu.

— Cognez maintenant! dit Samuel.

Le choc des vingt poutres retentit, et la porte s'éventra avec fracas.

Une seconde décharge grêla les étudiants. Sa-muel était déjà dans la cour. Un soldat l'ajustait. Il s'élança sur lui d'un bond de panthère, et l'étendit roide d'un coup de pince.

— Bas les armes! commanda-t-il à la garde. Mais l'ordre était inutile. Les étudiants étaient entrés sur ses pas, et la cour était déjà tellement encombrée, qu'il eût été impossible de mouvoir le bras pour ajuster.

Outre le soldat tué par Samuel, trois autres gi-saient à terre plus ou moins sérieusement blessés par les balles des pistolets. Sept ou huit *studiosi* avaient reçu des blessures; mais toutes par bon-heur peu graves.

On désarma le poste, et l'on courut aux ca-chots de Trichter et de ses deux camarades, qui furent bientôt délivrés. Puis les vainqueurs jetè-rent les portes et les fenêtres. Puis ils s'amusè-rent, — précaution inutile, — à démolir un peu la prison.

Pendant qu'ils se livraient à ce divertissant exercice, on vint les avertir que le conseil acadé-mique venait de se réunir et était en train de juger les chefs de la révolte.

— Ah! le conseil académique nous juge, dit Samuel. Eh bien! nous allons juger le conseil académique. Holà! cria t-il, renards et pinsons, veillez aux portes de la rue. La convention des *Seniores* va délibérer.

Les *Seniores* s'assemblèrent dans une salle de la prison. Samuel prit sur-le-champ la parole. Ce fut cette fois une harangue brève, militaire, à la Tacite, qu'accompagnaient bien la rumeur de la révolte et le bruit lointain des tambours, et que ne coupa pas une seule interruption de ces Pères Conscrits de vingt ans.

« Écoutez. Nous n'avons pas de temps à per-dre. J'entends battre le rappel. Les troupes vont arriver. Il est bon de prendre un parti tout de suite. Voici mon avis : On nous a proposé tou-tes sortes de manières, l'incendie de la maison Muhldorf, le sac de la ville, etc. Chacune de ces vengeances a son charme; je n'en disconviens pas. Mais cela entraînera une bataille avec la mi-lice, du sang versé, la perte d'amis précieux. Ne vaudrait-il pas mieux obtenir le même résultat sans effusion de sang? Que voulons-nous? Punir les bourgeois. Eh bien! il y a une façon de les punir plus terriblement qu'en cassant quelques vitres et en brûlant quelques charpentes. Nous pouvons en un quart d'heure ruiner Heidelberg. Pour cela nous n'avons qu'une chose à faire : nous en aller. De quoi vit Heidelberg, sinon de notre présence? Qui est-ce qui fait vivre les tail-leurs? Ceux qui mettent leurs habits. Qui est-ce qui fait durer la botterie? Ceux qui usent les bot-tes. Qui est-ce qui nourrit la boucherie? Ceux qui la mangent. Donc, ôtons aux marchands leurs pratiques, aux professeurs leurs élèves, et, à l'instant même, il n'y a plus de professeurs ni de marchands. Heidelberg sans nous, c'est le corps sans l'âme. C'est la mort. Ah! un mar-chand a osé refuser sa marchandise à un étu-diant? Eh bien! tous les étudiants laisseront la marchandise à tous les marchands. Et nous ver-rons ce qu'ils en feront! L'un d'eux n'a pas voulu fournir à l'un de nous? Eh bien! ils ne fourni-ront plus à personne! Je propose un de ces exemples frappants qu'enregistre l'histoire de la *Burgenschaft*, et qui deviennent la règle des *Stu-*

dentes et la leçon des Philistins de l'avenir. Je propose l'émigration en masse de l'Université et l'Interdit (*Verruf*) de la ville d'Heidelberg. »

Un tonnerre d'applaudissements couvrit les paroles de Samuel. Le départ fut voté par acclamation

XLI

PRUDENCE DE SERPENT ET FORCE DE LION.

Les *Seniores* se répandirent dans la foule et annoncèrent la décision prise, qui souleva partout des hurrahs enthousiastes.

Il fut décidé que les étudiants auraient le reste du jour pour faire leurs préparatifs, qu'ils ne parleraient à personne du projet arrêté, et qu'ils quitteraient la ville tranquillement et silencieusement dans la nuit, afin que les bourgeois fussent inopinément frappés à leur réveil de stupeur et de remords.

Au moment où tout venait d'être ainsi arrangé, un jeune renard accourut hors d'haleine. Un greffier qui avait assisté à l'assemblée du conseil académique, et qui était son parent, lui avait révélé le résultat de la séance. Voici ce qui avait été résolu :

Si les étudiants résistaient, ordre à la milice de faire feu et de les réduire par la force, quoi qu'il en pût coûter. S'ils rentraient dans le devoir, amnistie à tous, excepté à Samuel qui avait tué un soldat, et qu'on regardait comme le meneur de tout ce tumulte et comme l'instigateur de Trichter, son renard favori. On n'en voulait qu'à Samuel. Un mandat d'arrêt était lancé contre lui, et la milice devait être déjà en chemin pour l'appréhender.

Un seul cri sortit de toutes les bouches : — Plutôt la bataille que de livrer le roi !

Trichter surtout fut beau d'indignation : — Ah bien oui ! que nous laissions toucher mon *senior*, celui qui vient de me délivrer, le roi des étudiants, Samuel Gelb, rien que cela ! Canaille de conseil ! qu'ils y viennent !

Et il se posa devant Samuel, comme un dogue devant son maître, grinçant des dents et grognant.

Pendant le brouhaha, Samuel avait dit quelques mots à un étudiant qui s'était éloigné en courant.

— Bataille ! bataille ! criait la foule. — Non, pas de bataille ! dit Samuel. L'Université a fait ses preuves de bravoure. Nos camarades sont libres; donc l'honneur est sauf. Le *Verruf* est prononcé. Pour l'exécution, vous n'avez pas besoin de moi. — Est-ce que tu veux que nous te laissions prendre ? demanda Trichter consterné. —

— Oh ! repartit en souriant Samuel, ils ne me tiennent pas, sois tranquille ! Je saurai bien me tirer de leurs griffes à moi tout seul. Ça, tout est bien convenu : demain matin, Heidelberg ne sera plus dans Heidelberg, mais où je serai. Quant aux formalités d'usage pour le départ, Trichter les connaît aussi bien que son *Comment*. Moi, je vais aller devant vous préparer les logements à notre Mont-Aventin. Vous trouverez le drapeau de l'Université tout planté. — Où ? demandèrent plusieurs voix. — A Landeck ! répondit Samuel.

Les rumeurs de la foule reprirent : — A Landeck ? — Va pour Landeck ! — Qu'est-ce que Landeck ? — Qu'importe ! Landeck n'est pas encore, Landeck sera par nous. — Hurrah pour Landeck !

— Bien ! reprit Samuel. Mais rangez-vous. Voilà mon cheval.

L'étudiant auquel il avait parlé bas arrivait à cheval. Il descendit. Samuel monta. — Le drapeau ? demanda-t-il.

Celui qui portait le drapeau universitaire le lui remit. Samuel le roula autour de la hampe, l'accrocha à la selle de son cheval, prit deux paires de pistolets et un sabre, et, disant : — A Landeck, demain ! il piqua des deux et partit au galop.

Au détour de la première rue, il rencontra une escouade d'agents qu'il bouscula. Un d'eux le reconnut sans doute, car il entendit une exclamation, puis quelques balles sifflèrent à ses oreilles. Samuel rendait toujours ces choses-là : il se retourna, et déchargea, sans s'arrêter, deux de ses pistolets.

Mais les agents de la police étaient à pied. En quelques bonds, Samuel se trouva hors de portée, et, prenant par les rues désertes, il ne tarda pas à galoper sur la grande route.

Samuel avait bien fait de se hâter, car presque aussitôt après son départ la troupe arriva. En un moment les issues furent cernées. Douze agents de police s'avancèrent, escortés d'un bataillon, et l'un d'eux demanda solennellement qu'on leur livrât Samuel Gelb, promettant à cette condition l'amnistie à tous. Les groupes n'opposèrent aucune résistance et se bornèrent à dire : — Cherchez.

Il se retourna et déchargea deux de ses pistolets.

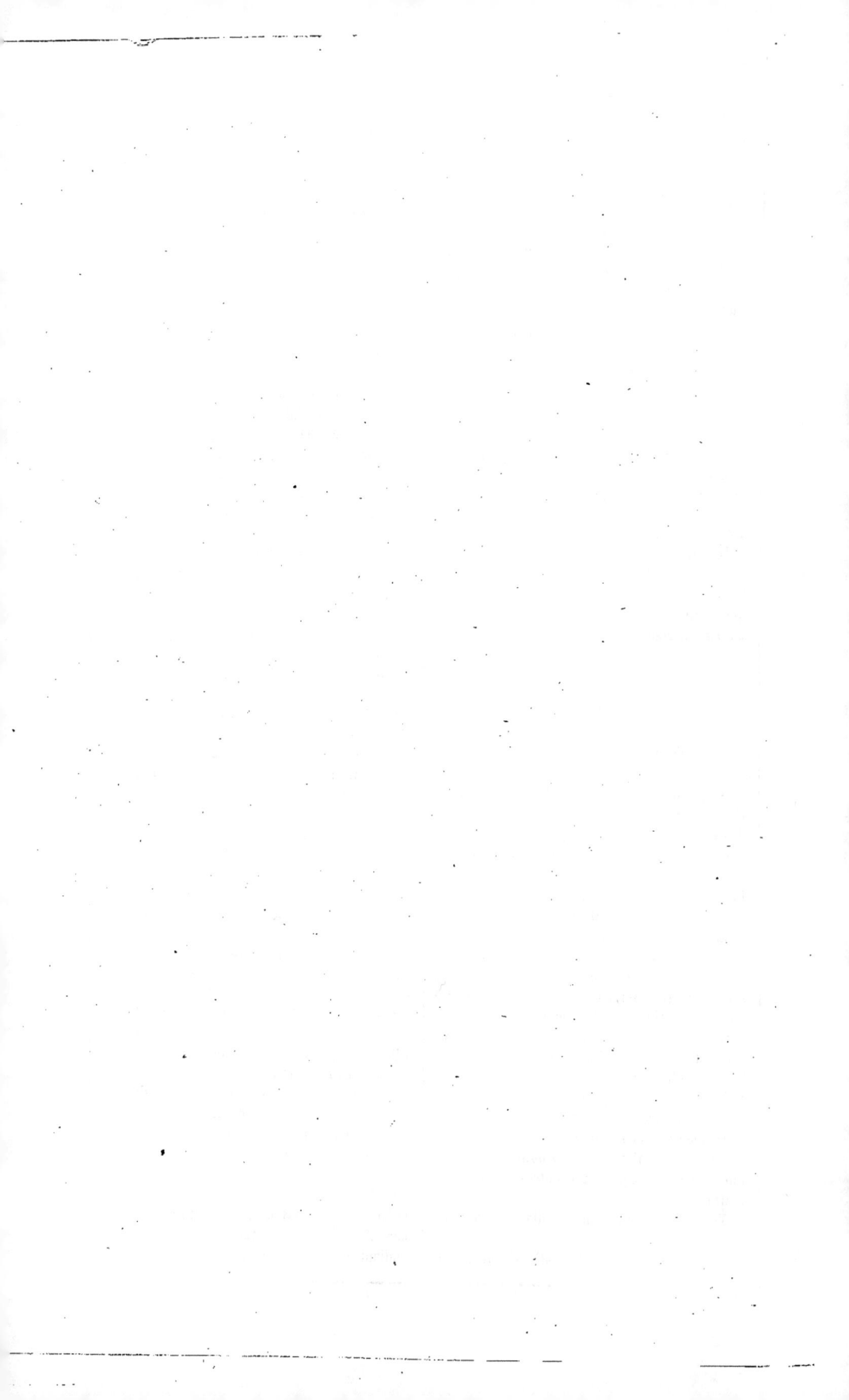

L'investigation commença. Elle durait depuis dix minutes, lorsqu'un ordre arriva du conseil académique. Un des agents bousculés par Samuel avait porté la nouvelle qu'il était parti de la ville. Le conseil acceptait ce départ comme une première satisfaction suffisante, et n'exigeait plus qu'une chose : que les étudiants se dispersassent paisiblement.

On fit les sommations. Les étudiants se dispersèrent et rentrèrent sans bruit dans leurs hôtels.

Le conseil fut ravi autant qu'étonné de cet apaisement si rapide. Le reste de la journée ne fit que le confirmer dans son ravissement et dans sa surprise. Pas une provocation, pas une querelle, pas une menace. Les étudiants semblaient avoir oublié tout à fait leur colère du matin.

La nuit vint. Les bourgeois se couchèrent avec orgueil. A dix heures, comme d'habitude, toute la ville dormait avec bonheur. Mais, à minuit, quelqu'un qui aurait été éveillé aurait vu un étrange spectacle.

XLII

IMPRÉCATION ET DÉMÉNAGEMENTS.

A minuit, les portes des hôtels d'étudiants s'ouvraient mystérieusement, il en sortait un étudiant, puis deux, puis trois, la plupart à pied, d'autres à cheval, quelques-uns en voiture, et tous se dirigeaient dans l'ombre vers la place de l'Université. Quand ils rencontraient un réverbère, ils le décrochaient sans bruit.

La foule commençait à être compacte sur la place de l'Université, et de moment en moment elle grossissait. Les ombres qui se mouvaient là s'abordaient, se serrant la main et se parlant à voix basse. Une des plus remuantes était notre ami Trichter, qui avait à la bouche une énorme pipe, et au bras une fille svelte.

O fragilité, ton nom est femme! Cette fille était Lolotte, autrefois maîtresse de Franz Ritter. Le triomphant Trichter n'avait pas seulement pris à Dormagen son renard, mais aussi à Ritter sa bien-aimée. Il avait abusé d'une brouille entre le jaloux et la coquette pour supplanter Franz un beau matin.

Vers deux heures, Trichter alla à un groupe :
— Les torches, dit-il.

Tout à coup vingt torches s'allumèrent. Trich-

ter en prit une, l'agita furieusement, demanda le silence et l'attention, et, se tournant avec solennité vers le centre de la ville, prononça d'une voix grave cette imprécation d'un lyrisme véritablement antique :

« Ville maudite! maudite! maudite!

« Puisque tes tailleurs en sont à ne plus comprendre l'honneur de voir leur drap affecter la forme gracieuse du corps des étudiants; puisqu'il ne suffit plus à tes cordonniers que leur cuir dessine agréablement notre cou-de-pied; puisque tes charcutiers rêvent à leurs porcs un autre destin que de former dans nos veines ce généreux sang qui nous emplissait de si nobles idées; puisque, au lieu de nous payer pour cela, ils veulent que ce soit nous qui les payions; c'est bien : que leurs habits, leurs souliers et leur viande leur restent! Que leur avarice les ruine! Leur drap deviendra le linceul de leur fortune. Pour écouler leurs fonds, ils en seront réduits à user eux-mêmes nos chaussures, et leurs femmes mettront des bottes. Leurs saucisses non mangées se corrompront et leur donneront la peste. Pleurez, philistins, bourgeois, marchands de toute espèce! Désormais, pour vous, plus d'argent et plus de fêtes. Vous n'aurez plus le plaisir de nous voir passer sous vos fenêtres, joyeux, vêtus de couleurs diverses, gais à l'œil et chantant : Vivallera! Vous ne serez plus réveillés la nuit par des cailloux que nous nous amusions à jeter dans vos vitres. Nous n'embrasserons plus vos filles. Pleurez, bourgeois! Vous surtout, aubergistes ingrats : toute l'espérance de votre bourse va filer sur nos talons. Vous mourrez affamés par l'excès de comestibles. Et vous pourrez crever de soif, nous ne boirons plus votre vin! »

Ici, Trichter renversa vivement sa torche contre le pavé, et dit : — J'éteins la vie d'Heidelberg avec la lumière de cette torche.

Les dix-neuf autres porteurs de torches firent le même geste et répétèrent : — J'éteins la vie d'Heidelberg avec la lumière de cette torche.

L'obscurité recommença.

L'extension des torches était le signal du départ. La foule se mit donc en marche, et fut bientôt sur la route de Neckarsteinach.

Le lever du soleil éclaira d'un rayon étonné cette bizarre troupe. C'était une mêlée d'hommes, de chiens, de fleurets, de pipes, de haches, de femmes, de chevaux et de voitures. Le teint pâle, l'œil fatigué, la toilette en désordre, les étudiants emportaient avec eux leurs objets les plus précieux et les plus nécessaires, des gourdes d'eau-de-vie, un peu de linge, et pas de livres. Ce départ tenait à la fois de l'émigration et du déménagement.

Si secrètement que se fût opérée la fuite, on n'avait pas pu empêcher les garçons d'auberge et quelques marchands matineux de s'en apercevoir.

Aussi, à la queue du cortége y avait-il déjà une file de brouettes et de petites voitures chargées de pain, de viande, de liqueurs et de provisions de toute sorte. Trichter, qui marchait en tête, se retourna, reconnut un tavernier, et réprima un sourire de contentement.

— Ah ! quelques *vivandiers !* dit-il le plus négligemment qu'il put.

Mais un instant après il quitta, sous nous ne savons quel prétexte, la haquenée sur laquelle il avait juché Lolotte, laissa partir tout le monde, marcha droit au marchand de vin, se fit verser un grand verre de genièvre, et rejoignit son amante.

A Neckarsteinach, on fit halte pour se reposer un peu. La route avait creusé l'estomac du *Studiosi,* et les provisions d'Heidelberg, que l'on consentit, vu l'urgence, à consommer encore, ne firent qu'une bouchée. Les aubergistes de Neckarsteinach sacrifièrent leur dernier poulet et leur dernière bouteille. Ainsi refaits, les étudiants se remirent en route. Ils marchèrent encore près de quatre heures, puis ils arrivèrent à un carrefour.

— Ah çà, dit Trichter, voilà la route qui se bifurque. Faut-il prendre à droite où à gauche ? J'hésite comme l'âne de Buridan entre ses deux picotins.

A ce moment, le galop d'un cheval retentit au loin. Un flot de poussière courait sur la route de gauche et s'approchait rapidement. Une seconde après, on distingua le cavalier : c'était Samuel.

— Vivat ! cria la bande. — Par où prendre ? demanda Trichter. — Suivez-moi, dit Samuel.

XLIII

MYSTÈRES D'UNE NUIT ET D'UNE AME.

Qu'avait fait Samuel depuis la veille, depuis son départ d'Heidelberg ? Le soir précédent, son cheval l'avait ramené à Landeck vers sept heures, moins de vingt-quatre heures après l'avoir quitté.

Il avait pu s'introduire encore dans la cabane de Gretchen.

Il en était sorti depuis cinq minutes à peine quand Gretchen ramena ses chèvres. Elle les rentrait plus tôt que de coutume, et sans attendre que la nuit fût tout à fait tombée. Elle éprouvait depuis le matin un malaise inexplicable, qui lui avait ôté le sommeil et la faim. Toute la journée elle avait eu la fièvre. Elle se sentait à la fois excitée et brisée.

Après avoir trait et parqué ses chèvres, elle rentra dans sa cabane; mais elle en sortit bientôt : elle ne se trouvait bien nulle part.

La chaleur de cette nuit de juillet menaçait d'être accablante. Pas un souffle. Le grillon criait dans toutes les fentes des terrains desséchés. Par une singulière contradiction, Gretchen avait soif comme ce sol altéré, et elle n'avait pas envie de boire; elle avait sommeil comme cette lourde atmosphère, et elle n'avait pas envie de dormir.

On sentait flotter dans toutes choses une sorte de volupté mystérieuse et latente. Les roucoulements et les tressaillements s'endormaient amoureusement dans les nids. Une amère senteur montait des herbes. Le ciel tiède s'épanchait dans l'ombre transparente.

Gretchen voulait rentrer, et cependant elle restait, assise sur le gazon, ses mains se joignant sur ses genoux, regardant sans voir, les yeux sur les étoiles, la pensée nulle part. Elle souffrait dans tout son être, sans savoir pourquoi. Elle avait envie de pleurer. Il lui semblait que cela la soulagerait, et elle s'efforçait d'y parvenir, comme la terre brûlante implorant une goutte de rosée. Après un effort immense, elle sentit enfin germer une larme dans son œil aride.

Ce qui l'étonnait le plus, c'était de ne pouvoir arracher de son esprit une idée qui, depuis vingt heures, y habitait malgré elle, l'idée de Gottlieb, ce jeune laboureur qui, l'année précédente, l'avait demandée en mariage. Pourquoi pensait-elle à ce jeune homme ? Pourquoi y pensait-elle avec peine et avec plaisir, elle à qui il avait toujours été indifférent ?

Il n'y avait pas un mois encore que Gottlieb, la rencontrant, lui avait demandé timidement si elle n'avait pas changé de sentiment, et si elle n'aimait toujours que la solitude. Elle lui avait répondu que sa liberté lui était plus chère que jamais.

Gottlieb lui avait dit que ses parents voulaient le forcer de se marier avec Rose, une fille du pays. Gretchen n'avait pas ressenti le moindre mouvement de jalousie. Elle avait cordialement engagé Gottlieb à satisfaire ses parents ; et, loin d'être piquée dans son cœur et dans son amour-propre, elle avait éprouvé une joie réelle à savoir que ce brave garçon pourrait se consoler avec une autre, et vivre heureux avec elle.

Depuis cette rencontre, elle avait quelquefois repensé à ce mariage de Gottlieb, toujours avec le même sentiment de plaisir. Pourquoi donc y pensait-elle aujourd'hui avec une espèce d'amertume et de regret ? Pourquoi ne se représentait-elle pas sans un trouble indicible ce jeune homme dans les bras d'une autre femme? Pourquoi l'image de Gottlieb, vainement repoussée, revenait-elle sans cesse la harceler, comme les mouches taquines qu'elle chassait de la main ? Pourquoi ce jour-là même, au lieu de mener ses chèvres, selon son habitude, du côté des rochers ou dans les profondeurs du bois, avait-elle cherché, tout au rebours, la lisière et le côté des plaines? Gottlieb avait par là des pièces de terrain. Pourquoi était-elle restée dans ces environs tout le jour ? et pourquoi, Gottlieb n'ayant pas paru, avait-elle eu dans l'âme comme une vague tristesse ?

Elle s'était décidée à revenir, sans même attendre la fin du jour. Tout à coup elle avait tressailli : elle entendait derrière elle la voix de Gottlieb. Elle s'était retournée et avait aperçu dans le chemin creux le jeune homme revenant des champs. Mais il n'était pas seul. Le père de Rose, et Rose elle-même, étaient avec lui.

Il donnait le bras à sa fiancée, et lui parlait gaiement. Gretchen s'était cachée derrière les arbres, et n'avait pas été vue.

Pourquoi son cœur s'était-il serré ? Pourquoi avait-elle jeté sur Rose un regard de jalousie ? Pourquoi avait-elle vu passer devant ses yeux, pour la première fois de sa vie, les ardents mystères des nuits de noces? Pourquoi la gaieté de Gottlieb et la fierté de Rose la poursuivaient-elles jusqu'au seuil de sa cabane? Pourquoi ce qu'elle avait souhaité l'attristait-il ? Pourquoi, elle qui n'avait jamais eu une mauvaise pensée, le bonheur des autres venait-il de faire filtrer de son cœur cette larme si aride et si profonde ? Toutes questions auxquelles elle ne pouvait répondre.

Elle voulut secouer ses idées. Elle se leva. La fièvre brûlait ses yeux et ses lèvres.

— C'est décidément que j'ai soif et que j'ai sommeil, se dit-elle.

Elle rentra dans sa cabane, battit le briquet et alluma sa lampe d'argile. Puis elle ouvrit son buffet et y prit du pain. Mais elle n'en mangea qu'une bouchée. Elle n'avait pas faim. Et puis, le pain lui parut avoir encore le goût bizarre qu'elle avait déjà remarqué la veille.

Elle avait mis du lait caillé en réserve dans un coin de la huche. Elle se mit à boire avec avidité...

Elle s'interrompit brusquement. Elle trouvait au lait une amertume singulière. Mais elle avait tellement soif, que cela ne l'arrêta pas. — Bah! dit-elle, je suis folle!

Et elle but jusqu'à la dernière goutte.

Elle se sentit un peu rafraîchie, et se coucha tout habillée sur son lit de fougère. Mais elle ne put dormir. Bientôt elle fut plus agitée qu'avant. Le lait qu'elle avait bu, loin d'apaiser sa soif, semblait l'avoir excitée. Elle étouffait dans cette chambre étroite, elle avait du feu dans les veines, du feu dans la tête.

Elle n'y put tenir, et se leva pour sortir. En gagnant la porte, son pied glissa sur quelque chose. Elle regarda à terre, et aperçut un objet brillant. Elle se baissa et ramassa une toute petite fiole d'un métal qui n'était pas de l'or ni de l'argent, et qu'elle ne connaissait pas.

Qui avait laissé là cette fiole? Gretchen avait fermé sa cabane en partant. Elle en était sûre.

La fiole était vide ; mais l'odeur de ce qu'elle avait contenu y restait encore. Gretchen reconnut l'odeur qu'elle avait cru remarquer dans son pain et dans son lait. Elle passa sa main sur ses cheveux...

— Décidément, se dit-elle éperdue, je suis folle, M. Schreiber avait raison dans le temps. La solitude n'est pas bonne. O mon Dieu!

Elle se força à la réflexion et au souvenir. Elle regarda autour d'elle et crut se rappeler que ses quelques meubles n'étaient pas rangés comme cela le matin. Quelqu'un était-il donc venu?

Elle sortit. La nuit était tout à fait tombée depuis plus de deux heures, et l'air devait commencer à fraîchir. Et pourtant, l'air lui parut plus chaud encore. Il lui sembla qu'elle respirait du feu.

Elle s'étendit sur l'herbe. Mais l'herbe lui fit l'effet d'être ardente.

Elle s'étendit sur le rocher; mais la pierre n'était pas moins brûlante que la terre; le granit, comme un poêle qui reste chaud après que le bois est consumé, avait gardé l'impression du soleil.

— Qu'est-ce donc qu'elle avait bu? quel était ce philtre? qui avait apporté cette fiole ?

Soudain elle frissonna de la tête aux pieds : la

pensée de Samuel, écartée jusque-là par la pensée de Gottlieb, venait de traverser son esprit.

Samuel! Oh oui! ce devait être lui. Aussitôt toutes ses terreurs superstitieuses lui revinrent. Samuel était certainement le démon. Oui, c'est cela, il l'avait menacée, il tenait sa parole, il s'était emparé d'elle, il la possédait, il allait venir la prendre. Le démon n'est pas embarrassé pour entrer dans les maisons sans clef; il n'y a pas de serrures contre lui. Gretchen se sentait perdue.

Et, mystère infernal! tout en étant effrayée et désespérée, elle était en même temps presque charmée. Elle avait une joie amère à songer que le démon la tenait. Elle était sûre que Samuel allait venir, et elle l'attendait avec autant d'impatience que d'horreur. Une moitié d'elle disait : Me voilà prise! et l'autre moitié disait : Tant mieux! Une ivresse terrible faisait chanceler son imagination. Le vertige de l'enfer commençait à la saisir. Elle avait hâte de se précipiter dans la damnation.

A un moment, l'idée de Gottlieb lui revint encore. Mais elle ne le vit plus comme tout à l'heure. Au lieu de la faire rêver, il lui répugna. Que lui voulait-il ce paysan aux grosses mains rudes, aux façons communes, plus pesant que ses bœufs? Elle, jalouse de Rose? Ah bien oui! Le mari, l'amant qu'elle voudrait : ce ne serait pas un rustre avec des mains faites pour la charrue; ce serait un jeune homme au front vaste, aux mains délicates, à l'œil profond et perçant, un jeune homme savant, intime avec les plantes, connaissant les remèdes qu'il faut aux biches et aux âmes blessées, sachant guérir et sachant tuer.

Le bruit d'un pas sur le sable la fit se lever en sursaut. Elle ouvrit les yeux tout grands. C'était Samuel.

XLIV

IL NE FAUT PAS JOUER AVEC LE CRIME.

A la vue de Samuel, Gretchen se dressa sur ses pieds et se jeta en arrière; mais, par un instinct plus fort que sa volonté, en reculant, elle étendait les mains vers Samuel.

Samuel était debout, immobile, plus pâle encore sous les rayons de la lune. Il n'avait dans l'expression de son visage ni moquerie, ni triomphe, ni haine; il était sérieux et même sombre. Gretchen le trouva plus grand qu'à l'ordinaire.

Elle reculait toujours vers sa porte, luttant entre deux impulsions, épouvantée et fascinée, les pieds vers sa cabane, le cou vers Samuel.

— Ne m'approche pas! cria-t-elle. Va-t'en, démon! J'ai horreur de toi. Je te hais et je te méprise, entends-tu? Au nom de la Vierge, réprouvé, va-t'en!

Et elle fit le signe de la croix.

— Ne m'approche pas! répéta-t-elle. — Je ne t'approcherai pas, répondit lentement Samuel. Je ne ferai pas un pas vers toi. C'est toi qui viendras à moi. — Ah! dit-elle avec désespoir, c'est bien possible. Car je ne sais pas ce que tu m'as fait boire. Tu es allé chercher cela dans ton enfer. C'est du poison, n'est-ce pas? — Ce n'est pas du poison. C'est le suc de certaines de ces fleurs que tu aimes tant et avec lesquelles tu as osé m'insulter. C'est un élixir où les puissances concentrées de la nature éveillent les puissances endormies de la vie. L'amour dormait en toi, je l'ai éveillé, voilà tout. — Ah! les fleurs m'ont trahie! s'écria Gretchen navrée.

Puis, fixant sur Samuel un regard mélancolique plutôt que courroucé : — Je vois que je te dis vrai, reprit-elle, car ma mère me disait que l'amour c'est la souffrance, et je souffre.

Et elle essayait toujours de fuir.

Samuel ne bougeait pas. Immobile, on eût pu le prendre pour une statue, sans la flamme de ses yeux, ardents et allumés dans l'ombre.

— Si tu souffres, dit-il, pourquoi ne me demandes-tu pas de te guérir?

Il dit cela d'une voix douce et pénétrante qui remua toutes les fibres douloureuses de Gretchen. Elle fit un pas vers lui, puis un autre, puis un autre encore. Mais tout à coup elle s'enfuit effarée.

— Non, non, non! je ne veux pas! Tu es un homme terrible et maudit. Tu veux ma perdition. Mais tu ne me tiens pas. — Je te répète, répondit Samuel, que je ne ferai pas un pas vers toi. Tu vois bien que je ne bouge pas. Si je voulais, est-ce qu'en trois bonds je ne serais pas maître de toi? Mais j'aime mieux attendre ta volonté. — J'ai soif, dit Gretchen.

Puis, d'une voix humble et caressante : — Est-ce que c'est vrai que tu peux me guérir? demanda-t-elle. — Peut-être, dit Samuel.

Elle tira de sa poche un couteau, l'ouvrit et s'approcha de Samuel, armée et rassurée. — Ne me touche pas, dit-elle, ou je te frappe. Seulement, guéris-moi.

Mais soudain la pauvre enfant jeta le couteau loin d'elle.

— Suis-je folle! dit-elle. Je veux qu'il me guérisse et je le menace! Non, mon Samuel, je ne te menace plus. Tu vois que j'ai jeté mon couteau. Je te prie. Ma tête me fait bien mal, va. Je te demande pardon. Guéris-moi; sauve-moi.

Elle tomba aux pieds de Samuel et lui serra les genoux entre ses bras.

C'était un admirable groupe, à la clarté blême de la lune, parmi ces roches sauvages, que cette jeune fille échevelée et éplorée se tordant aux genoux de ce marbre. Samuel, les bras croisés, regardait sinistrement éclater et vivre l'incendie qu'il avait allumé dans ce sang jeune et vierge. Une ardeur inexprimable animait Gretchen; des étincelles jaillissaient de ses yeux et illuminaient sa peau brune. Elle était belle ainsi. Samuel, malgré lui, se sentait gagné par toutes ces flammes de l'enfant consumée. La fièvre qui brûlait en elle et qui rayonnait hors d'elle commençait à le pénétrer.

— Oh! tu m'en veux donc toujours? disait la belle jeune fille. Pourquoi me hais-tu? — Je ne te hais pas, répondit Samuel; je t'aime. C'est toi qui me hais. — Oh! plus maintenant, dit-elle doucement en soulevant vers lui sa charmante figure.

Puis, changeant d'idée sans transition : — Si! je te hais toujours; reprit-elle durement.

Et elle voulut s'enfuir. Mais, à trois pas, elle tomba roide, et resta comme morte.

Samuel ne fit pourtant pas un geste. Il appela seulement : — Gretchen!

Elle se dressa sur ses genoux et tendit vers lui des bras suppliants sans parler.

— Eh bien, viens! dit-il.

Elle se traîna jusqu'à lui en rampant : — Je n'ai plus de force, dit-elle, relève-moi. — C'est toi qui me le demandes?

Il se pencha, lui prit les deux bras et la mit debout.

— Oh! tu es fort! dit-elle, comme fière de lui. Laisse-moi te regarder.

Elle mit la main sur l'épaule de Samuel, et s'écarta un peu pour le contempler plus à son aise.

— Tu es beau, dit-elle, tu as l'air du roi de la nuit.

Tout cela était fait et dit avec une grâce adorable, avec une incroyable souplesse dans les mouvements, avec un irrésistible magnétisme dans la voix.

Il y avait eu jusque-là plus de terreur que de tentation dans la lutte de cette pauvre âme innocente. Mais Samuel sentait son sang-froid s'en aller et sa tranquillité se fondre au brasier de ce cœur flamboyant.

Tout à coup Gretchen lui jeta ses deux bras autour du cou, et, se dressant sur la pointe des pieds, effleura sa joue de son front. Saisi par la passion qu'il avait mise en elle, il lui colla un baiser sur les lèvres.

En se sentant touchée, Gretchen frissonna. Aussitôt sa langueur se changea en rage; elle mordit violemment Samuel à la joue, se dégagea de ses bras et sauta en arrière avec un cri guttural et indigné. Mais, non moins subitement apaisée, elle tressaillit et regarda Samuel tremblante, repentante, demandant grâce.

— Oh! je t'ai fait mal, n'est-ce pas? dit-elle.

— Non! dit-il, et ce marbre parut enfin s'animer et vivre tout à fait; — non! je te remercie! C'est cette douleur qui est douce. C'est cela qui mêle l'horrible et le beau, le danger et la joie, l'amour et la haine, l'enfer et le ciel; c'est cela qui est l'infini. C'est cela que j'aime en toi. — Eh bien! oui, tant pis, je t'aime aussi, cria Gretchen.

Mais tout à coup : — Ah! je suis une infâme! je vais manquer à mon vœu! Non, mourir.

Elle ramassa, d'un geste plus prompt que l'éclair, son couteau qui reluisait dans l'herbe, et s'en frappa la poitrine.

Samuel lui avait empoigné le bras. Le coup ne pénétra pas bien avant, mais le sang jaillit.

— Malheureuse enfant! dit-il en s'emparant du couteau. Heureusement j'ai retenu ton bras à temps. Ce ne sera rien.

Gretchen semblait ne pas avoir senti le coup. Elle regardait vaguement devant elle, comme pensant à autre chose. Puis elle passa la main sur son front.

— As-tu mal? demanda-t-il. — Non, au contraire, cela me fait du bien. La raison me revient. Je comprends maintenant. Je vois ce qu'il faut que je dise.

Elle fondit en larmes et joignit les mains.

— Écoutez-moi, monsieur, dit-elle; il faut m'épargner. Il faut avoir pitié de moi, voyez-vous. Je me traîne à vos pieds. Je suis vaincue, vous êtes le plus fort, je suis à vous si vous le voulez; eh bien, épargnez-moi! C'est encore plus puissant d'épargner que de soumettre. Oh! vraiment, je vous en prie. A quoi cela vous servirait-il d'être méchant avec moi? Pour un moment d'amour-propre, vous perdriez toute une pauvre existence. Qu'est-ce que je deviendrais, moi, après? Réfléchissez. N'ayez pas peur qu'une fois hors de danger je recommence à vous défier. Oh! allez, c'est là une leçon que je n'oublierai jamais. Je le dirai même à madame Christiane. Comme vous m'ordonnerez, je serai. N'est-ce pas que je vous dis là des choses raisonnables, et que vous voyez bien que vous n'avez plus besoin de me torturer, et que vous allez me faire grâce? Qu'est-ce que je pourrais faire de plus, puisque je suis à vos genoux? Vous êtes un homme, et moi je ne suis pas même une femme, je ne suis qu'un enfant. Est-ce qu'on fait attention à ce qu'a pu dire ou penser un enfant? Est-ce qu'on le perd pour un mot qu'il a dit? Oh! monsieur, grâce!

Et son accent était si poignant, et sa prostration si complète, que Samuel lui-même se sentit touché. Pour la première fois peut-être sa décision fléchit. Un attendrissement dont il ne fut pas maître le saisit devant le désespoir profond de cette pudeur-hermine à laquelle son orgueil allait faire une tache, mortelle peut-être. D'ailleurs n'était-elle pas assez domptée, assez conquise, assez possédée? N'était-elle pas entièrement en son pouvoir? N'avouait-elle pas elle-même qu'elle dépendait absolument de lui? Alors il pouvait être généreux. Du moment qu'elle se donnait, pourquoi la prendre?

Par malheur, Gretchen était bien belle, et le breuvage agissait toujours. Peu à peu son désespoir se détendait dans une langueur vague et délirante; elle avait pris les mains de Samuel, et elle les couvrait de baisers où il y avait déjà autre chose que de la prière; elle levait sur lui des yeux pleins d'une flamme humide.

— Oh! dit-elle avec un accent étrange, dépêche-toi de me guérir, tu n'aurais plus le temps.

— Oui, reprit-il en fixant sur elle un regard ardent et enivré, oui, je vais te guérir; je vais aller chercher un autre breuvage qui remettra le calme et la fraîcheur dans ton sang. Je m'en vais.

Et, au lieu de s'en aller, il la contemplait belle, noyée dans une vague extase et voluptueusement serrée contre lui.

— Oui, va-t'en, dit-elle.

Et, au lieu de le repousser, elle lui retenait la main. Elle ne le lâchait pas. Sa voix disait : Va-t'en! et son regard disait : Reste! Samuel fit un effort violent.

— Ne suis-je plus moi-même maître de ma volonté? Tu es soumise; tu le diras à Christiane. Cela suffit. Pas de crime inutile! Adieu, Gretchen.

Il s'arracha des mains de Gretchen et s'élança vers le rocher.

— Tu t'en vas! cria tristement et tendrement Gretchen. — Oui, adieu.

Mais Samuel était à peine à l'entrée et dans l'ombre du rocher, que deux bras nerveux l'arrêtèrent, qu'une bouche ardente se colla à la sienne, et que, tout éperdu, il se sentit à son tour pris, saisi, dominé par son crime.

— Où es-Jean, dit-elle; tu as l'air du roi de la nuit ! — PAGE 93.

XLV

CHRISTIANE A PEUR.

e lendemain dans l'après-midi, vers quatre heures, Julius et Christiane se promenaient. Ils venaient de sortir du château.

— De quel côté allons-nous? demanda Julius. — Du côté que tu voudras, dit Christiane. — Oh !

cela m'est bien égal, reprit Julius avec une indifférence paresseuse. — Eh bien, montons jusqu'à Gretchen. Elle n'est pas venue ce matin. Il a fallu aller chercher sa chèvre. Je suis un peu inquiète.

Ils gravirent le promontoire où était la cabane. Christiane se retourna vers la vallée.

— Le beau spectacle ! dit-elle à Julius en montrant le fleuve et l'horizon des collines. — Oui, dit Julius sans tourner les yeux.

Christiane eut l'air de ne pas remarquer l'insouciance désœuvrée de son mari. Elle se dirigea vers la cabane de Gretchen. La porte était fermée.

— Sans doute, dit Julius, elle est dans la montagne avec ses chèvres.

Christiane alla à quelques pas, au creux du rocher où Gretchen avait l'habitude de parquer ses chèvres. Les chèvres y étaient.

— C'est singulier! pensa-t-elle.

Et, revenant à la porte, elle appela : — Gretchen! es-tu là? Gretchen!

Personne ne répondit.

A ce moment, une grande rumeur vague s'éleva de la vallée. Julius et Christiane regardèrent du côté d'où cette rumeur venait. La route de Neckarsteinach était toute noire de foule. Un flot de poussière empêchait de distinguer ce que c'était. Des cris, des chants confus coupés par le vent, voilà tout ce qu'on entendait. Tout ce qu'on voyait, c'est qu'il devait bien y avoir cinq ou six cents personnes. Ce pêle-mêle approchait rapidement. Tout à coup, Julius battit des mains.

— Oui, s'écria-t-il, c'est Samuel qui tient sa parole! — Que veux-tu dire? demanda Christiane. — Je veux dire, répéta Julius, que voici Heidelberg qui vient à Landeck. Samuel te l'avait promis, et tout ce qu'il a promis, il le tient. Mais avoir fait cela si vite! Oui, ce sont bien mes camarades. Maintenant qu'ils sont plus près, je distingue les étudiants de l'Université. Entends-tu le Vivallera? Oh! quelle bonne surprise!

Et l'œil de Julius, tout à l'heure endormi, se réveillait. Christiane devint pensive.

La route passait au bas du rocher où se tenaient Christiane et Julius, à mille pas environ. La troupe avançait allègre et prompte. Bientôt Julius put reconnaître Samuel en tête de la bande. Il était à cheval, sérieux comme un général d'armée. Derrière lui on portait le grand drapeau académique.

Les étudiants arrivaient, — ils furent bientôt en face de Julius et de Christiane. En passant devant eux, Samuel leva les yeux, les aperçut et salua. Les étudiants reconnurent Julius. Toutes les casquettes saluèrent et toutes les bouches entonnèrent le plus retentissant refrain qui eût jamais brisé des oreilles humaines.

— Ma bonne petite Christiane, dit Julius, mes camarades m'ont vu, et je crois qu'il serait convenable d'aller leur faire les honneurs du pays. Tu n'es qu'à deux pas du château, tu peux y retourner sans moi; moi, je suis un peu impatient, je te l'avoue, de renouer connaissance avec mes amis, et de savoir ce que cela signifie. Je te rejoindrai dans un moment. — Va, dit Christiane, attristée sans trop savoir pourquoi.

Julius ne se le fit pas dire deux fois. Il embrassa Christiane au front, affecta de marcher tranquillement jusqu'au tournant du sentier, et, quand il l'eut dépassé et que Christiane ne put le voir, il se mit à courir de toutes ses forces, et en deux minutes eut rejoint la foule. Christiane le regardait partir.

— Dès que Samuel est là, se dit-elle, c'est à lui qu'il court.

Elle essuya une larme, et allait s'éloigner, quand un pas cria sur le sable derrière elle. Elle se retourna, et vit Gretchen. — Gretchen! dit-elle, mais qu'as-tu donc? La petite chevrière était bien changée depuis la veille. Pâle, abattue, les cheveux en désordre, un cercle noir autour des paupières, elle paraissait vieille de dix ans. L'exaltation qui lui était habituelle avait fait place à un égarement sinistre. Quelque chose de lugubre et de fatal flottait sur toute sa personne.

— Qu'as-tu? répéta Christiane, et d'où viens-tu? — Je viens de ma chambre. — Nous t'avons appelée, pourquoi n'es-tu pas venue? — Parce que M. le vicomte était là, et que je ne veux plus qu'on me voie. Non, je ne me montrerai plus à personne, et je ne parlerai plus qu'à vous. J'ai honte. Vous, je vous aime, et j'avais absolument à vous dire : Prenez garde à vous! Samuel Gelb ne ment pas, voyez-vous. Ce qu'il dit, il le fait. Quand il a menacé, il frappe. C'est plus fort que vous, et c'est plus fort que lui peut-être. Tenez, je souffre bien de vous dire cela, mais c'est pour vous sauver. Tournez les yeux d'un autre côté, ne me regardez pas, je vous prie, et je vais vous dire tout. Ne me regardez pas; là, c'est bien. Maintenant, écoutez : — Samuel Gelb avait dit que je serais à lui. Eh bien! il m'a fait boire une liqueur faite de son enfer et de mes fleurs... Enfin, je suis à lui. Prenez garde à vous! — Adieu.

Et, s'enfuyant aussitôt, elle s'élança dans sa cabane et s'y enferma. Christiane demeura pétrifiée et glacée. — Gretchen! Gretchen! criait-elle.

Mais elle eut beau appeler, Gretchen ne parut pas.

— Oh! pensait Christiane toute tremblante, c'est bien vrai; il fait tout ce qu'il dit. Voilà Heidelberg à Landeck! Voilà Gretchen perdue, et elle me laisse, et mon mari aussi me laisse. Seule!

Oh! j'ai peur! — Je vais écrire au baron et l'appeler à mon secours.

XLVI

Les étudiants chantaient à tue-tête :

> Gaudeamus igitur,
> Juvenes dùm sumus;
> Ubi sunt qui ante nos
> In mundo fùere?

Tout à coup le chemin tourna, et un village apparut. Tous les habitants, hommes, femmes, enfants, attirés par le bruit, étaient sur le pas des portes, et ouvraient des yeux hébétés devant l'invasion de cette inexplicable caravane.

Samuel n'était plus là. Il s'était mis à l'arrière-garde pour causer avec Julius.

L'étudiant qui marchait devant s'adressa au premier paysan : — Holà! paysan, qu'est-ce que ce village? — C'est Landeck.

Aussitôt un cri s'éleva de toutes les bouches : — Holà! Hurrah! Hopsasa! Renards et pinsons, halte! voici Landeck!

Puis ce furent mille cris divers : — Salut, Landeck! — Mont-Aventin de notre Rome universitaire, salut! — Affreux tas de bicoques, salut! — Salut! bourgade désormais historique, village sublime, trou immortel!

Trichter dit à Fresswanst : — J'ai soif.

Un pinson alla vers un garçon de charrue : — Hé! philistin, paysan, naturel de ces parages, apparence d'homme qui me regardes avec des yeux de poisson, as-tu ce qu'il faut d'intelligence pour m'indiquer où est l'auberge du Corbeau? — Il n'y a pas à Landeck l'auberge du Corbeau, répondit le paysan stupéfait. — L'auberge du Lion-d'Or en ce cas? — Il n'y a pas d'auberge du Lion-d'Or à Landeck. — La meilleure auberge de ton endroit, enfin, idiot? — Il n'y a pas à Landeck d'auberge du tout.

A cette réponse, ce fut un cri d'indignation parmi les étudiants.

— Entendez-vous ce que dit cet homme des champs? cria le pinson; il n'y a pas d'auberge à Landeck. — Où mettrai-je mes cartons à chapeau? demanda douloureusement un étudiant.

— Où mettrai-je mon chien? gémit un renard.

— Où mettrai-je ma pipe? hurla furieusement

une Maison Moussue. — Et moi, s'exclama un autre, où mettrai-je la prunelle de mes yeux, la rose de mon printemps, la bien-aimée de mon cœur?

Fresswanst dit à Trichter : — J'ai soif.

Tous se mirent à chanter, d'un ton lugubre qui contrastait avec le sens plus que gai des paroles, le deuxième couplet de la fameuse chanson latine :

> Vivant omnes virgines,
> Faciles, formosæ.
> Vivat membrum quodlibet!
> Vivant membra quælibet!

Quelques-uns commençaient à être de mauvaise humeur. La joie du départ tournait à l'aigre. Des groupes pleins d'amertume se mêlèrent, se heurtèrent.

— Dis donc, toi, Meyer, dit à son voisin un grand et robuste renard, tu viens de me donner un coup de dos dans le coude, brutal! — Imbécile! dit Meyer. — Imbécile? c'est bien! Dans un quart d'heure, au mont Kaiserstuhl. Ah ça, mais où sera donc le mont Kaiserstuhl ici? — C'est assommant! on ne sait seulement pas où s'assommer.

Un paysan poussa un cri : — Hé! monsieur l'étudiant, prenez donc garde! votre chien...

L'étudiant le regarda d'un œil sévère. — Si tu disais : « Monsieur votre chien... » animal! — Eh bien! monsieur votre chien vient de me mordre. — Ah! tu t'es fait mordre par mon chien, misérable! Tiens, tiens!

Il rossa le rustre.

— Bravo! crièrent les étudiants.

Et le chœur reprit en manière d'encouragement philosophique :

> Vita nostra brevis est;
> Brevi finietur.
> Venit mors velociter;
> Rapit nos atrociter.

Trichter et Fresswanst dirent ensemble : — J'ai bien soif!

— Ah ça, demanda un étudiant, est-ce que nous allons prendre racine au sein de ce village ridicule, et rester là plantés comme des pieux pour indiquer le chemin aux voyageurs? — Samuel devait nous introduire. — Samuel! Samuel! où est Samuel? — Holà! Samuel, viens donc; on ne sait où donner de la tête; l'anarchie ne se gouverne plus, la révolte s'insurge, le désordre est troublé! — Coriolan, est-ce qu'on ne mange pas, est-ce qu'on ne dort pas, est-ce qu'on ne boit pas, chez les Volsques?

Samuel arriva tranquillement avec Julius. — Qu'est-ce donc qu'il y a? demanda-t-il. — Il y a qu'il n'y a pas, dit Meyer. — Que vous manque-t-il donc? — Il nous manque ce qui est le plus nécessaire à l'homme : une auberge. — Enfants de peu d'imagination! repartit Samuel. Donnez-moi cinq minutes, et vous aurez tout ce qu'il vous faudra. Je vais entrer avec Julius dans la maison du bourgmestre, et faire le programme de l'émeute. Où est Trichter? — Il avait soif là, tout à l'heure. — Qu'on le cherche du côté où il y a du genièvre et qu'on me l'envoie pour me servir de secrétaire. Je vous recommande de ne pas faire trop de bruit pendant que votre roi travaille. — Sois tranquille, Samuel! tonna la bande.

Samuel et Julius entrèrent dans la maison qu'on leur indiquait pour le logis du bourgmestre, et où Trichter les rejoignit immédiatement.

Ils étaient à peine entrés, que, fidèles à leur promesse de silence, les émigrés beuglaient d'une voix formidable :

Pereat tristia!
Pereant osores!
Pereat diabolus,
Quivis antiburschius!

XLVII

LE BOURGMESTRE PFAFFENDORF.

La porte du logis de M. le bourgmestre ouverte, Samuel, Julius et Trichter se trouvèrent devant un personnage bouffi, énorme et effaré.

— Le bourgmestre? demanda Samuel. — Pourquoi faire? balbutia l'homme exorbitant. — Pour lui parler. — Ce n'est pas pour lui faire du mal? hasarda timidement le Falstaff. — Au contraire. — Alors, c'est moi. — J'ai bien l'honneur de vous saluer, reprit Samuel. Mais vous devez avoir une autre chambre que la dernière marche de cet escalier; si vous voulez, nous allons nous y installer.

Le bourgmestre les introduisit, tout tremblant, dans son cabinet. Samuel s'assit.

— Voici, dit-il. Nous prenons possession de Landeck. Nous espérons que vous ne résisterez pas et que vous nous épargnerez la dure néces-

sité de faire l'assaut des maisons. L'Université daigne s'établir ici pour quelque temps. Vous comprenez que nous avons besoin d'être un peu les maîtres, et que nous aurons peut-être des caprices auxquels il sera bon que vous ne vous opposiez pas. Je viens m'entendre avec vous. Vous êtes bourgmestre de Landeck, je suis roi de l'Université. La hiérarchie exige que vous me cédiez votre autorité. Je l'accepte. Merci. — Mais, bonté divine! objecta d'une voix grave le gros bourgmestre, que venez-vous donc faire? — Oh! soyez tranquille, honnête..... Pardon, comment vous appellerai-je? — Pfaffendorf. — Soyez tranquille, honnête Pfaffendorf. Nous venons simplement étudier et nous amuser. Nous divertirons le village, nous vous donnerons des fêtes. Cela vous va-t-il? — Vous respecterez les biens et les individus? — J'y engage ma parole royale. — A la bonne heure! dit Pfaffendorf, respirant. — Est-ce convenu? dit Samuel. — C'est convenu.

— Touchez là, noble bourgmestre, et ne craignez nullement que j'aie l'intention d'annihiler, ni même d'amoindrir en aucune façon votre honorable importance. Je vous conserverai un rang digne de vous, et je vous promets une place d'honneur dans tous les divertissements et dans toutes les cérémonies. — Vous êtes bien bon, répondit Pfaffendorf épanoui. Mais j'y pense. Si vous aviez besoin des miliciens du village, je les mets à votre disposition. — Combien sont-ils? — Un. — Donnez-nous-le, dit Samuel en riant, nous le protégerons. — Ne lui faites pas de mal. Je vais le chercher.

Le bourgmestre sortit, enchanté de Samuel.

Il y avait là, dans le cabinet, une table et tout ce qu'il fallait pour écrire.

— Mets-toi là, dit Samuel à Trichter. — Ah çà, demanda Julius à Samuel, où vas-tu loger Heidelberg à Landeck? Je t'offre bien le château, mais il ne suffira pas. — D'abord, dit Samuel, il y aura défense expresse d'approcher du château. Nous sommes ici pour obéir à madame d'Hermelinfeld, et non pour la gêner. Nous serons très-heureux si elle daigne assister à quelques-unes des fêtes que je compte improviser, et nous espérons que, malgré sa timidité, elle s'y risquera. Mais elle n'en prendra qu'à sa fantaisie, et nous ne lui imposerons pas notre voisinage. — Alors, où logeras-tu tout le monde? — Eh! parbleu! à l'enseigne la plus tentante par ces belles nuits d'août : *A la Belle étoile!* La forêt sera notre vert dortoir. S'il pleut, j'ai des grottes où loger quatre cents personnes. Ne crains rien,

— Je borde le lit de mon ami. — Page 103.

ces grottes ne sont pas du côté de celles que tu sais. Quant aux vivres, nos gens d'Heidelberg en ont apporté pour un jour, et, demain, Landeck en regorgera ; car les habitants ne seront pas assez stupides pour ne pas profiter de la pluie de gulden qui leur tombe du ciel. Ils vont s'approvisionner cette nuit, et, à l'aube, nous nagerons dans l'abondance des noces de Gamache.

Puis, se tournant vers Trichter : — Toi, écris les ordonnances.

Un quart d'heure après, Trichter, monté sur une chaise, lisait aux étudiants, grouillants autour de lui, le décret napoléonien suivant :

« Nous, Samuel Ier, empereur des Renards, tyran des Chameaux, protecteur de la Confédération académique, etc.

« Nous avons décrété et décrétons ce qui suit :

« DISPOSITIONS GÉNÉRALES. — Art. 1er. Considérant qu'il n'y a pas d'auberge à Landeck, — toutes les maisons de Landeck sont converties en auberges. — Art. 2. Considérant néanmoins que les maisons de Landeck ne suffiront pas à notre colonie, il sera formé dans le bois, sous la voûte céleste, un camp pourvu de toutes les aises de la vie, tentes de coutil, lits de fougère, sophas de paille, divans de foin. Les femmes, les enfants et les valétudinaires, avec attestation du conseil médical, habiteront seuls les viles maisons de plâtre et de planches. — Art. 5. Les loyers et les achats généraux ou particuliers d'objets de consommation seront acquittés, selon le cas, soit par la caisse publique, soit par les bourses individuelles, excepté en ce qui concerne les marchandises que les habitants de Landeck auraient achetées à Heidelberg. Tous les objets provenant de la ville excommuniée seront confisqués sans rémission. A cette exception près, tout attentat contre les propriétés, de même que contre les personnes, sera sévèrement réprimé et puni des peines disciplinaires en usage dans la *Burgenschaft*.

« Toutefois, cette règle n'engage que les *Studentes*, et, pour laisser aux nobles habitants de Landeck la liberté, ce suprême apanage de la créature humaine, il ne sera pas interdit aux hommes de prêter, et aux femmes de donner tout ce qui leur plaira.

« DISPOSITIONS TRANSITOIRES. — La fin de cette première journée sera employée à la visite des lieux et à l'installation. Demain, deux affiches donneront, l'une le programme des cours, l'autre, le programme des divertissements et réjouissances qui, sur cette terre de promission de Landeck, vont être organisés pour adoucir et charmer parmi les *Studentes* la mélancolie de la vie. — Dès ce soir Julius d'Éberbach offre à ses anciens camarades un punch monstre dans la forêt.

« Fait à Landeck, le 10 août 1811.

« SAMUEL Ier.

« Pour copie conforme :

« TRICHTER. »

La lecture fut ponctuée de bravos. La promesse du punch surtout eut le plus grand succès. Quand Trichter eut fini de parler, ce fut un tonnerre de vivats et de hurrahs.

Le bourgmestre Pfaffendorf arrivait dans ce moment avec l'homme qui composait la milice de Landeck.

Samuel les prit, et cria : — Que tout ce qui est femme, cheval ou bagage, me suive!

Puis, escorté par le bourgmestre et le milicien, qui représentaient l'autorité et qui dispensaient d'employer la force, il installa tant bien que mal, dans les maisons du village, les femmes, les cartons à chapeaux et les voitures.

Ensuite il revint aux hommes : — Et vous,

dit-il, qui aimez mieux le ciel qu'un plafond, et les étoiles que des chandelles, suivez-moi.

XLVIII

PUNCH DANS LA FORÊT.

Samuel Gelb fit prendre à la troupe un charmant chemin qui grimpait des pentes boisées. Les étudiants montèrent un quart d'heure environ; puis, tournant à gauche, suivirent un petit sentier qui déboucha tout à coup sur une vaste plate-forme d'environ deux cents pas dans tous les sens, et partout encadrée d'un épais rideau de grands arbres.

Le soleil, qui allait se coucher derrière la montagne, semblait vouloir se faire regretter en redoublant de rayons roses dans les branches. Une source vive courait sur les cailloux à la lisière du bois, et faisait le plus de bruit qu'elle pouvait avec sa petite voix et ses petites cataractes. Le chant d'un millier d'oiseaux se mêlait à ce ravissant bruit et s'y mariait si harmonieusement, que le ruisseau avait l'air de rouler des notes et le chant de jaillir en gouttes.

— Cet appartement vous va-t-il? demanda Samuel. — *Vivallera!* répondirent les étudiants.

— Eh bien! faites-y votre lit.

La plupart se mirent à dresser des tentes, d'autres à tendre des hamacs. Sur un avis donné par Trichter avant le départ, on s'était précautionné de toute la toile qu'il fallait, Fresswanst se prépara à planter ses pieux.

Mais Trichter l'arrêta.

— Fresswanst, lui dit-il sérieusement, tu manques à l'histoire. — A quelle histoire? demanda Fresswanst étonné. — A l'histoire de Robinson.

— Qu'est-ce que cela veut dire? — N'as-tu pas lu, cher renard de bouteille, que Robinson, manquant de chambre à coucher dans son île, et craignant les bêtes s'il s'endormait par terre, monta dans un arbre et fit son lit d'une branche? Je me sens la noble ambition d'imiter ce grand exemple. Cette nuit je ne me coucherai pas, je percherai. — Et si je dégringole du haut en bas? demanda Fresswanst inquiet. — Cela prouvera que tu ne vaux pas un perroquet! Fresswanst, ajouta Trichter plus bas, il s'agit surtout de fermer la bouche à quelques calomnies et de démontrer aux jeunes générations que nous ne sommes jamais gris. Va, sois tranquille, si tu

crains de tomber, je t'attacherai. — A la bonne
heure! Alors, je renonce à ma tente. — Renon-
ces-y à toujours, et qu'il ne soit pas dit que nous
n'avons jamais couché dans un nid.

Pendant tous ces joyeux apprêts, la nuit était
tombée. Le bourgmestre, que Samuel avait invité au punch, accourut bien avant l'heure,
radieux, fier et imposant, au moment où les
étudiants se mettaient à table sur l'herbe pour
souper.

Pfaffendorf fut salué, à son entrée, de cris
aussi doux à son cœur que rauques à ses oreilles.
Il admira le choix de Samuel et les constructions
des étudiants.

— Très-bien! très-bien! dit-il. Tiens! vous
avez coupé les plus belles branches et arraché
les jeunes arbres tout vifs pour les charpentes!
C'est très-ingénieux, mes jeunes amis! c'est, en
vérité, très-ingénieux!

Le souper fut plein d'entrain, et jamais plus
d'appétit n'eut plus d'esprit.

Au dessert, et comme la nuit était tout à fait
close, les domestiques du château, selon les ordres envoyés par Julius, arrivèrent avec deux
barils de rhum et d'eau-de-vie, et tous les hanaps
de la salle aux coupes. Ils ne furent pas vus dans
l'obscurité, et purent mystérieusement disposer
les vases, les emplir, et allumer l'eau-de-vie et
le rhum.

Soudain, avec la brusquerie de l'éclair, un
incendie bleuâtre éclata dans la forêt.

Les flammes rouges, bleues et roses dansaient
dans les immenses bois, et emplissaient de lueurs
fantastiques les vertes profondeurs du bois. Les
oiseaux réveillés s'étonnaient que l'aurore fût
revenue cette nuit-là si vite, et se mettaient à
chanter.

— Vive Shakspeare! s'écria Trichter. Nous
sommes en plein cinquième acte des *Joyeuses
Commères de Windsor!* Voilà les lutins qui dan-
sent sous les arbres. Herne le Chasseur va sans
doute apparaître. Cherchons-le, ô mes amis! je
le reconnaîtrai : il a le front surmonté de deux
grandes cornes de cerf. Ah! je le vois, c'est
Pfaffendorf. — J'en conviens, dit le fort bourgmestre, charmé de cette délicate plaisanterie. Je
vous l'avais caché de peur de vous effrayer, mais
je suis forcé de rejeter enfin l'incognito. — A la
santé d'Herne le Chasseur! hurla Trichter en sai-
sissant une énorme coupe.

Ce fut le signal. On éteignit le punch, on le
versa dans les coupes et dans les verres, et le
plaisir de la bouche remplaça le plaisir des yeux.

Les libations, les toasts, les chants se multi-
plièrent. Deux heures après, une douce hilarité
circulait dans les groupes. Un spectateur sain
d'esprit eût pu admirer ce phénomène : tout le
monde parlant, personne n'entendant. Pfaffendorf commençait à bégayer agréablement, et il
essayait de démontrer à Trichter que lui-même,
tout vieux et tout bourgmestre qu'il était maintenant, il avait été jeune autrefois. Mais Trichter
refusait obstinément de le croire.

Ce fut le seul nuage qui passa sur la béatitude
de Pfaffendorf dans cette plaisante soirée. Il n'en
donna pas moins, en partant, une cordiale poignée de main à Trichter; puis, ayant pris avec
respect congé de Samuel, il se mit en route pour
retourner chez lui.

Mais nous n'oserions pas affirmer qu'il y arriva.

Julius s'arracha enfin à son tour de la joyeuse
compagnie qui lui rendait la vie et le mouvement. Il dit adieu à Samuel.

— Eh bien! lui demanda Samuel, es-tu content d'avoir revu tes amis? — Il me semble que
je ressuscite. — A demain, n'est-ce pas? — A
demain. — Tu verras, reprit Samuel, je leur ferai la vie la plus brillante, la plus active, la plus
pleine qu'ils aient jamais rêvée. Je veux enseigner aux gouvernements comment on rend heureux les peuples! Tu verras!

Samuel reconduisit Julius quelques pas.
Comme ils allaient se quitter, ils entendirent un
bruit sur leurs têtes dans un arbre.

Ils levèrent les yeux, et, à la lueur des étoiles,
aperçurent Trichter occupé à ficeler Fresswanst,
lequel, assis sur une branche transversale, avait
déjà le cou attaché au tronc et se laissait faire
avec gravité.

— Trichter! dit Samuel, que fais-tu donc là?
— Je borde le lit de mon ami, dit Trichter.

Julius s'éloigna en riant à gorge déployée.

Cependant, celui qui avait animé cette foule,
mené cette joie, déchaîné ces bacchanales, Samuel Gelb, quand il se retrouva seul, au lieu
d'aller dormir, s'enfonça à grands pas dans la
forêt, et, triste et morne, le sourcil froncé, la
tête sur sa poitrine, cassant les branches sur son
passage, dispersant les feuilles sèches sous ses
pieds, pareil à un sanglier blessé, marcha dans
la nuit.

Il pensait : — Quelle fatigue et quel ennui!
Répandre autour de soi la vie et l'entrain, et sentir en soi le doute et le souci! Si je me savais capable de ce stupide regret qu'on appelle remords,

Pfaffendorff. — Page 105.

je crois, — le ciel m'écrase! — que je serais fâ- ché, sinon de ce qui a été fait la nuit dernière, au moins de la façon dont cela a été fait. Ah! ma volonté! ma volonté! Elle a hésité, elle a faibli; elle n'a su faire ni le mal ni le bien. J'ai fui devant mon action, et puis je me suis laissé atteindre par elle. Double lâcheté! Oh! j'ai commis là plus qu'un crime, — une faute! Une faute qui maintenant, pour la suite de mon dessein, me trouble et m'inquiète. Vais-je persévérer? en vérité, je ne sais plus. Mille furies! Pourquoi voulais-je perdre Gretchen? Pour perdre Christiane. Et Gretchen la sauverait! La chevrière n'était pour moi qu'un chemin à la vicomtesse, et le moyen me détournerait du but! Ah! Samuel, tu baisses! Sonde ton âme en ce moment: tu es content de t'être engagé à ne reparaître devant Christiane qu'appelé par elle; tu espères qu'elle ne t'appellera pas, et tu ne feras pour l'y contraindre rien de ce que tu avais résolu. Tu cèdes à des scrupules de femme, tu tâtonnes, tu recules... Et, enfin, malheureux, tu souffres! Je crève de dépit et de dégoût. Y a-t-il donc quelque chose au-dessus de mon souhait? Je m'étais dit : Faire lutter dans un seul cœur l'horreur et le désir, c'est là une expérience étrange et qui peut déjà satisfaire cette je ne sais quelle curiosité féroce qui a faim en moi. Eh bien, non! le souvenir m'en est pénible, au contraire. Maintenant, faire s'unir en deux êtres l'amour et la haine, livrer Christiane indignée au passionné Samuel, ce serait plus fort peut-être et plus voisin de ce cruel idéal... Mais pourrais-je à présent pousser jusqu'au bout ma fantaisie?

Samuel Gelb songeait ainsi en mordant jusqu'au sang ses lèvres. D'ailleurs, le souvenir de Gretchen déshonorée et désespérée ne s'offrit pas une seule fois à ce sombre esprit. Mais, tout en roulant ses odieuses et audacieuses pensées, il allait toujours à grands pas, et, chose singulière! cet homme si fier de sa volonté suivait dans sa marche une sorte d'instinct machinal ou d'habitude impérieuse, et, sans y penser, sans y prendre garde, entrait dans son souterrain, allumait une lanterne sourde, traversait les noirs corridors, gravissait les longs escaliers, arrivait à la porte du salon de Christiane et y entrait — comme dans un songe.

Tout dormait dans le château, et les épais tapis assourdissaient le bruit de ses pas.

Il promena la lueur de sa lanterne sur tous les objets et sur tous les meubles, s'arrêta devant le secrétaire en bois de rose, l'ouvrit doucement avec une petite clef qu'il prit dans sa poche, et vit sur la tablette de velours une lettre toute cachetée. Il lut la suscription : *Au baron d'Hermelinfeld.*

Il découpa le cachet de la lettre avec un canif, la déploya, la lut, se prit à sourire et brûla lentement le papier à la flamme de sa lanterne. Puis il mit dans l'enveloppe une feuille blanche, replaça le cachet avec un soin habile, et referma le secrétaire.

— Encore une faiblesse! se dit-il. Pourquoi empêcher cette lettre d'arriver à son adresse? Ne sais-je pas bien que je me désarme en la désarmant?

Son regard ardent et profond s'arrêta sur la porte de la chambre où dormait Christiane.

— Est-ce qu'un homme comme moi, songeait-il encore, ne peut pendant quatorze mois garder et couver une pensée sans que cette pensée le tienne et le maîtrise à son tour? Est-ce que j'aimerais cette femme? Ah! ah! ah! Samuel Gelb amoureux! Il faudra voir!

Il rentra rêveur dans le corridor, et, toujours sans en avoir conscience, regagna sa chambre souterraine.

XLIX

DES PROGRAMMES QUI NE MENTENT PAS.

Le lendemain, Christiane n'était pas encore levée, que Julius, qui d'ordinaire se levait bien après elle, était déjà au camp des étudiants.

Il les trouva joyeux, bruyants et chanteurs. Ils avaient passé cette belle nuit d'été, les uns couchés sous les tentes, les autres dans des hamacs suspendus entre les arbres, les autres tout bonnement le dos sur le gazon et la face sous les astres. Tous affirmaient qu'ils avaient dormi à merveille.

Fresswanst seul convenait qu'il avait dormi dans une position un peu gênante : le poids de son corps, augmenté par le sommeil, lui avait fait entrer dans la chair les cordes qui le maintenaient et la branche sur laquelle il était posé, et il demandait si quelqu'un voulait lui acheter une peau de zèbre, qui avait été la sienne jusqu'à la veille.

Trichter, au contraire, était enchanté de sa nuit. Il prétendait que les oiseaux seuls entendaient la literie, et il priait tous ses amis de regarder dans son dos s'il ne commençait pas à lui pousser des ailes.

La source avait fait les frais de la toilette générale, au milieu des quolibets et des éclats de rire. Tout donc respirait l'animation, la fraîcheur, le matin, la jeunesse. C'était un campement de Bohémiens, moins la saleté, et plus d'argent.

Samuel, avant le jour, avait quitté son souterrain, et, retiré sous la tente royale, rédigeait, comme il sied à un chef de révolution, les deux programmes annoncés. — le programme des études et le programme des plaisirs. Il les avait d'ailleurs composés à cet unique point de vue : étonner la curiosité de Christiane, la faire rêver, se faire admirer, la forcer peut-être à venir au camp, puisqu'il ne pouvait aller au château.

En outre, en homme pratique qu'il était, il avait dû se préoccuper du côté matériel et de l'exécution de ses projets, envoyer à Darmstadt et à Mannheim des estafettes, tout organiser enfin, soit pour la subsistance, soit pour l'agrément des imprévoyants *studentes.*

Lorsqu'il eut terminé tous ces difficiles préparatifs, il sortit, salué par l'acclamation unanime et fit sur-le-champ afficher ses prospectus sur les arbres.

Le peuple-étudiant se montra, contre la coutume, ravi de la façon dont son roi avait réglé l'existence commune. Une chose surtout causa un bonheur infini : l'annonce, pour une des prochaines soirées, d'une représentation des *Brigands* de Schiller, jouée sur un théâtre bâti exprès dans la forêt. Samuel Gelb remplirait lui-même le rôle de Karl Moor. Voilà un vrai souverain, soucieux des plaisirs de ses sujets ! Néron seul eut dans l'histoire cette délicatesse. Aussi, quoi qu'en disent les historiens aristocratiques, son nom est encore à l'heure qu'il est populaire à Rome. Les autres promesses des affiches de Samuel n'étaient pas moins tentantes. Mais, contrairement à l'usage des programmes, elles furent toutes religieusement tenues, ou plutôt dépassées. Il est donc inutile que nous les disions d'avance ; on les verra à l'exécution.

Quant à l'affiche concernant les études, en voici un notable extrait :

UNIVERSITÉ DE LANDECK.

Cours du mois d'août 1811.

« Considérant que le plaisir réduit à lui-même conduit directement à la satiété et à l'ennui, et que le travail doit servir de fond à la vie,

« Nous, recteur de l'Université sylvestre de Landeck,

« Nous avons arrêté que les cours quotidiens dont suit l'indication seront tenus, pour remplacer avantageusement les leçons des professeurs d'Heidelberg :

« ÉCONOMIE POLITIQUE. — *Professeur* : Samuel Gelb. — Il démontrera que l'économie politique est la science du néant, l'arithmétique des zéros, et n'est économique que pour les économistes.

« THÉOLOGIE. — *Professeur* : Samuel Gelb. — Il prouvera que la théologie mène au doute sur Dieu et assure principalement l'existence des théologiens.

« CHIMIE. — *Professeur* : Samuel Gelb. — Il traitera de la grande alchimie de la nature, laquelle cherche un absolu autrement introuvable que l'or : c'est-à-dire l'homme.

« LANGUE HÉBRAÏQUE. — *Professeur* : Samuel Gelb. — Il traduira la Bible sur le texte original ; et, par la constatation des erreurs des traducteurs et des interpolations des commentateurs, fera voir que, sous prétexte de révélation divine,

l'humanité croit précisément au mensonge des hommes.

« DROIT. — *Professeur* : Samuel Gelb. — Il étudiera consciencieusement les principes du droit, c'est-à-dire l'injustice, l'ambition et la cupidité humaines. »

L'affiche continuait sur ce ton. Médecine, littérature, anatomie, histoire, toutes les chaires devaient être occupées par Samuel Gelb. L'étrange et universel professeur devait montrer l'envers de toutes les sciences. Le seul cours un peu affirmatif qu'il annonçait, c'était la psychologie, où il promettait de traiter son sujet favori : *La théorie de la volonté.*

Mais on savait bien que, tout en étant railleur et amusant, il resterait érudit et profond, et pas un seul étudiant n'aurait voulu manquer aux leçons originales de ce maître multiple, qui allait accomplir ce tour de force d'être à lui seul tout un corps enseignant.

Les études prenaient l'après-midi, de deux heures à six. La matinée, jusqu'au dîner, lequel était fixé à une heure, était consacrée aux promenades sur le fleuve ou dans le bois.

Pour le matin même, une promenade en bateaux sur le Neckar était déjà organisée. Le gros et riant Pfaffendorf, prévenu dès le soir précédent par le roi des étudiants, avait mis en réquisition toutes les barques du rivage, et, lorsque la caravane se présenta au rendez-vous convenu, elle y trouva toute une flottille avec voiles et rames.

Pfaffendorf était là, dans son plus beau costume : habit marron, cravate blanche, chapeau carré, culotte de soie, bas chinés et souliers à boucles.

Pris à l'improviste, la veille, par la brusque invasion des étudiants, Pfaffendorf craignait que son habillement de tous les jours n'eût pas donné de sa personne une idée convenable : il voulait sa revanche, et, décidé à éblouir ses jeunes amis, il n'avait pas même été retenu par la peur de froisser son habit de cérémonie en bateau, et d'exposer ses vénérables bas de soie aux éclaboussures des avirons. Le généreux bourgmestre se précipita dans la barque de Samuel, avec la résolution d'un homme qui aurait été mal habillé. Il poussa même l'oubli de son habit jusqu'à ramer lui-même, aux applaudissements unanimes de Trichter.

La promenade fut ravissante. Le Neckar c'est le Rhin en petit : noirs châteaux forts, suspen-

dus comme des nids d'aigle à la cime des rochers ; gais villageois, pelotonnés au fond d'une
vallée fleurie comme dans un pan de la robe
verte de Cybèle ; gorges étroites et sauvages, pareilles à l'entrée de l'enfer, qui mènent tout à
coup à des campagnes florissantes et joyeuses
comme le seuil du Paradis ; — voilà les tableaux
merveilleux et variés qui, en quelques heures,
se déroulèrent devant les yeux et la pensée de
nos étudiants, tandis que leurs rames tombaient
en cadence dans l'eau et que leurs voix unies
éveillaient du refrain des chants patriotiques les
tranquilles échos du Neckar endormis depuis des
années dans leurs grottes.

Julius s'était dit qu'il retournerait au château
aussitôt en débarquant. Mais, quand on débar-
qua, l'heure des cours approchait, et il était tout
aussi avide que ses anciens camarades d'entendre professer Samuel. Il resta donc à dîner avec
la bande joyeuse, puis assista aux leçons. Elles
furent telles qu'on devait les attendre de l'ironie
savante et verveuse de ce maître douteur. Le frisson parcourut l'auditoire à plus d'une échappée
terrible sur cette vie et sur l'autre ; le sceptique
docteur interrogea le Créateur de la création,
Dieu dans l'humanité, avec cette audace de cri-
tique et cette puissance de liberté que tolérait
déjà alors l'Allemagne absolutiste, et que la
France démocratique n'admet pas encore aujour-
d'hui.

Les leçons finies, il était six heures. Julius se
demanda si c'était bien la peine de rentrer maintenant au château avant la nuit. Le soir devait
couronner dignement cette journée déjà si
pleine ; le programme portait : « Souper aux
flambeaux et concert dans le bois. » Christiane
savait où était son mari et ne pourrait concevoir
aucune inquiétude. D'ailleurs, il n'avait qu'à la
prévenir. Il lui écrivit un mot, lui disant qu'il
reviendrait de meilleure heure que la veille, et
la priant de lui envoyer ses deux piqueurs.

Le souper sous les arbres illuminés en verres
de couleur fut des plus fantastiques et des plus
divertissants. Pendant le repas, les deux piqueurs
de Julius, perdus dans l'épaisseur du bois, son-
naient les lointaines et rêveuses harmonies du
cor, s'appelant et se répondant comme un har-
monieux écho. Charmant dialogue qui effarait
les biches à cette heure inaccoutumée, et qui
leur faisait prendre les pâles reflets de la lune
pour la lueur blanchissante de l'aube.

Après le souper, ceux des étudiants qui possé-
daient quelque instrument, et une partie de l'or-

chestre du théâtre de Mannheim, que Samuel,
profitant des vacances dramatiques, avait eu
soin de faire mander dès la veille, improvisèrent
un excellent concert, et jouèrent, au milieu des
applaudissements enthousiastes de ce parterre
d'élite, les meilleurs morceaux de Mozart, de
Gluck et de Beethoven.

Après ces heures d'enchantement, on conçoit
que Julius vit encore à regret le moment de rentrer.

— Tu sais, lui dit Samuel, qu'il y a demain
grande chasse. — Je le sais, répondit Julius ;
mais au fond il commençait à être embarrassé
de laisser ainsi Christiane seule. — Dis donc,
ajouta-t-il, il ne serait pas convenable, évidemment, que Christiane vînt à une partie d'eau et à
nos soupers, mais n'as-tu pas dit qu'elle pourrait sans inconvénient suivre la chasse à cheval
ou en voiture? Cela la distrairait. — Je lui ai
promis de ne pas lui donner signe de vie, répondit froidement Samuel, à moins qu'elle ne m'ap-
pelât elle-même ; elle sait bien qu'elle nous ferait
honneur et plaisir en prenant part à nos amusements. Parle-lui-en, toi, et amène-la. — Oui,
dit Julius, je vais lui en parler dès ce soir, car
je ne puis la quitter ainsi toujours, et il faut
qu'elle vienne avec moi ou que je reste avec
elle.

En rentrant, Julius fit donc à Christiane une
description enthousiaste de la navigation du matin et de la musique nocturne. Il lui annonça la
chasse du lendemain, et lui insinua qu'elle devrait bien y venir. Elle suivrait la chasse en voiture, si elle voulait, aussi cachée qu'elle le trou-
verait bon ; elle verrait sans être vue. Christiane,
grave et un peu triste, refusa nettement. Ils se
séparèrent mécontents l'un de l'autre, elle en
voulant à son mari d'être joyeux, lui en voulant
à sa femme d'être affligée.

L

OÙ TRICHTER ET FRESSWANST ATTEIGNENT A L'ÉPOPÉE.

Aboiements de chiens, cris des étudiants, con-
férences des piqueurs de Julius, fanfares du cor,
hennissements des chevaux, fusils qu'on charge,
provisions de poudre qu'on échange, — tous
ces apprêts de chasse, plus amusants que la
chasse même, animaient d'espoir et de joie l'aube
de la troisième journée.

Les *studentes* s'équipaient de leur mieux. Une hausse formidable s'était déclarée parmi les fusils de tous les environs. La plupart avaient été loués deux fois plus cher qu'ils n'avaient été achetés. Quelques *étudiantes*, curieuses comme des femmes et courageuses comme des hommes, étaient à cheval, un fusil chargé dans les mains, et variaient d'une fantaisie moins sévère ce tableau de Vander-Meulen.

Julius trouva Samuel ordonnant la chasse, comme un général en chef.

— J'avais oublié de le dire, Julius, dit en riant Samuel, que j'ai fait aussi un peu de vénerie. Tu as d'ailleurs des piqueurs admirables. Ils ont fait le bois en maîtres. On nous a reconnu les traces d'un cerf et d'un sanglier. Avec la meute qui est royale, mon cher, nous aurons une chasse magnifique.

Le signal ne fut pas plutôt donné, que les étudiants et les chiens partirent d'un bond, pêle-mêle, tous ensemble, aboyant et criant. Car, en dépit des efforts de Samuel, ce ne fut pas une chasse régulière et savante, ce fut une irruption fougueuse et déchaînée, qui avait aussi sa beauté. Les éclats de trompes à la Dampierre, les rires effrayés ou joyeux des femmes, les hurlements des hommes, les jappements des chiens, les coups de fusil aventureux des chasseurs ignorants ou impatients, tout cela se confondait et courait dans la forêt comme un ouragan humain. Les belles dispositions stratégiques de Samuel et des piqueurs triomphèrent pourtant de toute cette indiscipline. Le cerf fut d'abord forcé, puis ce fut le tour du sanglier.

Une immense fanfare fut allégrement sonnée par les cors, et couvrit les râles de la bête fauve; puis le sanglier et les cors se turent.

A ce moment, on entendit une musique dansante qui approchait. Deux violons vivement raclés accompagnaient ces bruits de voix joyeuses. Par instants on entendait jaillir des rires sonores.

Deux minutes après, les chasseurs virent apparaître, au bout de l'allée où ils étaient encore rassemblés, une vingtaine de couples endimanchés et radieux. C'était la noce de Gottlieb et de Rose, qui s'étaient mariés le matin même.

En apercevant les étudiants, la noce fit mine de tourner à gauche, comme effarouchée. Mais Samuel alla à Rose. — Madame la mariée, dit-il galamment, permettez-nous de vous offrir, pour votre souper de noces, deux plats de gibier, un sanglier et un cerf. Si vous voulez bien nous in-

viter, nous souperons tous ensemble, et nous danserons jusqu'au matin. Voulez-vous me faire l'honneur de m'accorder la première contre-danse.

Rose regarda Gottlieb, qui lui fit signe d'accepter.

L'alliance de la chasse et de la noce fut scellée par un duo de cor et de violon, et l'on se sépara pour se retrouver le soir.

— Maintenant, à la leçon d'histoire! dit l'infatigable Samuel, et je vais vous faire une dissertation rabelaisienne sur l'institution du mariage, depuis Adam jusqu'à nos jours. — Bravo! voilà la vraie science! s'écria l'auditoire d'avance charmé.

Était-ce cette vie en plein air? était-ce l'exemple de cet ardent Samuel, toujours prêt, jamais las! toujours est-il que les facultés des étudiants semblaient depuis trois jours décuplées; l'activité matérielle et l'activité morale se multipliaient l'une par l'autre, et le corps se reposait dans le travail de l'esprit.

Le soir, le souper nuptial fut grandiose. Le bourgmestre Pfaffendorf s'y grisa derechef colossalement. Quand il ne resta plus de gibier que les os, et du vin que les bouteilles, une ritournelle retentit et le bal commença.

Samuel prit la main de Rose, et Lolotte prit la main de Pfaffendorf.

Les étudiants invitèrent les plus jolies filles du pays, et les grisettes se partagèrent les meuniers et les fermiers. Et ce fut jusqu'au matin une danse acharnée et véhémente, qui acheva la fusion d'Heidelberg avec Landeck.

Trichter et Fresswanst, eux, ne dansèrent pas. Ils consommèrent.

A minuit, Samuel Gelb, — gracieux tyran qui ne redoutait et ne proscrivait, en fait d'excès et d'abus, que ceux du plaisir, donna impitoyablement l'ordre de la retraite.

— Voici l'instant pénible! soupira Trichter. Il faut que j'aille reconduire Lolotte à Landeck... oh! jusqu'à sa porte. — Eh bien! je t'accompagnerai, dit Fresswanst ému. — Merci, grand cœur! fit Trichter lui serrant la main.

Les deux buveurs, silencieux et graves, reconduisirent donc de compagnie, jusqu'au village, Lolotte expansive et bavarde. Quand ils l'eurent vertueusement réintégrée dans son domicile : — J'ai soif, dit Trichter à Fresswanst. — Je le pensais, reprit Fresswanst.

D'un geste éloquent, et avec un sourire heureux, Trichter montra à son ami une porte au-

Et les yeux plus clignotants que la chandelle qu'elle avait à la main.

dessus de laquelle la vague clarté de cette belle nuit transparente permettait de distinguer une couronne de pampre. Sans ajouter un mot, Trichter frappa à la porte. Personne ne répondit, et rien ne bougea.

Trichter frappa une seconde fois plus fort. Pour toute réponse, un chien aboya.

— Holà! hé! crièrent Trichter et Fresswanst en cognant du pied contre la porte.

Le chien se mit à japper avec fureur.

— A nous trois, dit Trichter, nous finirons bien par réveiller quelqu'un. Ah! voilà une fenêtre qui s'ouvre. — Que voulez-vous? demanda une voix. — De l'eau-de-vie, répondit Trichter. Nous sommes deux pauvres voyageurs qui n'ont pas bu depuis cinq minutes. — C'est que mon mari n'est pas ici, reprit la voix. — Nous ne demandons pas votre mari, nous demandons de l'eau-de-vie. — Attendez.

Un moment après, une vieille femme leur ouvrit la porte, à moitié endormie, et les yeux plus clignotants que la chandelle qu'elle avait à la main. Elle mit la chandelle sur une table, posa deux verres auprès, et, toute somnolente, alla à tâtons fouiller dans un buffet.

— Ma foi! il n'y a plus du tout de liqueurs ici, dit-elle. Mon mari, justement, est allé à Neckarsteinach renouveler ses provisions. Ah! voilà pourtant, je crois, un restant d'eau-de-vie.

Elle posa une bouteille aux deux tiers vide sur la table.

— Quatre petits verres à peine! dit Trichter avec une moue horrible. Une goutte d'eau dans le désert! Enfin, humectons-nous toujours de ce rien.

Ils lampèrent d'un trait, payèrent et se retirèrent en maugréant.

La vieille femme, avant de retourner se coucher, rangea quelque vaisselle, et était debout encore quand, un quart d'heure après, son mari rentra.

— Comment es-tu donc éveillée à cette heure, la vieille? lui dit-il. — Hé! deux étudiants qui m'ont forcée à me lever pour leur servir de l'eau-de-vie! — De l'eau-de-vie? Il n'y en avait plus, dit l'homme se déchargeant de ses paquets. — Si fait! reprit la tavernière. Il restait encore ce fond de bouteille.

L'œil du mari se fixa sur la bouteille vide.

— C'est de cela qu'ils ont bu? dit-il tremblant. — Mais oui, répondit la femme. — Malheureuse! s'écria-t-il en s'arrachant une poignée de cheveux. — Qu'as-tu donc? — Sais-tu bien ce que

tu as donné à ces pauvres jeunes gens? — De l'eau-de-vie? — De l'eau seconde!

Nous avons laissé l'univers inquiet sur le sort de Trichter et de Fresswanst. — Ces deux buveurs étaient réellement très-grands!

L'imprudente tavernière fut bien autrement tourmentée encore, — et ce fut justice.

Au cri de son mari : « De l'eau seconde! » elle devint verte. — Mon Dieu! balbutia-t-elle. Je dormais... il faisait nuit... je les ai servis sans voir clair... — Ah bien! nous voilà dans de beaux draps! reprit l'homme. — Ces jeunes gens, à l'heure qu'il est, sont morts ou râlent sur le chemin. Et nous, nous allons être condamnés comme empoisonneurs.

La femme se mit à sangloter et voulut se jeter pathétiquement dans les bras de son mari, qui la repoussa rudement.

— Oui, sanglote, va! cela nous servira à grand'chose. Tu ne pouvais pas faire attention! Qu'est-ce que nous allons faire? Nous sauver? On nous rattraperait! Ah! mon oncle avait bien raison de me conseiller de ne pas me marier avec toi, il y a quarante et un ans!

Nous ne raconterons pas la nuit d'angoisses et de larmes que passèrent à s'injurier ces Philémon et Baucis marchands de vin.

A la première heure du jour, Baucis était sur le pas de sa porte, attendant son sort. Tout à coup elle jeta un cri : elle venait d'apercevoir sur la route, s'acheminant vers sa maison, deux hommes, — non! deux spectres, sans doute?

— Qu'est-ce que c'est? demanda le mari tout tremblant. — Eux! dit la femme. — Eux! qui, eux? — Les deux jeunes gens. — Ah! bégaya le mari en tombant sur une chaise.

Trichter et Fresswanst entrèrent pleins de calme et de simplicité, et s'assirent à la table.

— De l'eau-de-vie? demanda Trichter.

Il ajouta : — De la même. — Oui, de la même, elle avait du montant, dit Fresswanst.

LI

UN FEU D'ARTIFICE A DIVERS POINTS DE VUE.

Trois ou quatre jours se passèrent ainsi pour les étudiants-émigrés au milieu des enchantements toujours nouveaux que l'étrange et puissant génie de Samuel sut tirer de tout ce qui se trouvait à sa portée, de la forêt et du fleuve, du village et du château, de la science et du plaisir, du rêve et de la vie.

Cependant on avait des nouvelles d'Heidelberg qui rehaussaient, par le contraste, la joie de Landeck. Un renard qui avait été, bien malgré lui, retenu à la ville interdite par une indisposition assez grave, dès qu'il avait pu se lever, s'était hâté de rejoindre ses camarades. Il faisait d'Heidelberg un tableau lugubre.

Les rues étaient désertes, les boutiques étaient vides. Un silence de mort planait sur la cité maudite. Le jour, pas un bruit : le soir, pas une lumière. Les marchands s'enfermaient tristement tête à tête avec les marchandises et avec les marchandes. Les professeurs n'ayant plus à enseigner se disputaient entre eux. Toute cette science des maîtres, toutes ces étoffes des drapiers, tous ces vins des aubergistes, faits pour circuler dans les cervelles, sur les épaules et dans les gosiers, s'amassaient et croupissaient mélancoliquement dans les boutiques et dans les chaires stagnantes comme le limon d'un marais fétide.

Les professeurs et les marchands en étaient à se quereller et à se rejeter les uns aux autres la responsabilité de l'émigration. — Pourquoi les marchands avaient-ils offensé Trichter? — Pourquoi les professeurs avaient-ils condamné Samuel? Le moment était proche où l'Académie allait engager une guerre civile avec le comptoir.

Ces nouvelles ne firent que redoubler l'animation de la caravane, et Samuel les célébra, le soir même, par un admirable feu d'artifice qu'il préparait depuis trois jours.

Il avait fait disposer le feu sur l'autre rive du Neckar. Rien de plus étrange et de plus charmant que les bombes et les fusées reflétant dans le fleuve et le bouquet épanoui dans l'air se doublant d'un volcan souterrain. Il y avait, en réalité, deux feux d'artifice, celui du ciel et celui de l'eau.

Tout Landeck était sur le rivage, moins Christiane et Gretchen. Mais Samuel avait choisi son endroit en conséquence, et savait bien que les récalcitrantes devaient être spectatrices, malgré elles, du tableau de feu, et que les grandes flammes rouges iraient les trouver, l'une dans sa cabane, l'autre dans son salon. Gretchen les vit, en effet, pâlit, et murmurant : le démon joue avec le feu, c'est tout simple! — elle se sauva, farouche, dans sa cabane, et cacha sa tête dans ses mains pour échapper aux reflets ardents qui teignaient ses vitres et ses murailles. Tout ce qui rappelait Samuel maintenant lui faisait horreur.

Tout ce qui rappelait Samuel ne faisait encore que peur à Christiane. Attirée à son balcon par l'embrasement du ciel, elle y resta, — songeant à l'inexplicable réserve de Samuel, à l'abandon involontaire de Julius.

Elle était bien forcée de reconnaître la vérité de ce que lui avait dit Samuel sur la nature faible et flottante de son mari. Il était resté beaucoup de l'enfant dans ce jeune homme, qui, sans doute, en ce moment, battait des mains tout ébloui au feu d'artifice de Samuel.

Christiane sentait Julius lui échapper. Que faire pour le retenir? Prenait-elle le bon moyen en restant à l'écart de ses distractions? En refusant de le suivre, en l'habituant à se passer d'elle, ne l'accoutumerait-elle pas à voir d'un côté sa femme, de l'autre la joie? Ne vaudrait-il pas mieux qu'il les vît toutes deux ensemble? N'agirait-elle pas plus prudemment en se confondant avec les amusements et avec les bonheurs de son mari, de telle sorte qu'il ne pût pas les séparer d'elle?

La pauvre douce Christiane se demandait quel inconvénient il y aurait, au bout du compte, à ce qu'elle se mêlât un peu à toutes ces joies nécessaires à Julius? Elle ne s'y mêlerait naturellement que de loin et jusqu'à la limite des bienséances. Qu'en résulterait-il? Samuel peut-être en triompherait, et se dirait qu'il l'avait fait céder? Eh bien! après tout, Samuel était un de ces caractères qui n'en veulent qu'aux obstacles, et, plus elle restait fière, plus elle l'irritait. Samuel, en somme, avait jusque-là tenu strictement sa parole de ne pas chercher à la revoir. N'avait-elle pas eu tort, elle, d'écrire au baron d'Hermelinfeld? Si elle changeait de système? En accompagnant son mari, elle gagnait deux choses : elle rallumait l'amour de Julius et elle éteignait la haine de Samuel.

Donc, le soir elle guetta Julius à son retour, alla, gracieuse, à sa rencontre et le sollicita elle-même de lui raconter sa journée. Il ne se fit pas prier.

— Ainsi, tu t'es encore bien amusé? lui dit-elle. — Je l'avoue. Ce Samuel entend admirablement la vie! — Est-ce que ce n'est pas demain soir qu'on joue les *Brigands?* demanda Christiane. — Oui, c'est demain, répondit Julius. Oh! si tu consentais à y venir avec moi? — En vérité, j'en suis presque tentée. Tu sais que Schiller est mon poète. — A la bonne heure, donc! s'écria Julius ravi. C'est convenu. Plus de façons. Demain soir je te viendrai prendre.

Et il embrassa Christiane avec effusion.

— Il y a près d'une semaine qu'il ne m'avait donné de si bon cœur un baiser ! pensa tristement Christiane.

LII

RÉPÉTITION GÉNÉRALE.

Le jour de la représentation des *Brigands*, chacun des étudiants, à part les deux heures des leçons, fut libre de disposer à son gré de sa journée et de la donner soit à ses liaisons, soit à des études particulières.

Samuel Gelb, ce grand metteur en scène, savait pour combien entrent dans le plaisir le désir et l'attente et que toute lumière ne vaut que par l'ombre. Samuel Gelb, ce grand politique, pensait que dans toute association, fût-ce une association d'amusement et de joie, une large part doit être faite à la liberté et au caprice de l'individu. Enfin Samuel, ce grand homme pratique, avait lui-même besoin de la journée tout entière pour achever les préparatifs de la représentation du soir.

Les *Brigands* se passant presque entièrement dans les forêts, le décor se trouvait naturellement tout fait, à la manière des anciens. Au lieu de toile et de carton comme à Mannheim, on avait, comme à Athènes, de vrais feuillages et un vrai bois. Pour les scènes fermées, des toiles largement peintes, posées entre les arbres, figuraient les appartements. Samuel avait improvisé sans peine son théâtre : les coulisses et les portants ne lui avaient pas manqué. Il mit plus de soin à la répétition générale. Mais ses acteurs étaient si dociles, si enthousiastes et si lettrés, qu'avec eux il ne doutait pas de l'effet du chef-d'œuvre de Schiller.

La répétition en était à la scène où le religieux vient proposer aux brigands amnistie pleine et entière, s'ils livrent Karl Moor, leur chef, lorsqu'on vint avertir Samuel qu'une députation du Conseil académique d'Heidelberg venait faire des propositions aux étudiants.

— Amenez-les ici, dit Samuel. Ils arrivent à merveille.

Trois professeurs entrèrent. L'un d'eux prit la parole.

Le conseil d'Heidelberg offrait, si les étudiants voulaient rentrer dans le devoir, de pardonner à tous, excepté à Samuel Gelb, qui serait exclu de l'Université.

— Très-chers ambassadeurs, dit Samuel, voilà une scène qui ressemble diablement à celle que nous répétions.

Et, se tournant vers les étudiants : « Écoutez donc, vous autres, ce que la justice me charge de vous annoncer. Voulez-vous sur-le-champ garotter et livrer ce malfaiteur condamné? la punition de vos crimes vous sera remise; la sainte *Académie* vous recevra avec un nouvel amour dans son sein maternel comme des brebis égarées, et chacun de vous aura la route ouverte à quelque honorable emploi. »

Un éclat de rire unanime accueillit cet emprunt à Schiller.

Un des professeurs s'adressa aux étudiants : — C'est à vous, messieurs, à vous seuls que nous parlons, et nous espérons que vous nous répondrez autrement que par des plaisanteries. — Pardon ! je suis très-sérieux, reprit Samuel, et c'est très-sérieusement qu'en digne Karl Moor j'engage mes camarades à consentir à vos offres, à faire bon marché de moi et à aller reprendre à Heidelberg le cours de leurs études régulières. Ce n'est pas ici, à coup sûr, qu'ils obtiendront leurs diplômes et qu'ils satisferont leurs parents.

— Mais nous, dit une Maison-Moussue, nous répondrons, à notre tour, en vrais brigands de Schiller, que nous n'abandonnerons pas notre chef. Et nous avons un peu moins de mérite à cela que les compagnons de Karl Moor; car nous ne courons aucun péril de corps ni d'esprit, n'étant exposés, messieurs, que je sache, ni à vos balles, ni à vos leçons. — Mais enfin, répliqua le professeur, que demandez-vous pour rentrer? — C'est à Samuel à le dire, répondit la Maison-Moussue. — Oui, Samuel! Samuel! cria la bande. — Eh bien ! quelles seraient donc les prétentions de M. Samuel Gelb? reprit avec amertume le parlementaire de l'Université. Pour la curiosité, nous serions bien aise de connaître ses désirs.

Samuel prit alors la parole, du ton d'un Coriolan : — Vous vous êtes trompés de rôle, messieurs les professeurs, dit-il, en venant nous faire des conditions. Nous n'avons pas à en recevoir, mais à en dicter. Écoutez: voici notre résolution, et dites bien chez vous qu'elle est irrévocable. — Amnistie pour tous, pour moi, comme pour les autres, cela va de soi. Mais, de plus, les bourgeois qui ont essayé de malmener Trichter viendront faire ici amende honorable. Comme contribution

de guerre, les dettes de Trichter seront considé-
rées comme acquittées, et il lui sera alloué, en
outre, une indemnité de cinq cents florins. Enfin,
mille florins d'indemnité seront comptés à chacun des étudiants blessés dans la bataille. A ces
seules conditions, nous consentons à rentrer à
Heidelberg. Si vous dites : « Non, » nous dirons :
« Merci. » Trichter, reconduisez jusqu'aux limites de Landeck les députés de l'Académie.

Les trois professeurs crurent de leur dignité de
ne pas répliquer une parole et s'en retournèrent
fort piteux.

— Reprenons la répétition, messieurs, dit
tranquillement Samuel à ses acteurs, et que
ceux qui sont étrangers à la pièce nous laissent.

La répétition terminée, quand Julius dit à Samuel qu'il allait chercher Christiane, Samuel,
malgré son empire sur lui-même, ne put retenir
un éclair de joie.

— Ah ! elle vient ? dit-il. Va vite, Julius, car
voici le soir qui tombe ; et nous commencerons à
la nuit.

Julius partit, et Samuel, devenu presque inquiet, alla mettre son costume.

Une heure après, Julius revint avec Christiane.
Madame d'Éberbach fut reçue avec respect par
les étudiants. Un siège spécial avait été préparé
pour elle au premier rang, de façon qu'elle fût
isolée dans la foule. — Le cœur battait fort à
Christiane ; c'était la première fois que, depuis
son audacieux défi, elle allait revoir de près Samuel.

Au milieu d'un silence attentif et sympathique,
la pièce commença.

LIII

LES BRIGANDS.

On le sait, les *Brigands* de Schiller sont un des
cris les plus poignants, les plus hardis, les plus
terribles qui aient été jetés contre la vieille société. — Karl Moor, le fils d'un comte, déclare
la guerre à la justice régnante, à l'ordre établi,
se fait bandit pour se faire, à sa manière, juge et
redresseur de torts, et garde au milieu de ses crimes un idéal si supérieur d'énergie et de fierté,
que l'intérêt n'abandonne jamais ce brigand,
que le droit semble toujours du côté de ce re-
belle.

La pièce, populaire en Allemagne, est surtout

l'objet d'un culte pour tout ce qui est jeune et ardent, pour tout ce qui se croit fort, pour tout ce
qui se dit libre. Pas un des étudiants d'Heidel
berg qui ne sût les *Brigands* à peu près par cœur ;
mais l'impression du chef-d'œuvre leur était toujours nouvelle et toujours plus profonde, et ils
écoutaient, ce soir-là, le drame comme s'ils l'eussent entendu pour la première fois.

Pourtant, la première scène ne produisit pas
tout son effet : on attendait Samuel. Mais à la seconde, dès que Karl Moor entra, une émotion in-
stinctive serra toutes les poitrines. Haute taille,
large front, amer regard, dédain, passion, mépris des vertus convenues, révolte contre les pe-
titesses sociales, tout Karl Moor paraissait revivre
dans Samuel. Néanmoins, tandis qu'en lui-même
Samuel Gelb s'estimait peut-être plus grand que
Karl Moor, parce que son ennemi à lui était plus
haut, parce qu'il ne s'attaquait pas seulement
aux hommes, mais à Dieu ; — Christiane, dans
le même temps, pouvait justement se dire et se
disait que l'indigne ravisseur de Gretchen était
bien au-dessous du meurtrier des forêts de la Bohême ; car le fond de son âme devait être la haine
et non l'amour. Mais pour qui sous le jeu de Samuel ne découvrait pas sa vie, l'illusion était frap-
pante, et quand la toile, en se relevant, montra
Karl Moor plongé dans la lecture de son Plutar-
que, l'attitude de Samuel était si superbe et son
air si grand, qu'à son seul aspect les applaudissements unanimes éclatèrent. Et de quel accent
sarcastique Samuel, marchant à grands pas, prononça le fameux anathème : « Quoi ! emprison-
ner mon corps dans un corset et soumettre ma
volonté à l'étreinte de la loi ? jamais ! La loi ? elle
réduit à la lenteur de la limace l'essor de l'aigle !
La loi ? a-t-elle jamais fait un grand homme ? La
vraie mère des colosses et des prodiges, c'est la liberté ! Qu'on me mette à la tête d'une troupe
d'hommes de ma trempe, et je veux faire de l'Allemagne une république auprès de laquelle Rome
et Sparte ressembleraient à des couvents de non-
nes. »

Cependant Karl Moor, repoussé par son père
au bénéfice de son frère, se lève furieux contre la
société qui le proscrit, et accepte d'être le capi-
taine de ses camarades devenus brigands. Samuel
pensait sans doute à l'injustice et à l'abandon de
son propre père, car jamais grand comédien n'arriva à la vérité profonde avec laquelle il s'écria :
« Meurtriers ! brigands ! avec ces mots je foule à
mes pieds la loi. Arrière, sympathie ! Compassion,
arrière ! Je n'ai plus de père et plus d'amour. Le

J.A.BEAUCE.   PISAN.

Karl-Moor.

sang et la mort doivent me faire oublier que quelque chose me fut cher. Venez, venez. Oh! je veux
me donner une terrible distraction. »

Samuel dit cela avec une si sauvage vigueur,
qu'un frisson courut dans la foule. Une lueur
fauve jaillissait de sa paupière.

Christiane tressaillit. Il lui sembla que le regard de Samuel était tombé sur elle ; elle éprouva
une commotion électrique. Elle se repentit d'être
venue. Il y avait tant de rapports entre le rôle et
l'acteur, que, par moments, elle ne savait plus
si c'était Samuel qui jouait Karle Moor, ou Karl
Moor qui jouait Samuel.

Ce brigand, qui faisait l'attentat plus grand
que la vertu, et qui semblait trop vaste pour
tenir dans les étroits préjugés du monde, épou-
vantait Christiane.

Puis, tout à coup, ce fut un autre homme. La
pensée de celle qu'il a aimée et qu'il aime encore traverse un jour la vie sanglante et souillée
de Karl Moor, comme un rayon de soleil l'abîme.
Une force invincible l'attire ; il veut revoir son
Amélie, et, sur-le-champ, entraîne en Franconie
tous ses compagnons obéissants. Sous un dégui-
sement, il entre seul dans le château paternel, et,
conduit par Amélie elle-même dans la galerie des

portraits, sans avoir été reconnu d'elle, l'interroge avec anxiété sur ce qu'elle a souffert.

A cet instant, toute l'âpreté hautaine de Samuel Karl se fondit en passion brûlante. Une larme mouilla l'éclair des yeux jusque-là implacables, et lorsqu'Amélie, devant le portrait de Karl, trahit son émotion par ses larmes et s'enfuit rougissante, Samuel cria : « Elle m'aime! elle m'aime! » avec un tel emportement de bonheur et de triomphe, que les applaudissements tonnèrent de toutes parts, et que Christiane pâlit et trembla d'émotion et de frayeur.

Mais l'attendrissement ne dure qu'une minute. Le bandit secoue aussitôt cette impression passagère, il renfonce dans ses yeux les pleurs prêts à sortir, toute sa violence lui revient, et n'était-ce pas le blasphème de Samuel Gelb lui-même qui jeta cet odieux défi : « Non, non, l'homme ne doit pas trébucher. Sois ce que tu voudras, être anonyme de là-haut, pourvu que mon *moi* me reste fidèle. Sois ce que tu voudras, pourvu que partout j'emporte mon *moi*. Les choses extérieures ne sont que le badigeonnage de l'homme. Je suis moi-même mon ciel et mon enfer. »

Pourtant Karl Moor éprouve encore un retour de tendresse lorsqu'Amélie, sachant ce qu'il est, l'aime malgré tout et le serre dans ses bras : « Elle me pardonne! Elle m'aime! Je suis pur comme l'azur du ciel. Elle m'aime! La paix est revenue dans mon âme. La souffrance est calmée. L'enfer n'est plus. Vois, oh! vois; les enfants de la lumière embrassent avec des larmes les démons qui pleurent. »

Samuel mit dans ces sublimes paroles une douleur et une émotion qui remuèrent encore Christiane malgré elle. Un moment elle conçut l'idée qu'il ne serait pas tout à fait impossible de ramener Samuel, et qu'au fond des ténèbres de ce terrible esprit il y avait peut-être quelque chose comme un cœur.

Mais non, le mal est plus tenace que cela. Il ne lâche pas si facilement ceux qu'il a saisis. Un grand coupable ne peut changer de voie. Toute réconciliation est impossible entre le crime et l'innocence. Amélie est condamnée. Il faut que la fatalité s'accomplisse. L'amour de Karl ne peut être que funeste. Ses farouches compagnons ne souffrent pas qu'il les quitte. Ils mettent entre lui et sa bien-aimée leurs épées rougies, déchirent leurs vêtements, lui montrent les blessures qu'ils ont reçues pour lui et lui rappellent les forêts de la Bohême, ses serments, la communauté de crimes qui le lie à eux. Karl est leur chose.

Ils l'ont acheté pour serf avec le sang de leur cœur. Sacrifice pour sacrifice, Amélie pour la bande.

Et déjà l'un deux ajuste Amélie. Mais Karl Moor lui arrache le fusil et tue de sa main sa bien-aimée. Christiane poussa un cri. Il lui sembla que c'était elle que Samuel avait visée, et que sa balle la frappait au cœur.

Julius sourit, croyant que l'effroi de Christiane n'était que l'effet produit d'habitude sur les femmes par les coups de feu. Christiane se remit pendant les derniers mots de la pièce, et son émotion s'expliqua naturellement par le dénoûment si dramatique de l'admirable chef-d'œuvre.

La toile baissa sous un tonnerre de bravos. Samuel fut redemandé et couvert d'applaudissements frénétiques.

— Vite! partons! partons! dit Christiane à son mari. — Aussitôt que nous aurons complimenté Samuel, dit Julius.

LIV

QUE LA VERTU MANQUE PARFOIS D'ADRESSE.

Julius entraîna Christiane derrière le théâtre. En les voyant, Samuel vint à eux, encore revêtu de son costume à la fois splendide et sombre, encore pâle de sa passion réelle ou jouée.

Julius lui serra les mains avec enthousiasme.

— Tu as été magnifique! dit-il. Tu es et tu fais tout ce que tu veux! — Tu crois? reprit Samuel avec son mauvais sourire.

Christiane ne dit rien. Mais sa pâleur, son émotion et son silence parlaient pour elle.

Julius, qui, dans sa loyauté, n'avait aucun soupçon et qui voulait rompre cette glace, s'éloigna sans affectation pour aller causer avec des camarades, laissant Samuel seul avec Christiane. Samuel prit la parole avec cette aisance respectueuse qui semblait toujours chez lui cacher l'ironie : — Soyez remerciée, madame, d'avoir daigné assister à un de nos divertissements. Jusqu'à présent vous leur teniez rancune; et cependant, pour qui tout cela a-t-il été organisé, sinon pour vous? N'est-ce pas vous qui avez désiré cette transplantation d'une ville? N'est-ce pas par votre ordre que j'ai amené à Julius le mouvement d'Heidelberg? — C'est la preuve, répliqua presque à voix basse Christiane, qu'on fait parfois des souhaits dont on se repent. — Vous vous repentez de nous avoir fait venir? demanda Samuel. Est-ce que cette cohue commence à vous ennuyer? Alors dites un mot, madame, et comme j'ai fait venir ici ces gens, je les ferai retourner là-bas. — Le feriez-vous? dit Christiane. — Dès qu'il vous plaira, sur ma parole! Aussi bien, il est bon que ces sortes d'aventures ne se prolongent pas trop, et restent dans le souvenir comme un éclair qui brille et qui passe. Pendant ces huit jours, la vie n'a pas eu pour mon peuple une minute d'ennui, le ciel bleu et chaud pas un nuage. Il est temps que nous nous en allions. Nous vous fatiguons; je vais vous débarrasser de nous, — de moi tout le premier.

Christiane fit un geste de politesse.

— J'espère seulement, continua Samuel, que notre petit voyage n'aura pas été tout à fait inutile à votre bonheur. Julius, en vérité, avait besoin d'être remis en mouvement. Voyez-vous, madame, votre cher mari est une pendule dont j'ai l'honneur d'être l'horloger. Je vous le rends remonté pour trois mois au moins. — Monsieur Samuel!... interrompit Christiane avec dignité. — Pardon, madame, reprit Samuel; je n'ai pas voulu vous offenser. Jamais, je crois, je ne m'habituerai à imaginer que la vérité puisse être blessante. Pourtant, les idées usuelles me trouveraient, — comment dit-on? inconvenant, n'est-ce pas? — si, par exemple, essayant de lire dans votre pensée, j'osais conjecturer que, pendant cette représentation, la passion qui débordait réellement en moi a pu vous frapper par sa sincérité et son énergie... — Mais je ne me ferai aucune difficulté de l'avouer, dit Christiane. — Si je m'enhardissais alors, continua Samuel, à supposer que vous avez pu comparer cette ardeur et cette fougue à la délicatesse et à la pâleur de Julius...

Christiane coupa de nouveau la parole à Samuel : — Monsieur Samuel, dit-elle avec fermeté, je n'aime au monde que mon mari et mon enfant. Ils ont mon âme tout entière. Ces tendresses suffisent à l'ambition de mon cœur. Il se trouve assez riche ainsi et n'a jamais songé à comparer sa richesse à celle des autres. — O vertu de pierre! s'écria amèrement Samuel. Cette rigidité est peut-être honorable, madame, mais elle n'est pas habile. Qui sait si avec un peu moins d'orgueil et de dureté, avec un peu plus de souplesse et de finesse, vous n'auriez pas amolli mon cœur, plus faible au fond qu'il ne le croyait? Pourquoi ne pas même essayer de me tromper, hélas!

Christiane comprit sa faute de tactique vis-à-vis d'un si formidable ennemi.

— A mon tour, dit-elle, je vous répéterai, monsieur, je n'ai pas voulu vous offenser. — N'en parlons plus, répliqua froidement Samuel. Il faut maintenant, madame, que je vous fasse mes adieux. Je me suis engagé à ne reparaître devant vous que lorsque le bruit de votre sonnette appellerait le plus humble de vos serviteurs. Soyez tranquille, je n'oublie jamais rien, — vous entendez, rien — de ce que j'ai promis. — Quoi! rien? balbutia Christiane. — Rien! madame, reprit Samuel redevenu menaçant. En fait de paroles et de serments, j'ai le défaut et le malheur d'une impitoyable mémoire, Gretchen vous l'a dit, peut-être? — Gretchen! s'écria Christiane en frémissant. Oh! monsieur, comment osez-vous prononcer ce nom? — Ce qui a été fait, madame, a été fait uniquement pour vous. — Pour moi! Ah! monsieur, ne me rendez pas complice, même involontaire, d'un si abominable forfait! — Pour vous, madame, insista Samuel, pour vous convaincre que lorsque j'aime et lorsque je veux, — c'est jusqu'au crime.

Heureusement pour le trouble et pour la frayeur de Christiane, Julius revint au même instant. — J'ai complimenté tes acteurs et nos camarades, dit-il. Maintenant, ma Christiane, je suis à toi. A demain, Samuel. — Demain, Julius, nous ne serons peut-être plus ici. — Comment! est-ce que vous retournez déjà à Heidelberg? dit Julius. — C'est probable. — Mais tu n'acceptes pas les conditions des professeurs, je suppose? — Oh! non, reprit Samuel. Mais demain ils accepteront les nôtres. — A la bonne heure! fit Julius. N'importe! je m'arrangerai pour venir avant votre départ, et je ne te dis adieu que pour ce soir. — Adieu, monsieur, dit Christiane à Samuel. Samuel reprit : — Au revoir, madame.

Samuel n'avait pas été trop hardi dans ses prévisions. Le lendemain, les députés du conseil académique revinrent, accompagnés du tailleur, du cordonnier et du charcutier qui avait rossé l'honorable Trichter. Toutes les conditions des étudiants étaient acceptées, les indemnités consenties. Les trois marchands firent amende honorable en leur nom et au nom de tous les bourgeois. Trichter fut digne. Il reçut gravement la facture acquittée de son tailleur, écouta la supplique de ses trois adversaires, et, quand ils eurent fini, il leur dit avec amabilité : — Vous êtes des canailles, mais je vous pardonne.

Les étudiants ne quittèrent pas sans regret ce

délicieux bois, où ils avaient passé de si bonnes
journées. Ils se mirent en route après déjeuner,
et arrivèrent à Heidelberg à la tombée de la nuit.

Toute la ville était illuminée. Les marchands,
sur le pas de leurs portes, agitaient leurs casquettes en l'air et poussaient les vivats les plus
retentissants, tout en maugréant tout bas contre
ces méchants gamins d'étudiants auxquels il fallait céder toujours, et Heidelberg présenta toute
la nuit l'aspect à la fois humilié et satisfait de ces
villes, prises d'assaut après un long siége et une
longue famine, où le vainqueur introduit en
même temps la confusion et les vivres.

LV

Deux mois s'écoulèrent. L'automne étendait
déjà sur les bois et sur les champs son manteau
doré, et un épais tapis de feuilles mortes éteignait
le bruit des roues de la chaise de poste du baron
d'Hermelinfeld, courant, par une grise journée
d'octobre, sur le chemin de Francfort à Éberbach; sans le fouet du postillon et les grelots des
chevaux, la voiture eût passé silencieuse comme
un vol d'hirondelle.

Du fond de sa voiture, le baron, soucieux et
sombre, la tête appuyée sur sa main, regardait
vaguement fuir les arbres et les buissons de la
route. Tout à coup il vit, au sommet d'une
colline rocheuse, une créature humaine partir
comme une flèche et descendre ou plutôt tomber au-devant des chevaux et presque sous les
roues en criant : — Arrêtez! arrêtez!

Malgré le changement de ses traits et son air
égaré, le baron reconnut Gretchen. Il fit arrêter
le postillon. — Qu'y-a-t-il donc, Gretchen? demanda-t-il inquiet; serait-il arrivé quelque accident au château? — Non, répondit Gretchen avec
un accent étrange, Dieu veille encore sur eux;
mais Samuel veille aussi. Vous arriverez à
temps. Et cependant serez-vous puissant pour
le bien comme l'autre pour le mal? N'importe!
mon devoir est de vous avertir, même au prix de
ma rougeur et de ma honte. Et, en vous voyant
de là-haut, j'accours, parce que l'instinct du
bien, que le démon n'a pu tuer en moi, m'ordonne de vous parler. — Pas en ce moment,
mon enfant, répondit avec douceur le baron
d'Hermelinfeld. Le grave et triste événement qui

m'amène à Éberbach ne me permet pas le moindre retard. Je n'ai pas une minute à perdre. Seulement, Gretchen, sais-tu si je trouverai mon fils
chez lui? — Chez lui? qu'appelez-vous chez lui?
répondit Gretchen; croyez-vous donc qu'il soit le
maître dans le burg? Non, il n'est point le châtelain et sa femme n'est point la châtelaine. C'est
pourtant elle qui vous a fait venir, peut-être?...
Est-ce elle qui vous a fait venir, dites? — As-tu
le délire ou la fièvre, petite? demanda le baron.
Je ne sais ce que ces discours signifient. Non, ce
n'est pas Christiane qui me fait venir. J'apporte
à mes enfants une douloureuse nouvelle, mais je
n'en ai pas reçu d'eux. — Quand votre nouvelle
serait une nouvelle de mort, reprit Gretchen, auprès de ce que j'ai à vous apprendre, elle ne serait rien. Car mieux vaut la mort certaine que le
déshonneur possible! — Le déshonneur! Comment! que veux-tu dire? s'écria le baron frappé
malgré lui du ton absolu et convaincu de la chevrière. — Écoutez, dit Gretchen; en voiture,
vous n'arriverez pas au château avant un quart
d'heure. Descendez et prenez à pied ce chemin de
traverse; je vous y conduirai en dix minutes. Et
en route je vous dirai les secrets que ma conscience voudrait se taire à elle-même. Mais la
mémoire du bon pasteur qui a sauvé ma mère
m'ordonne de sauver sa fille. Il ne faut pas que
M. d'Éberbach se brise la tête contre les murs
du château maudit; il ne faut pas que madame
Christiane devienne folle comme la pauvre Gretchen; il ne faut pas que l'enfant nourrisson de
ma chèvre reste orphelin sous le ciel. Venez
donc et je parlerai. — Je suis à toi, Gretchen,
dit le baron, saisi malgré lui de crainte.

Il descendit de voiture, donna ses ordres au
postillon pour aller l'attendre au château, et,
d'un pas jeune et vif encore, s'engagea avec
Gretchen dans le sentier qu'elle lui indiquait.

— Je parlerai en marchant, dit Gretchen,
d'abord parce que vous êtes pressé, et puis parce
qu'ainsi aucun arbre et aucune haie de ma forêt
n'entendra en entier mon récit de honte.

Elle tremblait de tous ses membres.

— Remets-toi, mon enfant, dit avec bonté le
baron, et parle sans crainte à un vieil ami, à un
père. — Oui, vous êtes un père, dit Gretchen, et
vous m'aiderez dans ma confusion. Vous savez,
je crois, monsieur le baron, quelles terribles menaces nous avait faites, à madame Christiane et à
moi, ce réprouvé, ce haïsseur, ce Samuel Gelb,
puisqu'il faut prononcer son nom. — Je le savais,
oui, Gretchen. Mon Dieu! s'agit-il encore de Sa-

J. A. BEAUCE.

PISAN.

— Vous êtes des canailles, mais je vous pardonne! — Page 115.

muel? Parle, parle, mon enfant. — Monsieur le baron, reprit Gretchen en cachant son front dans ses mains, Samuel Gelb, vous le savez, avait juré que toutes deux nous l'aimerions, ou, pour le moins, que nous serions à lui. Eh bien!... eh bien! il a déjà tenu parole avec moi. — Comment! Gretchen! tu l'aimes? — Oh! je le hais! s'écria Gretchen avec une sauvage énergie. Mais il y a eu un jour, il y a eu une heure où il a bien su me forcer, le suppôt de l'enfer... je ne sais pas si c'est à l'aimer! mais enfin, que ma mère me pardonne! je suis à lui. — Est-ce possible, Gretchen! Gretchen! as-tu toute ta raison? — Oh!

si je pouvais ne pas l'avoir! Mais malheureusement je l'ai, monsieur, tout comme ma conscience, tout comme ma mémoire. Il n'y a qu'une chose dont je doute. Vous, monsieur le baron, vous êtes savant. Éclairez mon pauvre esprit obscur. J'ai l'air de ne parler que de moi, mais c'est pour la femme de votre fils que je parle. Ainsi, dites-moi la vérité comme je vous la dis. Monsieur le baron, est-ce que le Dieu de douceur et de miséricorde a laissé dans ce monde à la portée des méchants des armes et des prises contre les bons que les bons ne puissent éviter! Y a-t-il des forces infernales qui puissent contraindre une âme honnête et innocente au crime? Y a-t-il des magies invincibles qui fassent que l'on tache même ce qui est pur, et que l'on possède même ce qui vous abhorre? — Explique-toi, mon enfant. — Monsieur le baron, reprit Gretchen, examinez cette petite fiole que j'ai trouvée un soir à terre dans ma cabane.

Le baron d'Hermelinfeld prit la fiole de platine que lui tendait Gretchen, la déboucha et la respira.

— Grand Dieu! s'écria-t-il, as-tu donc bu de cette liqueur? — Quand j'ai aimé Samuel malgré ma haine, monsieur le baron, j'avais, la veille et le jour même, trouvé à mon pain et à mon lait l'odeur de cette fiole. — Oh! la malheureuse! Oh! le misérable! s'écria le baron. — Eh bien! qu'est-ce que vous dites, monsieur? — Je dis, pauvre enfant, que ta volonté a été contrainte, enivrée, aveuglée. Je dis que le crime a été double pour l'autre et nul pour toi. Je dis que tu es innocente malgré la faute et pure malgré ta souillure. — Oh! merci! s'écria Gretchen en joignant les mains avec une expression de joie radieuse. Ma mère, je n'ai donc pas manqué à mon vœu! Soyez béni, mon Dieu, dans le ciel! et vous, monsieur, soyez béni sur la terre!

Mais elle reprit soudain, découragée: — C'est égal! il y a des mystères terribles. L'âme est intacte et le corps ne l'est plus. Et j'ai beau être blanche en dedans, je n'en suis pas moins souillée. — Console-toi, calme-toi, pauvre petite! Les anges ne sont pas plus purs que toi. Encore une fois, cet infâme a tout fait, et tu n'as pas besoin d'achever la triste confidence; je devine le reste. Il s'est introduit chez toi, de nuit, comme un malfaiteur. Il a profité de la solitude et de ta confiance, le lâche! Oh! mais nous le punirons, sois tranquille.

Gretchen releva sa tête triste et fière, comme pour secouer son souci. — Ne pensons plus à moi, dit-elle, mais à votre fille. — Christiane, reprit le baron, est, Dieu merci, moins exposée que toi, pauvre enfant! Christiane, elle, n'habite point, toute seule, une cabane ouverte, mais un château clos de hautes murailles et peuplé de domestiques dévoués qu'elle peut appeler et qui peuvent la défendre, si son mari était absent. — Vous croyez cela? dit Gretchen avec un sourire d'amertume. Est-ce que Samuel Gelb n'ouvre pas toutes les portes du château qui s'ouvrent avec des clefs, et même toutes les portes qui s'ouvrent sans serrures? — Quoi! Gretchen, Samuel Gelb a-t-il, que tu saches, pénétré dans le

château? — Et comment celui qui l'a bâti n'y serait-il pas entré? — Celui qui l'a bâti? répéta le baron stupéfait. — Je puis tout vous dire, à présent, reprit Gretchen. Son crime m'a déliée de mon serment, et ma petite biche, sur laquelle le monstre devait se venger, est morte le mois dernier. Nous voici déjà en vue du burg. Écoutez bien, monsieur le baron.

Et elle raconta comment Samuel avait construit le château double.

— Oh! quelle audace! s'écria le baron. Et Christiane ne sait-elle rien de tout cela? — Elle sait tout, mais elle m'avait juré le secret. — N'importe! dit le baron, dans le danger qu'elle court, comment, selon sa promesse, ne m'a-t-elle pas écrit? Merci toujours, Gretchen, merci de ta confiance. Va, elle ne sera pas perdue. Tu me laisses cette fiole, n'est-ce pas? et je tiens le misérable, j'espère. — Si vous le tenez, ne le lâchez pas! dit Gretchen dont les yeux s'allumèrent de courroux. Oh! que je le hais! Quel bonheur que j'aie le droit de le haïr! Je ne vis plus que pour le voir châtier un jour. Et cela sera, si ce n'est par vous, par Dieu.

Elle reprit: — Nous voici à la poterne du château, monsieur le baron, et moi je retourne à mes chèvres. J'ai fait mon devoir, faites votre œuvre. — Adieu Gretchen, dit le baron, je croyais n'être appelé au château que par un malheur, je l'étais aussi par un danger, j'ai maintenant deux raisons pour me hâter. Adieu.

Il s'achemina d'un pas rapide vers le burg. Le premier domestique qu'il rencontra lui apprit que Julius était parti, il y avait deux heures, après le dîner, un fusil sur l'épaule, et qu'il devait chasser jusqu'au soir. Mais madame d'Eberbach était au château. — Le baron témoigna une vive contrariété. Il poursuivit sa route jusqu'à l'appartement de Christiane, sans vouloir qu'on l'annonçât.

Quand, après avoir frappé, il entra dans la chambre de Christiane, il la trouva absorbée par cette grande occupation des mères qui consiste à faire sourire les enfants. Christiane jeta un cri de surprise en reconnaissant son beau-père, et s'élança au-devant de lui. Le baron l'embrassa tendrement. Il fit aussi mille caresses à son petit-fils, qu'il trouva bien portant et charmant.

— Oui, il est beau, n'est-ce pas, mon Wilhelm? dit Christiane. Il n'y a pas, je crois, beaucoup d'enfants aussi beaux. Imagineriez-vous qu'il me comprend déjà quand je lui parle. Oh!

je l'aime ! Allons, souriez donc aussi à votre grand-père, vilaine figure fraîche et rose ! — Il est ravissant, chère fille, il te ressemble, dit le baron. Mais donne-le à sa nourrice. J'ai à causer avec toi sérieusement et je crains une telle distraction. — Julius est donc dans la forêt? demanda-t-il. — Mon Dieu ! oui, il chasse. — Sait-on où? Peut-on le retrouver? — On peut essayer, du moins, dit Christiane. — Eh bien, qu'on essaye, n'est-ce pas? J'ai des choses graves et urgentes à lui dire.

Christiane appela et donna l'ordre à trois domestiques de fouiller chacun un côté du bois et de ramener Julius.

— Mais qu'y a-t-il donc? demanda-t-elle inquiète au baron. — Rien, répondit le baron soucieux. C'est à Julius du moins qu'il faut que je le dise. Nous en parlerons donc quand il sera rentré. Parlons de toi, en attendant. Tu ne m'as pas écrit? — Mais si fait, cher père, dit Christiane. — Ah ! oui, des mots de bonne affection au bas des lettres de Julius. Mais je veux dire pas de lettres de toi à moi. Pardonnez-moi, mon père, je vous ai écrit, il y a deux mois et demi, une longue et pressante confidence. — Mais je n'ai rien reçu de semblable, dit le baron étonné. Attends donc, pourtant. Oui, il y a deux ou trois mois, il m'est arrivé, en effet, une enveloppe timbrée d'Heidelberg, mais qui ne renfermait qu'une feuille blanche. J'en ai même écrit à Julius; il m'a répondu qu'il ne savait ce que je voulais lui dire. — Oh ! je suis bien sûre d'avoir mis la lettre dans l'enveloppe, dit Christiane. Je me vois encore là à ce bureau, l'écrivant, la cachetant. Mon Dieu ! a-t-il donc pu encore venir la soustraire? — Qui? demanda vivement le baron. — Celui au sujet duquel je vous écrivais. — Samuel Gelb? — Oui, Samuel Gelb, mon père.

Il y eut un moment de silence. Christiane, frappée, songeait à cette nouvelle audace de Samuel. Le baron observait sa bru.

— As-tu donc revu ce Samuel? demanda-t-il. — Hélas ! oui, deux fois. — Ici? reprit le baron. — Non, dehors, reprit après un moment d'hésitation Christiane.

Elle se rappelait que le baron avait expressément défendu à son fils de recevoir Samuel, et elle mentait pour absoudre Julius.

— Et que t'a dit Samuel? demanda encore le baron. — La première fois il m'a renouvelé ses insolents défis. — Le misérable? — C'est alors que je vous ai écrit, mon père, pour vous demander secours, pour vous appeler. La seconde fois que je l'ai revu, c'était huit ou dix jours après, à une représentation publique.

Et Christiane raconta au baron l'émigration des étudiants et la représentation des *Brigands*. Elle rejeta toute la faute sur sa curiosité de femme : c'était elle qui avait eu envie d'assister à cette fête et qui y avait entraîné Julius. Julius avait cédé par complaisance pour sa femme. Samuel, du reste, avec qui elle avait échangé quelques mots après la pièce, avait juré qu'il ne reparaîtrait devant elle qu'appelé par elle. Et, bien entendu, elle ne le rappellerait jamais !

Le lendemain les étudiants étaient repartis pour Heidelberg.

— Depuis deux mois, ajouta Christiane, M. Samuel a scrupuleusement tenu parole. C'est pourquoi, surprise de ne pas recevoir de vous de réponse, je ne vous ai pas écrit de nouveau. Pendant ces deux mois, ni la vue, ni le souvenir, ni même le nom de cet homme n'ont troublé mon bonheur. Car je n'ai jamais été, en réalité, plus heureuse et plus calme que maintenant. Wilhelm n'a plus ni la moindre atteinte de son indisposition, et Julius ne se ressent pas non plus de cette langueur que la solitude avait d'abord jetée dans sa vie accoutumée au mouvement et au bruit. Enfin, continua Christiane en souriant, le père et l'enfant sont tout à fait guéris. Et moi qui ne vis qu'en eux, et qui suis moitié Wilhelm, moitié Julius, l'amour de Julius et la santé de Wilhelm font mon bonheur tout entier. Je remercie Dieu chaque jour, et je ne voudrais pas d'autre paradis que mon présent éternisé. — Et Gretchen? dit tout à coup le baron.

Christiane tressaillit. — Gretchen! reprit-elle triste et songeuse. Gretchen ne se montre plus à personne. De sauvage qu'elle était, elle est devenue farouche; de chèvre elle est devenue biche. Tout contact avec des créatures humaines lui semble tellement insupportable, que, pour n'avoir plus à conduire au château la chèvre qui nourrit Wilhelm, elle ne l'emmène plus avec son troupeau. La chèvre reste au château et les domestiques s'en chargent. Les gens de Landeck, qui ont eu à échanger quelques mots avec Gretchen, disent que sa raison paraît s'être égarée. Pour moi, je suis allée cinq ou six fois à sa cabane pour tâcher de la voir, mais j'ai eu beau frapper et appeler, jamais Gretchen n'a répondu. Je l'ai rencontrée souvent de loin quand je sors avec Wilhelm. Toujours du plus loin qu'elle m'a-

Samuel croisa les bras et se mit à ricaner. — Page 122.

perçoit elle s'enfuit dans les profondeurs de la forêt.' — C'est étrange! dit le baron, je ne suis, moi, à Éberbach que depuis une demi-heure, et Gretchen m'a abordé la première et m'a longuement parlé. — Et que vous a-t-elle dit? — Tout. Le crime de Samuel, ses projets, son impudence. Il a bâti ce château; il y peut pénétrer à toute heure, et ce n'est pas dehors, c'est ici, Christiane, qu'il vous a vue. — Eh bien! mon père? — Eh bien! vous ne m'avez pas dit toute la vérité, Christiane.

Un sourire de dignité triste effleura les lèvres de Christiane. Mais elle ne se justifia pas.

Le baron se leva, en proie à une violente émotion, et marcha à grands pas dans le salon. — Je verrai Samuel, dit-il, et je lui parlerai. Qu'il prenne garde à lui. Cette fois, je ne me bornerai pas à des phrases. Dès que j'aurai causé avec Julius, je me mettrai en route, et ce soir même je serai à Heidelberg. — Pardonnez-moi, mon père, dit Christiane, mais je vous prie de réfléchir avant de faire cela. Je vous ai déjà dit que depuis deux mois cet homme nous laisse en paix. Est-il prudent de l'exciter et de le réveiller? Je vous avoue que j'ai peur, comme si vous me parliez de frapper un tigre endormi. — Avez-vous donc des raisons particulières, Christiane, pour craindre cette démarche?

Christiane rougit offensée. — Les hommes, dit-elle comme à elle-même, ne savent pas, avec leurs étranges soupçons, ce que c'est que la pudeur d'une femme, et que plus le lac est uni, plus aisément un souffle le ride. — Si vous voulez voir Samuel Gelb, monsieur le baron, vous n'avez pas besoin d'aller à Heidelberg et d'attendre à ce soir pour cela. — Comment? dit le baron.

Christiane alla droit au panneau que lui avait indiqué Samuel, et posa le doigt sur le bouton.

LVI

TOUT SE PAYE.

— Qu'allez-vous donc faire, Christiane? s'écria le baron. — Ne vous ai-je pas dit, mon père, reprit Christiane, que Samuel Gelb m'avait juré de ne reparaître devant moi que lorsque je l'appellerais par ce signal. Eh bien, puisque vous tenez à le voir, je l'appelle, voilà tout.

Et, toute frémissante à la fois de peur et de fierté, elle appuya sur le bouton.

Le bouton enfonça, puis rebondit soudain avant qu'elle eût retiré le doigt. La commotion la fit tressaillir, et elle recula pâle et effarée, comme si Samuel allait lui apparaître tout à coup. Elle regardait la boiserie en tremblant, ne sachant d'où il allait surgir. Il lui semblait qu'il sortait de tous les côtés à la fois; elle se sentait enveloppée par cet ennemi invisible, et elle croyait entendre des milliers de pas derrière les lambris de chêne. Pourtant, la muraille resta immobile et muette.

— Personne ne vient, dit le baron, après deux ou trois minutes. — Attendez encore! répondit Christiane.

Elle alla s'asseoir, palpitante et l'œil toujours fixé sur la boiserie. Mais un quart d'heure s'écoula, et le panneau ne bougea pas.

— Christiane, vous avez rêvé, ou cet homme vous a menti, dit le baron.

Christiane alors se leva radieuse et respira comme d'une poitrine soulagée.

— Ah! vous avez raison, mon père! s'écriat-elle. Suis-je folle d'avoir eu peur! Suis-je folle d'avoir cru que ce Samuel allait sortir du panneau! Non, il ne viendra pas. Il m'a dit cela pour me frapper l'imagination, pour me persuader qu'il était toujours là auprès de moi, à mon insu, pour que je le visse sans cesse présent à toutes mes actions, pour m'occuper de lui à toute heure. Il comptait que je ne voudrais jamais pousser le ressort. Un hasard fait que je l'ai poussé et m'a révélé le mensonge. O mon Dieu! merci! Merci, mon père, de m'avoir contrainte à cette hardiesse.

Son explosion de joie fut si naïve et si sincère, que le baron se sentit aussitôt touché et convaincu.

— Tu es une digne et pure créature, mon enfant, dit-il en lui prenant les mains. Si je t'ai, sans le vouloir, offensée, pardonne-moi. — Oh! mon père!... dit Christiane.

En ce moment, les domestiques que Christiane avait envoyés à la recherche de Julius revinrent dire qu'ils avaient vainement appelé et vainement parcouru le bois.

— A quelle heure Julius rentre-t-il donc ordinairement de la chasse? demanda le baron. — Mon Dieu! à la nuit, vers six heures, répondit Christiane. — Encore deux ou trois heures à attendre! dit le baron. Allons! c'est un jour de perdu... Fâcheux contre-temps... mais il faut en prendre son parti. Ma chère fille, veux-tu me faire donner ce qu'il faut pour écrire? Quand Julius reviendra, tu m'avertiras aussitôt.

Christiane installa son beau-père dans la bibliothèque de Julius, et le laissa écrivant.

A la brune, Julius n'était pas arrivé encore, et le baron rentra dans le salon où il retrouva Christiane. Il n'y était pas depuis une minute qu'elle jeta soudain un cri. Un des panneaux venait de se déranger et de s'ouvrir lentement, et avait donné passage à Samuel Gelb.

Samuel ne vit d'abord que la robe blanche de Christiane et ne distingua pas le baron assis dans l'ombre. — Il s'avança vers Christiane, qu'il salua avec sa politesse élégante et froide.

— Excusez-moi, madame, dit-il, de ne pas m'être rendu plus tôt à votre appel. J'ai sans doute tardé bien longtemps, des heures, ou même un jour peut-être. C'est que j'étais à Heidelberg. A mon retour à Landeck, l'état du timbre m'a averti que vous aviez sonné, et j'accours. En quoi ai-je le bonheur de pouvoir vous être utile? Mais, d'abord, que je vous remercie de m'avoir appelé. — Ce n'est pas Christiane qui vous a appelé; c'est moi, monsieur, dit le baron en se levant.

Samuel ne put s'empêcher de tressaillir d'une

surprise pour ainsi dire physique; mais sa puissante volonté reprit presque aussitôt le dessus.

— Monsieur le baron d'Hermelinfeld! s'écria-t-il. A merveille! Monsieur le baron, j'ai l'honneur de vous saluer.

Et, se tournant vers Christiane : — Ah! vous jouez ce jeu-là avec moi, madame? continua-t-il avec son rire amer et son air ironique d'autrefois. Ah! c'est un piége? Eh bien! soit! et nous verrons qui s'y prendra du loup ou du chasseur.

— Osez-vous bien menacer encore? s'écria le baron indigné. — Pourquoi donc pas? reprit tranquillement Samuel. Ai-je, à votre avis, perdu mes avantages, parce que je me présente avec tant de bonne foi ici? Je crois, entre nous, le contraire. — En vérité? dit railleusement le baron. — C'est évident, reprit Samuel. D'abord, un homme contre une femme! je pouvais paraître abuser de ma force et de sa faiblesse; mais vous voilà deux contre moi aujourd'hui. En second lieu, il me semble que je laissais madame parfaitement tranquille, que je ne la provoquais pas, que je ne l'attaquais pas. Qui d'elle ou de moi rompt la trêve? Qui recommence la guerre? Je suis désormais quitte, je pense, de tout scrupule. C'est moi maintenant qui ai le beau rôle, et je vous remercie de l'agression.

Christiane jeta au baron un regard qui signifiait : — Que vous avais-je dit?

— Ceci entendu, reprit Samuel, je vous répète à vous, monsieur, ce que je disais à madame : « Que voulez-vous de moi? » — Vous donner un avis utile, monsieur, répondit M. d'Hermelinfeld, sévère et menaçant. J'ai employé avec vous jusqu'ici la tolérance et la persuasion. Cela ne m'a guère réussi. A présent, je ne prie plus, j'ordonne. — Ah! fit Samuel. Et que m'ordonnez-vous? Et pourquoi m'ordonnez-vous? — Connaissez-vous ceci, monsieur? demanda le baron en montrant à Samuel la fiole de platine que lui avait remise Gretchen. — Cette fiole! dit Samuel, si je la connais? Oui et non. Je ne sais. C'est possible. — Monsieur, reprit M. d'Hermelinfeld, mon devoir serait sans doute de dénoncer dès aujourd'hui votre crime. Vous comprenez quelle considération m'arrête encore. Mais si vous ne délivrez pas à jamais ma fille de vos monstrueuses menaces, si vous faites un geste ou si vous dites une syllabe contre elle, si vous n'employez pas tous vos soins à disparaître de sa vie et de sa pensée, je jure Dieu qu'il n'y aura pas de pitié qui tienne, et que j'userai de l'horrible secret que je sais. Vous ne croyez pas à la

justice divine; mais je vous forcerai bien de croire à la justice humaine!

Samuel croisa les bras et se mit à ricaner : — Ah bah! dit-il. Vous feriez cela? Eh bien! par le diable! je le voudrais pour la curiosité du fait. Ah! vous parleriez? Et moi aussi, je parlerais. Est-ce que vous croyez que je n'ai rien à dire? Sur ma foi! le dialogue entre l'accusateur et l'accusé promet de n'être pas peu édifiant. J'ai plusieurs choses sur le cœur, entendez-vous? Accusez-moi, je ne nierai rien, je vous en réponds. Au contraire. — Oh! voilà un abominable cynisme! s'écria le baron stupéfait. — Mais non, rien n'est plus simple, dit Samuel. Vous m'attaquez, je me défends. Est-ce ma faute maintenant si la partie entre nous n'est pas égale? Est-ce ma faute si vous avez tout et si je n'ai rien à perdre? Est-ce ma faute si je ne risque ni nom, ni famille, ni fortune, ni réputation, ni rang, et si vous risquez tout cela? Vous voulez un duel entre nous. Est-ce ma faute si vous présentez une surface énorme, et si, moi, je suis mince comme une lame de rasoir? Et que puis-je vous dire, sinon : « Monsieur le baron, tirez le premier. »

M. d'Hermelinfeld resta un moment confondu de tant d'audace. Pourtant, réagissant sur sa stupéfaction : — Eh bien, soit! dit-il; même en ces termes, j'accepte votre défi, et nous verrons pour qui seront la justice et la société. — La justice! la société! répéta Samuel. Mais je leur dirai, monsieur, ce que je vous dis à vous. Vous m'avez attaqué les premières, opprimé les premières. Est-ce ma faute? Suis-je de cette société qui m'a proscrit? Que dois-je à cette justice qui m'a abandonné? Je ne suis pas un fils légitime, un héritier présomptif, le vertueux descendant d'un vertueux père, un enfant selon la législation et la religion; je n'ai pas dans les veines un honnête sang breveté par la loi; je ne suis pas Julius. Non! je suis Samuel, pardieu! un bâtard, l'enfant de l'amour, le fils du caprice, l'héritier du vice, et j'ai dans les veines le bouillonnement et l'écume du sang de mon père. Que Julius représente la probité, l'autorité et la vertu de son père officiel; je représente la fougue, la révolte et la débauche de mon père inconnu. *Talis pater, talis filius,* c'est une règle rudimentaire. Le tribunal appréciera. Appelez ma conduite du nom que vous voudrez. Dites que j'ai fait un crime, soit! Je suis aise de mettre les juges à même de choisir entre celui qui a fait le crime et celui qui a fait le criminel!

Le baron était pâle d'étonnement et de courroux. Christiane tremblait d'épouvante. M. d'Hermelinfeld reprit : — Encore une fois, monsieur, on ne vous attaque pas. Du consentement de votre première victime, on vous épargne, à la condition que vous n'en voudrez pas faire une seconde. Mais si vous reparaissez seulement devant ma fille, quoi qu'il puisse advenir, je vous dénonce. Les juges donneront, si vous voulez, raison à vos théories, je doute qu'ils donnent raison à votre crime. Le témoin vivant est là : Gretchen ; la preuve palpable est là : cette fiole. Que pourra répondre l'accusé? — Bon ! fit en riant Samuel, il sera encore obligé de se faire accusateur, voilà tout. J'appliquerai la loi du talion. Si j'avais commis un crime d'une autre nature, un vol ou un meurtre, je comprendrais l'assurance de mes dénonciateurs, et je pourrais trembler ou fuir. Mais, ici, de quoi s'agit-il? D'une séduction de jeune fille. Eh! ma mère aussi fut séduite. J'ai des lettres qui prouvent sa résistance et la coupable persévérance de son séducteur. Le témoin mort est-il moins sacré que le témoin vivant, monsieur le baron? Quant à cette fiole, preuve contre moi, soit ; mais preuve aussi contre l'autre. Je dirai, — cela n'a pas besoin d'être vrai, — je dirai que j'ai trouvé la savante et terrible composition de cette liqueur en analysant une fiole pareille perdue chez ma mère. — Oh! c'est une calomnie infâme! s'écria le baron. — Qui vous l'a dit et qui le prouvera? reprit Samuel. Maintenant, comprenez-vous mes moyens de défense, monsieur d'Hermelinfeld? Je ne suis pas un coupable, je suis un vengeur. Mon plaidoyer? ce sera tout simplement un réquisitoire.

Il se tut.

Le baron, atterré, les mains tremblantes, une sueur froide glaçant ses cheveux blancs, gardait un silence de stupeur.

Samuel reprit triomphant : — Monsieur le baron, j'attends votre citation à comparaître. Madame d'Eberbach, j'attends le bruit de votre sonnette. Au revoir tous deux !

Et, jetant comme une menace ce mot : « Au revoir! » il sortit, non par l'issue secrète, mais par la grande porte du salon qu'il ferma violemment derrière lui.

— Samuel! cria le baron.

Mais il était déjà loin.

— O mon enfant! dit le baron à Christiane, qui, muette de terreur, se serrait contre sa poitrine, ce Samuel est un homme fatal. Impossible à moi de l'attaquer, tu le vois ; mais je saurai te défendre. Il faut te défier, ne jamais rester seule, avoir à toute heure du monde autour de toi, enfin quitter ce château ou le faire sonder et refaire. Sois tranquille, je suis là pour veiller sur toi.

Un pas résonna dans le corridor.

— Ah! c'est le pas de Julius, s'écria Christiane rassurée.

Julius entra en effet.

LVII

FEMME ET MÈRE.

— Cher père, dit Julius quand il eut embrassé le baron, il y a plusieurs heures, me dit-on, que vous m'attendez, et l'on m'a cherché dans toute la forêt. On ne m'y a pas trouvé, par la bonne raison que je n'y étais pas. Mon Dieu! selon mon habitude, je suis parti avec un fusil sur mon épaule et je ne me suis servi que d'un livre que j'avais dans ma poche. A un mille d'ici, je me suis assis sur l'herbe et j'ai lu Klopstock jusqu'à la nuit tombante. Le rêveur chez moi supprime toujours le chasseur. Mais aviez-vous donc quelque chose de bien pressant à me dire? — Hélas! oui, Julius. — Qu'est-ce donc? Vous avez l'air préoccupé et triste.

Le baron regarda Christiane et parut hésiter.

— Ma présence vous gêne? se hâta de dire Christiane. Je me retire. — Non, reste, ma fille. Tu as de la fermeté et de la résolution, n'est-ce pas? — Vous me faites peur, dit Christiane. Oh! je pressentais quelque malheur. — Il faut bien, poursuivit le baron, que tu saches ce qui m'amène ; car je compte sur toi pour décider Julius à faire ce que je viens lui demander. — Que voulez-vous que je fasse? demanda Julius.

Le baron lui tendit une lettre : — Lis tout haut, dit-il. — C'est une lettre de mon oncle Fritz, dit Julius.

Et il lut, non sans être plus d'une fois interrompu par son émotion, la lettre suivante :

« New-York, 25 août 1811.

« Mon très-cher frère,

« C'est un mourant qui t'écrit. Malade d'une maladie qui ne pardonne pas, je ne me relèverai du lit où je suis couché depuis deux mois que pour me coucher dans mon tombeau. J'ai encore trois mois à moi. Mon médecin, qui est de mes

amis, et qui connaît la trempe de mon caractère, a cédé à mes instantes prières et m'a dit la
vérité.

« Tu me connais aussi, et tu sais bien que si
cette nouvelle m'a douloureusement ému, ce n'est
pas vile crainte de la mort, ou lâche regret de
la vie.

« J'ai assez vécu, puisque j'ai pu, à force
d'activité, de travail et d'économie, amasser une
fortune qui contribuera à ton bonheur et à celui
de mon bien-aimé neveu. Mais j'avais l'espérance
de voir un peu ce bonheur avant de mourir. Je
voulais réaliser mes biens, vous les porter en
Europe, et vous dire : Soyez heureux! C'était la
récompense que je m'étais promise de tant de
fatigues. Il me semblait que Dieu me devait bien
cela. Dieu en a décidé autrement; que sa volonté
soit faite.

« Ainsi je ne reverrai jamais ma patrie. Je ne
reverrai jamais ceux que j'aime par-dessus tout
au monde. C'est un étranger qui me fermera les
yeux. Je ne te dis pas cela pour que vous veniez,
ton fils et toi, ou du moins l'un des deux. Toi,
tu es retenu par le devoir; lui, par le bonheur.
Je ne vous appelle pas. D'ailleurs, il faudrait tant
vous hâter! Vous n'auriez juste que le temps
d'accourir, et quel dérangement pour me voir
mourir aussitôt! Vous perdriez trois mois pour
me donner un jour.

« Ne venez pas. Ah! pourtant je serais parti
moins triste si j'avais eu votre regard ami sur la
dernière heure d'une existence abrégée en tra-
vaillant pour vous! J'aurais bien souhaité aussi
avoir quelqu'un de sûr à qui donner mes instructions pour les affaires et les biens que je laisse.
Mais il était écrit que je mourrais dans l'exil et
dans la solitude. Adieu, c'est cette idée qui
m'ôte de mon courage. A vous ma dernière pensée, à vous toute ma fortune. Pourquoi vous ai-
je quittés? Mais je ne me repens pas, puisque je
peux vous léguer un peu de bien-être. Ne croyez
pas surtout que je vous engage à venir.

« Je vous embrasse bien tendrement tous
deux.

« Ton frère expirant,

« FRITZ D'HERMELINFELD »

— Mon père, dit Julius essuyant une larme,
à votre âge et dans votre position, vous ne pouvez entreprendre ce long voyage. Mais moi, je
partirai. — Merci, mon fils, dit le baron. C'est
ce que je venais te demander. Mais Christiane?

Christiane, toute pâle, était tombée sur une
chaise.

— Est-ce que je ne puis suivre Julius? demanda-t-elle. — Sans doute! dit Julius, et je t'emmène.
— Mais Wilhelm? dit la mère. — Oh! c'est
vrai, reprit Julius. — Il est impossible, dit le
baron, d'exposer l'enfant à cette longue traversée. Wilhelm va bien depuis quelque temps,
mais il est d'une complexion si délicate! Comment supporterait-il la mer et le changement de
climat? Si Christiane part, il faudra qu'elle me
le laisse. — Laisser mon enfant! s'écria Christiane.

Et elle se mit à fondre en larmes.

Laisser partir son mari sans elle, c'était impossible; mais partir sans son enfant, c'était
plus impossible encore!

LVIII

LA NUIT DU DÉPART.

Le baron d'Hermelinfeld essaya d'intervenir
dans la perplexité de Christiane.

— Le plus raisonnable, dit-il doucement, serait que Julius allât seul à New-York. Après tout,
ce ne serait pas une séparation de si longue durée. Malheureusement mon pauvre frère ne le
retiendra guère là-bas. Julius arrivera pour lui
fermer les yeux, et pourra revenir aussitôt. Je
sais, mes enfants, tout ce qu'il y a de triste dans
la plus courte absence, mais nous devons prendre les nécessités de la vie comme elles se pré-
sentent, et il faut penser, toi, Julius, à ton oncle,
toi, Christiane, à ton fils.

Christiane se jeta dans les bras de son mari.

— Est-ce donc absolument nécessaire qu'il
parte? dit-elle. — Demande-le à ton noble cœur,
répliqua le baron. Le départ de Julius est d'autant plus nécessaire qu'en restant il n'y perdrait
rien. En même temps que cette lettre, mon pauvre frère m'a adressé une copie de son testament.
Que Julius parte ou reste, toute la fortune de Fritz
est à nous. Mon frère n'a pas voulu que nous
eussions intérêt à aller visiter son lit de mort, et
il nous a généreusement laissés libres de faire ce
qui nous conviendrait. Mais sa générosité même
n'est-elle pas un engagement de plus? Je t'en fais
juge toi-même, ma chère affligée. Quant à moi,
je regarde comme un tel devoir de ne pas laisser
Fritz mourir seul, que si Julius reste, je partirai.

— Oh! j'irai! s'écria Julius, — Oui, il faut qu'il parte, dit Christiane ; mais je l'accompagnerai.

Elle s'approcha vivement du baron et ajouta tout bas :

— Comme cela, non-seulement je suis Julius, mais je fuis Samuel. — Je n'aurais pas le cœur de te blâmer, reprit tout haut le baron. Ton premier départ t'a bien peu réussi pour ce que tu crains, Christiane. Mais il ne faut pas raisonner avec ce qui aime. Et si tu veux absolument accompagner Julius, je me charge de Wilhelm, et je me ferai mère pour te remplacer. — Oh! dit Christiane en secouant la tête, une mère ne se remplace pas. O Dieu! si mon Wilhelm allait tomber malade pendant que je ne serais pas là! s'il allait mourir! Vous n'avez pas seulement raison, mon père, pour ce qui me hait, mais aussi pour ce que j'aime : j'ai déjà fait un voyage, et, au retour, j'ai retrouvé mon père sous la terre ; si, au retour de celui-ci, j'allais retrouver la fosse de mon enfant! Non, que Julius parte, puisqu'il le faut ; moi, je resterai à garder mon fils. — Christiane, dit Julius, tu as à la fois la raison et la tendresse ; reste avec notre Wilhelm, c'est aussi mon avis. Notre séparation sera une cruelle douleur. Mais toi sans ton enfant, ton enfant sans toi, voilà ce qui serait plus dur que tout. Moi, je suis un homme, et, si je souffre loin de toi, eh bien! je reviendrai dans trois ou quatre mois, et tes baisers essuieront mes larmes. Mais lui, s'il est malade, et si tu n'es pas là pour le sauver, ce sera fini, et tes baisers au retour n'y feront rien. Tu lui es donc encore plus nécessaire qu'à moi.

Il reprit sur-le-champ pour en finir :

— Mon père, quand faut-il que je parte? — Hélas! j'ai regret d'être si pressant, dit le baron, mais il faudrait que ce fût ce soir même. — Oh! non, par exemple! s'écria Christiane. — Voyons, calme-toi, ma fille, poursuivit le baron. Si Julius doit partir, ne vaut-il pas mieux abréger ce triste moment de la séparation? Plus il sera vite parti, plus il sera vite revenu. D'ailleurs, mon pauvre frère ne peut pas attendre, et si Julius n'arrive pas avant la dernière heure, à quoi bon ce voyage? Je me suis informé des départs des navires. Il y a le *Commerce* qui part d'Ostende dans deux jours. Ensuite il faudrait attendre quinze jours. Il serait trop tard. De plus, le *Commerce* est un navire sûr et rapide. Il ne faut pas manquer cette occasion. Songe, ma Christiane, quelle sécurité ce sera pour nous de penser que Julius est sur un bon navire. Le *Commerce* est le plus fin voilier et la plus ferme coque d'Ostende. Je suis certain que Julius arrivera à temps, et tu seras certaine qu'il reviendra. — Oh! mon père, dit Christiane, c'est que je ne suis pas prête du tout à le voir me quitter si brusquement! Ne me laisserez-vous pas un jour ou deux pour m'habituer du moins à cette cruelle idée?

Julius intervint.

— Mon père, quand le *Commerce* met-il à la voile? — Après demain. — A quelle heure? — A huit heures du soir. — Eh bien! cher père, en payant double le postillon, il ne faut pas plus de trente-six heures pour aller à Ostende. J'en ai quarante-huit devant moi. Je conçois toutes vos raisons : il faut que je m'embarque sur le *Commerce* pour être sûr de trouver mon oncle vivant encore, et pour que vous soyez tranquille sur mon compte ; mais je ne veux pas dérober à ma chère Christiane une seule minute de celles qui lui appartiennent. Je partirai demain matin. — Et j'irai avec toi jusqu'à Ostende? ajouta Christiane. — Nous arrangerons cela, dit Julius. — Non, je veux que ce soit arrangé tout de suite. — Eh bien, soit! dit Julius en jetant un regard à son père.

La chose fut convenue ainsi. Christiane quitta un moment Julius et le baron pour faire hâter les préparatifs de voyage de son mari.

Le père et le fils échangèrent quelques mots à voix basse.

Christiane rentra presque aussitôt. Elle avait donné ses ordres, et elle était avare des dernières minutes qui lui restaient.

La soirée fut triste et charmante. Rien de plus douloureux et de plus doux à la fois que ces séparations. C'est alors qu'on sent combien l'on s'aime! Tout ce qui finit a une sorte de charme amer et poignant qu'on n'éprouve pas dans la plénitude des affections établies et permanentes. Les déchirements du cœur vous révèlent de quels liens on était attaché l'un à l'autre. On mesure le bonheur passé au malheur qui commence ; car il n'y a pas de plus sûr thermomètre de l'amour que la douleur.

Le baron se retira de bonne heure pour se reposer de sa fatigue du jour et pour se préparer à celle du lendemain.

Christiane et Julius restèrent ensemble à pleurer, à se consoler, à regarder leur enfant dans son berceau, à se dire qu'ils seraient bien malheureux l'un sans l'autre, à se défendre de trop souffrir, à se promettre de ne pas s'oublier. Puis chacun essayait de sourire pour persuader à l'autre qu'il ne serait pas trop désolé, et que ce voyage n'é-

tait pas déjà un si grand malheur. Mais ce sourire faux ne tardait pas à se démentir, et l'éclat
de rire finissait en sanglots.

Cependant la nuit avançait. Ils étaient dans
la chambre de Christiane.

— Il est tard, dit-elle ; tu as besoin de repos
pour les fatigues à venir. Rentre chez toi, mon
Julius, et tâche de dormir un peu. — Tu me
renvoies? dit Julius en souriant. Quand nous
allons être séparés pendant de si longs jours,
pendant de si longues nuits, tu me renvoies? —
O mon Julius! s'écria Christiane en lui fermant
la bouche d'un baiser, je t'aime!　．．．．

．．．．．．．．．．．．．．．．．

Lorsque l'aube se glissa furtivement dans la
chambre, Christiane dormait profondément.
Tant d'émotions avaient été plus fortes qu'elle.
Un de ses bras charmants pendait hors du lit ;
l'autre, replié vers sa tête, soutenait son front
pesant. Dans toute son attitude, dans le cercle
gris qui bordait ses paupières, dans l'abandon
de ses membres délicats, on sentait la prostration d'un corps vaincu par trop d'âme. De moment en moment, une ombre traversait son
front, une contraction passait sur son doux visage comme l'expression d'un mauvais rêve, un
tressaillement nerveux courait dans ses doigts.

Elle était seule.

Tout à coup elle ouvrit ses yeux tout grands,
elle se dressa sur son séant, et regarda auprès
d'elle.

— Tiens, dit-elle, il me semblait que Julius
était là.

Puis brusquement sautant à bas de son lit,
elle courut à la chambre de Julius.

La chambre était vide.

Elle se jeta sur la sonnette. Sa femme de
chambre accourut.

— Mon mari! cria-t-elle, où est mon mari?
— Il est parti, madame. — Parti, sans me dire
adieu! allons donc! — Il m'a chargé de vous
dire qu'il laissait une lettre pour vous. — Où
cela? — Sur la cheminée de votre chambre.

Christiane courut chez elle.

Sur la cheminée, il y avait deux lettres, une
de Julius, l'autre du baron.

Julius expliquait à Christiane qu'il avait voulu
lui épargner les angoisses du dernier adieu. Il
avait craint de n'avoir plus la force de partir
s'il la revoyait désolée et sanglotante comme la
veille. Il lui recommandait le courage ; elle ne
serait pas seule, puisqu'elle serait avec son en-

fant. Il se résignait bien, lui qui, du même
coup, quittait sa femme et son fils.

Christiane avait lu depuis longtemps le dernier mot de cette lettre, qu'elle la regardait encore, immobile, fixe, pétrifiée, sans pleurer.

La femme de chambre alla prendre le petit
Wilhelm dans son berceau, et le mit dans les
bras de sa mère.

— Ah! te voilà, toi, dit-elle, sans avoir l'air
d'y prendre garde.

Et elle le rendit à la femme de chambre.

— Et son père, que me dit-il?

Elle lut la lettre du baron :

« Ma chère fille,

« Pardonne-moi d'emmener ton mari si subitement. A quoi bon prolonger des adieux déchi-
rants? Sois tranquille sur Julius. Je vais le
conduire jusqu'à Ostende, et je ne le quitterai
qu'embarqué. Aussitôt le navire hors du port,
je reviendrai vers toi ventre à terre. Ainsi, dans
trois jours, tu auras des nouvelles de ton mari.
C'est pour te donner cette consolation que je
pars. Je me suis pourtant demandé, toute cette
nuit, si je ne ferais pas mieux de rester près de
toi pour te garder contre les odieuses menaces
que tu sais. Mais il ne faut pas non plus pousser
nos appréhensions jusqu'à l'exagération et la
puérilité. En prenant, pendant ces soixante-douze
heures que tu vas être seule, toutes les précautions que peut conseiller la prudence humaine,
je ne vois pas quel danger est à craindre. Aie
toujours quelqu'un auprès de toi, astreins-toi à
ne sortir jamais du château, et, la nuit, fais
coucher dans ton salon et dans la bibliothèque
des domestiques armés, et dans ta chambre, où
tu t'enfermeras, ta femme de chambre et la
nourrice de Wilhelm. Que peux-tu redouter
ainsi?

« Dans trois jours, je serai là. Mon service
me réclame à Berlin ; je t'y emmènerai. Emploie
ces trois jours à faire tes apprêts. J'ai, tu le sais,
aux portes de Berlin, une maison avec un jardin,
où notre Wilhelm sera en bon air et ma Christiane en sûreté. Vous y resterez tous deux avec
moi pendant l'absence de Julius.

« A jeudi donc. De la fermeté, et embrasse ton
mari sur les joues de Wilhelm.

« Ton père dévoué,

« BARON D'HERMELINFELD. »

Cette lettre fit du bien à Christiane. La pensée que Julius avait auprès de lui quelqu'un qui

l'escortait et qui lui rapporterait à elle des nouvelles dans trois jours, la fortifia un peu. Julius ne l'avait pas quittée tout à fait tant qu'ils se touchaient par le baron.

Elle alla au berceau de Wilhelm, prit son fils et l'embrassa en pleurant.

Mais soudain une idée sinistre lui traversa l'esprit. Elle se rappela la prophétie des fleurs de Gretchen dans les ruines.

— Oui, murmura-t-elle, Gretchen l'avait bien dit, l'union finit presque aussitôt; nous vivons et nous nous aimons, et pourtant nous sommes séparés. Et Gretchen ajoutait que la séparation 'durerait de longues années, et que nous vivrions loin l'un de l'autre, comme deux étrangers. O mon Dieu! protégez-moi contre ces superstitions.

Et la pensée de Gretchen lui rappelait celle de Samuel.

— Oh! s'écria-t-elle avec terreur, celui qui doit me défendre s'en va, et celui qui veut me perdre reste.

Elle étreignit Wilhelm sur sa poitrine comme pour abriter la chasteté de la mère derrière l'innocence de l'enfant, et se jeta à genoux devant le crucifix qui dominait le berceau.

— Mon Dieu, s'écria-t-elle, ayez pitié d'une pauvre femme qui aime et qu'on hait! Je n'ai que vous pour me rendre mon mari et pour lui garder sa femme.

LIX

COUPS DE SONNETTE.

Le soir de ce même jour, vers onze heures et demie, dans la salle circulaire et profonde où Samuel avait présenté Julius aux chefs de la *Tugendbund*, il y avait réunion des Trois.

Les Trois, toujours masqués, étaient assis autour de la salle qu'éclairait la lampe suspendue au plafond.

Samuel, le visage découvert, était debout.

— Ainsi, disait Samuel, vous ne voulez pas que j'agisse maintenant? — Non, répondit le chef. Nous ne doutons pas de votre puissance et de votre hardiesse; aussi notre principale raison n'est-elle pas la position actuelle de notre ennemi. Certes Napoléon est dans un moment privilégié et éclatant; tout lui réussit; il est plus affermi que jamais sur le trône de l'Europe. Il avait déjà l'espace, la naissance du roi de Rome

vient de lui ajouter la durée. A cette heure, Dieu est assurément avec lui. — C'est dans leur force, interrompit Samuel, que j'aime combattre mes ennemis. — Nous le savons, répliqua le chef, et nous savons aussi que la sérénité du ciel provoque les coups de foudre. Mais réfléchissez aux conséquences qu'aurait une tentative dans cet instant. Le fait n'est rien sans l'idée; l'action est inutile, et, par conséquent, mauvaise si elle n'a pas avec elle la conscience du monde. Or, frapper Napoléon en pleine paix, quand il n'attaque personne, quand il ne menace personne, ne serait-ce pas mettre l'opinion générale de son côté? Ne serions-nous pas les agresseurs, nous qui sommes, au contraire, les vengeurs et les protecteurs de la liberté humaine? Si le coup manque, nous l'affermissons; si le coup réussit, nous affermissons sa dynastie. Vous voyez que l'heure n'est pas venue. — Eh bien! attendons, dit Samuel. Mais si ce n'est que la paix qui vous gêne, nous n'aurons pas longtemps à attendre, je vous le prédis. Napoléon ne peut pas demeurer tranquille sans mentir à son principe et sans se renier lui-même. Il est la guerre ou il n'est rien. Ceux qui lui reprochent sa soif insatiable de conquêtes et de territoires ne comprennent pas le premier mot de sa mission. Napoléon, c'est la Révolution armée. Il faut qu'il aille de peuple en peuple, versant dans les sillons et dans les esprits le sang français comme une rosée qui doit faire pousser partout la révolte et l'instinct populaire. Lui, rester sur un fauteuil doré, comme un roi fainéant! il n'est pas venu sur la terre pour cela. Il n'a pas encore fait son tour du monde, ne croyez pas qu'il se repose. Or donc, le jour, — et je vous avertis que ce jour sera prochain, — où Napoléon déclarera la guerre à n'importe quel pays, à la Prusse ou à la Russie, la Tugendbund me laissera-t-elle faire? — Peut-être. Mais vous souvenez-vous de Frédéric Staps?

— Je me souviens qu'il est mort et qu'il n'est pas vengé. — Avant de vous autoriser à agir, reprit le chef, il faut que nous sachions ce que vous voulez faire. — J'agirai sans vous, et je ne vous compromettrai pas. Cela vous suffit-il? — Non, dit le chef. L'Union a le droit de tout savoir. Vous ne pouvez vous isoler, et tous les membres sont solidaires. — Eh bien! dit Samuel, écoutez.

Les Trois prêtèrent l'oreille, et Samuel allait parler...

Tout à coup un bruit métallique se fit entendre.

Samuel tressaillit.

Le même bruit se répéta.

— Que veut dire ceci? pensa Samuel. Le baron et Julius sont partis pour Ostende. Christiane est seule. Ce départ est-il une feinte, et me tendrait-on encore un piège? — Eh bien! parlez donc, dit le chef.

Mais Samuel ne pensait plus aux Trois, ne pensait plus à l'empereur, ne pensait plus au monde. Il pensait à Christiane.

— N'avez-vous pas entendu? dit-il. — Oui, quelque chose comme un bruit de sonnette. Qu'y a-t-il? — Il y a, répondit sans façon Samuel, que nous reprendrons cette conversation plus tard. Pardonnez, on m'appelle, et il faut que je vous quitte.

Et, malgré son empire sur lui-même, il ne pouvait se défendre d'une vive émotion.

— Qui donc vous appelle? demanda le chef.

— Elle, répondit-il, ne faisant plus attention à qui il parlait.

Mais il se reprit aussitôt :

— Une petite chevrière, dit-il, qui m'avertit qu'il y a des espions dans les environs. Vous n'avez que le temps de vous enfuir. — Vous ne ferez rien avant de nous avoir revus? dit le chef.

— Rien, dit Samuel, soyez tranquilles.

Et il leur ouvrit la porte.

Au moment où il la refermait sur eux, le timbre retentit avec plus de force et comme un cri d'angoisse.

— Si c'était un piège, dit Samuel, elle ne m'appellerait pas avec cette violence et cette exigence. Qu'y a-t-il donc pour qu'elle m'invoque ainsi en l'absence de son mari et du baron? Voyons ce qu'elle me veut. Allons, Samuel, sois digne de toi-même. Du sang-froid et du calme! et ne sois pas ainsi sottement ému comme un écolier à sa première passion!

Et il se mit à monter rapidement l'escalier qui montait au salon-boudoir.

— Console-moi, mon petit enfant!

LX

LE SORT COLLABORE AVEC SAMUEL.

Christiane avait passé lugubrement cette première journée de la séparation. Elle s'était réfugiée au seul endroit où il y eût encore de la joie pour elle, auprès de Wilhelm. Elle ne l'avait pas quitté de tout le jour, le berçant, lui chantant, baisant ses boucles blondes, lui parlant comme s'il eût pu l'entendre.

— Je n'ai plus que toi, mon Wilhelm. Oh! tâche de remplir ma vie et mon âme, je t'en prie. Prends ma pensée dans tes petites mains, et retiens-la ici. Ton père m'a quittée, sais-tu cela? Console-moi, mon petit enfant. Sourions tous deux. Souris-moi le premier, je tâcherai de te sourire après.

Et l'enfant souriait et la mère pleurait.

Jamais Wilhelm n'avait été plus beau, plus frais, plus rose. Il fit ses huit ou neuf repas aux flancs neigeux de sa fauve nourrice. La nuit venue, Christiane le coucha et l'endormit dans son berceau, ferma les petits rideaux pour que la lueur de la lampe n'arrivât pas aux paupières de l'enfant, alla prendre un livre dans la bibliothèque et se mit à lire.

Mais sa pensée ne pouvait se fixer sur le livre; elle était sur la route d'Ostende, courant après le galop des chevaux.

Julius devait être bien loin déjà. Chaque tour de roue l'éloignait rapidement. A cette heure, Christiane voudrait le rejoindre avant son embarquement, pour le revoir encore, ne fût-ce qu'une minute, elle ne le pourrait plus. L'Océan lui semblait déjà entre eux.

Il vint à Christiane un remords. Le matin, aussitôt qu'elle s'était réveillée, pourquoi n'avait-elle pas fait atteler la voiture et pourquoi ne s'était-elle pas mise à la poursuite du fugitif? En doublant la paye du postillon, elle aurait regagné l'avance qu'il avait sur elle, et elle aurait pu l'embrasser une dernière fois.

Mais, hélas! il faut toujours qu'il y ait une dernière fois! Julius avait eu raison de partir ainsi.

Que serait devenu Wilhelm pendant cette absence de trois jours? Ah! méchant enfant adoré! Toujours l'enfant entre le mari et la femme!

Toutes ces idées traversaient l'esprit de Christiane, dans ce désordre vague et visionnaire que la nuit donne à la pensée.

Soudain Wilhelm se réveilla en pleurant.

Christiane courut au berceau.

L'enfant, qu'elle avait laissé si souriant, si calme, avait les traits contractés et inondés d'une sueur froide. Sa tête était lourde comme du plomb, son pouls battait vite et fort.

— Ah! bien, s'écria Christiane, il ne manquait plus que cela : Wilhelm malade!

Appeler, se pendre aux sonnettes, prendre son enfant, le serrer contre sa poitrine pour lui communiquer son souffle, sa santé, sa vie, tout cela fut pour la mère l'affaire d'une seconde.

Mais l'enfant restait froid et inerte. Il ne criait même plus. Sa respiration commençait à devenir sifflante. Sa gorge se serrait.

Les domestiques étaient accourus.

— Vite! cria Christiane, à cheval! Un médecin! Mon enfant se meurt. N'importe lequel. Dix mille florins à qui me ramènera un médecin!

Allez à Neckarsteinach, à Heidelberg, partout. Mais courez donc! O mon Dieu! mon Dieu!

Les hommes s'élancèrent dehors, et Christiane resta avec les femmes.

Christiane s'adressa à la nourrice.

— Tenez, dit-elle, regardez Wilhelm. Vous devez, vous, connaître toutes les maladies d'enfant, ou bien vous êtes une mauvaise nourrice. Qu'est-ce qu'il a? Oh! ne pas même savoir ce qu'il a! Les mères devraient apprendre la médecine. Oh! penser que le remède est peut-être là, tout simple, tout prêt, et que je n'aurais qu'à étendre la main, et que je ne le connais pas! O ma vie! ne meurs pas, ou je meurs. Et son père, pourquoi est-il parti? Pour de l'argent, pour un oncle. Qu'est-ce que cela me fait à moi, un oncle et de l'argent? Ah! son oncle est malade? Eh bien, son enfant est malade aussi! Mon enfant! mon enfant! Allons, voyons, l'avez-vous regardé? Qu'est-ce qu'il a?

— Madame, dit la nourrice, vous l'agitez trop. Il faut le remettre dans son berceau. — Dans son berceau, n'est-ce pas? Tenez, l'y voici. Je vous obéis, mais sauvez-le. Ce ne sera rien, n'est-ce pas? Oh! je vous en prie, dites-moi que ce ne sera rien.

La nourrice secoua la tête :

— Hélas! ma bonne chère maîtresse, ce sont tous les symptômes du croup. — Le croup! dit Christiane. Qu'est-ce que c'est que cela, le croup? si vous connaissez la maladie, vous connaissez le remède. — Mon Dieu! madame, j'ai eu le malheur de perdre mon premier enfant du croup.— Perdu, dites-vous? Votre enfant est mort du croup! Mais c'est le croup qu'à Wilhelm, si l'on en meurt. Êtes-vous folle de me dire cela tranquillement! comme si Wilhelm pouvait mourir! Et qu'est-ce qu'on a fait à votre enfant?... Mais non, c'est inutile de me le dire, puisque ce qu'on lui a fait l'a fait mourir. — Madame, on l'a saigné. — Quand ce serait bon de le saigner, personne ne sait saigner ici. Qu'est-ce qu'on apprend donc? et puis, c'est peut-être mauvais. Il faudrait un médecin. Oh! ces domestiques qui ne reviennent pas!

Et elle fixait un œil aride sur l'enfant dont la respiration s'embarrassait de plus en plus.

— Il n'y a pas dix minutes qu'ils sont partis, madame, dit une femme de chambre, et, pour aller à Neckarsteinach et revenir au galop, il faut deux bonnes heures. — Deux heures! s'écria Christiane avec désespoir, mais c'est l'éternité! Oh! la distance! quelle chose cruelle et stupide!

Pas un médecin à Landeck! Pourquoi sommes-nous venus nous enterrer ici? Ah! le pasteur... Non, il ne sait rien, rien que prier. Eh bien! c'est toujours cela. Qu'on aille lui dire de prier. Vite, courez. Moi aussi, en attendant le médecin, je vais essayer de prier.

Elle se jeta à genoux, fit le signe de la croix, et dit :

— Mon Dieu !

Elle se leva brusquement. Une idée venait de lui traverser l'esprit.

— Oui, dit-elle, Gretchen! Elle connaît les plantes et les herbes. Qu'on aille la chercher. Non, elle ne viendra pas, j'y vais moi-même. Vous autres, gardez mon enfant.

Et, sans rien mettre sur sa tête ni sur ses épaules, elle descendit en courant l'escalier, franchit les cours, escalada les roches, et fut en une minute à la porte de la cabane.

— Gretchen! Gretchen! cria-t-elle.

Pas de réponse.

— Ah çà! il ne s'agit pas aujourd'hui de faire la sauvage et la folle! Mon enfant se meurt, entends-tu? Cela est plus sérieux que tout. Gretchen, au nom de ta mère, mon enfant se meurt! Au secours! — Je viens, répondit la voix de Gretchen.

Un moment après la porte s'ouvrit, et Gretchen parut sur le seuil, sombre et morne.

— Qu'est-ce que vous me voulez? dit-elle. — Gretchen, dit Christiane, mon pauvre petit Wilhelm, tu sais? eh bien! il se meurt. Toi seule peux le sauver. Elles prétendent qu'il a le croup. Sais-tu ce que c'est? As-tu des remèdes pour cela? Oui, n'est-ce pas? Car si tu n'avais pas des remèdes pour le croup, à quoi te servirait-il d'avoir étudié les herbes?

Gretchen se mit à rire d'un sourire amer.

— Les herbes? à quoi cela me sert-il de les avoir étudiées, au fait? Je n'y crois plus. Elles sont toutes empoisonnées. — Oh! viens, dit Christiane suppliante. — A quoi bon? répondit Gretchen sans bouger; je vous dis que les fleurs m'ont trahie. — Gretchen, ma bonne Gretchen, rappelle ta raison, ton dévouement, ton courage. Enfin, qu'est-ce que cela te coûte d'essayer? — Vous le voulez? dit Gretchen; soit. Je vais prendre des plantes que ma mère disait bonnes pour les maux des enfants. Mais ma mère se trompait. Les plantes ont autre chose à faire qu'à sauver les enfants : elles ont à perdre les femmes! — J'y crois, moi, aux plantes! dit Christiane. Vite, prends celles que tu dis, et accours au château.

Dépêche-toi, ma chère petite. Moi je retourne auprès de Wilhelm. Je t'attends.

Elle s'élança et revint au berceau.

L'enfant semblait aller un peu mieux. Le pouls s'apaisait un peu.

— Sauvé! s'écria Christiane. Ce n'était rien. Ce n'était pas le croup. Merci, mon Dieu !

Gretchen entra dans ce moment.

— C'est inutile, dit Christiane. Wilhelm est guéri. — Je ne crois pas, dit Gretchen. — Tu ne crois pas. Pourquoi? — J'ai réfléchi en venant, répondit Gretchen d'un ton solennel et convaincu. Les maladies qu'on a maintenant ne sont pas naturelles. Elles viennent d'un homme qui nous en veut à toutes deux. Elles durent le temps qu'il veut. Il n'y a que lui qui puisse guérir le malade.

Christiane tressaillit.

— Tu parles de Samuel? — Oui, dit Gretchen. Et, tenez, regardez.

Elle montrait Wilhelm, dont le visage recommençait à se contracter et la gorge à siffler. La peau de l'enfant était rugueuse, sèche et ardente, ses petits membres se roidissaient.

— Tes herbes! Gretchen, tes herbes! cria Christiane, retombée plus avant dans son désespoir.

Gretchen secoua la tête d'un air de doute. Mais, pour contenter la mère, elle appliqua ses herbes sur le cou et sur la poitrine de l'enfant.

— Attendons, dit-elle. Mais, je vous le répète, cela ne fera rien.

Christiane attendit, épiant l'effet des plantes sur Wilhelm, tremblante, haletante.

Les mêmes terribles symptômes continuèrent.

— Je vous avais prévenue, dit Gretchen en secouant la tête. Il n'y a qu'un homme qui puisse le sauver. — Tu as raison! s'écria Christiane.

Et elle courut dans le salon d'à côté.

LXI

LE CROUP.

Gretchen suivit machinalement Christiane, ne sachant ce qu'elle avait. Elle la vit poser le doigt sur une saillie d'un des panneaux boisés.

— Madame, que faites-vous? — Je l'appelle. — Qui? — Eh! celui qui peut sauver mon enfant! — Vous appelez Samuel Gelb? balbutia Gretchen. — Ah çà, est-ce que tu crois que je vais laisser mourir Wilhelm? — Lui! mais ce n'est pas le médecin, c'est le bourreau. Madame, vous invoquez le démon. — Eh bien! puisque j'ai invoqué Dieu en vain! Ah! je ne crains qu'une chose, c'est la maladie de Wilhelm. Wilhelm mourant, rien n'existe plus. O mon Dieu! s'il n'était pas là encore? Ma vie pour qu'il vienne tout de suite!

Et elle appuya de toute sa force sur le bouton.

— Il m'entendra, cette fois, dit-elle; il est ici, il va apparaître. Retournons à Wilhelm.

Elle rentra dans sa chambre avec Gretchen. — Quelle heure est-il? demanda-t-elle à la nourrice. Il doit bien y avoir deux heures qu'on est parti pour le coup. — Hélas! madame, dit la nourrice, il n'y a pas une demi-heure encore.

L'enfant était toujours aussi mal. Christiane courut encore au salon, sonna une troisième fois, puis revint au berceau.

Chaque seconde lui paraissait un siècle. Elle ne pouvait se tenir en place. Son sang bouillait dans ses veines. Elle s'agenouillait devant le berceau, puis se relevait et marchait dans la chambre, fébrile, échevelée, hagarde, prenant chaque bruit pour Samuel. — Est-ce qu'il va laisser mourir mon enfant? disait-elle avec une colère sourde.

Elle retourna dans le salon, et elle allait pousser encore le bouton, quand le panneau tourna vivement. Samuel parut.

Dans tout autre moment, son seul aspect eût effrayé Christiane. Les lèvres serrées, l'œil fixe, il était grave, pâle, glacé, et comme armé d'avance d'une résolution implacable. Plus rien d'humain ne semblait vivre en lui. Ce n'était plus une raison, ce n'était plus un cœur, c'était une volonté, une volonté rigide, inflexible, de fer, fatale, terrible et mortelle. Mais Christiane ne le regarda seulement pas. Elle se jeta à ses pieds. — Mon enfant se meurt, monsieur! sauvez-le! cria-t-elle. — Ah! dit Samuel, ce n'est donc pas un piège? — Oh! reprit Christiane, il ne s'agit pas de cela! Je vous demande grâce. Vous êtes grand, vous serez bon. Pardonne-moi mon passé. J'ai eu tort. Je m'humilie, je vous bénis. Venez vite. Sauvez le pauvre petit!

Elle lui prit la main et l'entraîna dans la chambre. — Regardez, dit-elle. Il est bien malade, mais vous êtes si savant!

Samuel se pencha vers le berceau, et n'eut qu'à jeter un coup d'œil. — Cet enfant a le croup, dit-il froidement. — Le croup! ah! c'est le croup! s'écria Christiane. Vous qui savez tout, qu'est-ce qu'il faut faire?

Samuel se tut un instant, parut réfléchir, regarda Christiane, qui, haletante, attendait, épiait sa première parole, son premier geste.

— D'abord, dit-il lentement, cette chambre est trop encombrée. Il faut que tout le monde sorte. — Sortez toutes, ordonna Christiane.

Les femmes de chambre et la nourrice obéirent. En regardant autour de lui pour voir s'il ne restait personne, Samuel aperçut Gretchen blottie dans un angle, frémissante, effarée, épouvantée de regarder Samuel et ne pouvant pas le quitter des yeux.

— Faut-il qu'elle sorte aussi? demanda Christiane. — Elle surtout, dit Samuel. — Sors, Gretchen, reprit Christiane.

Sans dire un mot, Gretchen recula vers la porte, les yeux toujours fixés sur Samuel, comme se tenant en garde contre quelque attaque, les sourcils froncés, farouche. Quand elle fut hors de la chambre : — Madame! prenez garde à vous! cria-t-elle.

Et, refermant rapidement la porte, elle s'enfuit. Samuel et Christiane restèrent seuls auprès du berceau.

LXII

LA TENTATION DE LA MÈRE.

— Eh bien, monsieur, nous voilà seuls, dit impatiemment Christiane à Samuel... Monsieur, à quoi songez-vous donc? ajouta-t-elle. Car Samuel paraissait absorbé par une méditation distraite ou par un souvenir profond.

Chose étrange! en cet instant suprême, sait-on à quoi songeait, en effet, Samuel? A une gravure d'Albert Durer, célèbre en Allemagne, et intitulée le *Violent*. Cette gravure représente la figure mystérieuse et bizarre d'un homme à demi nu, velu, musculeux, qui attire sur ses genoux une femme résistante et désespérée, mais qui l'attire avec une force si puissante et si invincible, avec une volonté si indifférente et si sourde, que devant le crime qui semble mêler le meurtre à l'amour, l'impression d'effroi efface toute idée de volupté, et que l'on rêve sous le sinistre symbole tout ce qu'il y a de cruel et d'impitoyable au monde : la Terreur, la Fatalité, la Mort.

C'est pourtant à cette horrible image que pensait Samuel, à côté de ce berceau d'agonie, et Christiane fut obligée de répéter : — A quoi songez-

Albert Durer.

A. BEAUCE   PREDHOMME

Le voyageur du Neckar.

vous, monsieur? Parlez, agissez, au nom du ciel! Je remets mon enfant dans vos mains. Cette affreuse maladie n'est pas mortelle, n'est-ce pas? — Elle se guérit, madame, répondit enfin Samuel d'une voix profonde, elle se guérit lorsqu'elle est prise à temps. — Oh! cette fois elle est prise à temps! s'écria Christiane. Il n'y a pas une demi-heure que les premiers symptômes se sont déclarés.— Il est temps, c'est vrai, madame. Mais vous avez bien fait de vous hâter. Dans une demi-heure, il aurait été trop tard. — Eh bien! qu'attendez-vous pour commencer?

Samuel hésita encore, puis dit enfin : — J'at-

tends... j'attends un mot de vous. — Un mot de moi! Quel mot?

Samuel était visiblement ému. Il n'y avait qu'une mère inquiète de son enfant pour ne pas remarquer le regard ardent et troublé que ses yeux, si froids et si impérieux jusque-là, jetaient sur cette chambre où l'heure provoquait la pensée des mystères qui avaient dû s'y passer à des heures pareilles, et sur cette ravissante Christiane aux cheveux dénoués, aux épaules demi-nues, aux yeux allumés par l'émotion, qui multipliait la beauté de la femme par la passion de la mère.

— Écoutez, madame, reprit Samuel comme

prenant un irrévocable parti. Vous m'avez jusqu'ici défié, raillé, vaincu. C'est mon tour. Les secondes sont comptées. Je n'ai pas le temps de ne pas être brutal. Vous me demandez la vie, la vie tout entière de votre enfant. Soit. Je vous la donnerai. Mais vous me donnerez en échange dix minutes de la vôtre.

Christiane le regarda, ne comprenant pas. — Que voulez-vous dire? — Je dis que je vous propose un échange, reprit Samuel. Il dépend de moi de vous donner l'être qui vous est le plus cher au monde. Vous me le demandez. Il dépend de vous de me donner l'être qui m'est le plus cher au monde. Je vous le demande aussi. Et je vous répète que je vous donnerai une vie, et que vous ne me donnerez que dix minutes. Ce n'est pas encore assez clair? En un mot, vous aimez votre enfant, — et moi, je vous aime!

Christiane comprit, car elle jeta un cri d'horreur.

— Ah! vous m'entendez enfin! dit Samuel. C'est bien heureux! — Misérable! s'écria la jeune femme indignée, de telles paroles dans un tel moment! — J'attends une réponse et non des injures, repartit Samuel. — Taisez-vous, malheureux! dit Christiane, car il me semble que Dieu va m'enlever mon enfant pour que sa pureté n'assiste pas à une pareille insulte à sa mère! — Madame, reprit Samuel, puisque j'ai dit cela, vous devez bien penser que je ne me dédirai pas. Le temps marche, et c'est la vie de Wilhelm que vous dépensez en paroles. Ma décision est inflexible. Je vous aime plus que vous ne croyez, plus que je ne croyais moi-même. Pendant que vous hésitez, le croup n'hésite pas, lui. Dans vingt-cinq minutes il sera trop tard. Prenez garde de vous faire un remords avec un scrupule. Je vous jure que vous n'avez le choix qu'entre ces deux choses: votre enfant à la tombe, ou vous à moi. — Est-ce un mauvais rêve? se dit tout haut Christiane; mais non, je sens trop que c'est la réalité. Voyons, monsieur, continua-t-elle suppliante, vous êtes un homme intelligent, réfléchissez. Est-ce qu'il est possible que je me donne comme cela, tout de suite? Est-ce que vous me voudriez de cette façon? Non, vous vous estimez trop. C'est là une violence morale que vous dédaignerez. Ce que je vous dis n'a rien de blessant pour vous. Quand même je vous aimerais, je ne pourrais pas être à vous, puisque je suis à un autre. Et à qui! grand Dieu! songez à qui! — Ne réveillez pas Caïn, madame, murmura Samuel redevenu menaçant. — Voulez-

vous ma fortune, toute ma fortune? Dites un mot, et elle est à vous. Ce n'est pas une phrase. Devant Dieu, devant mon père et ma mère qui sont au ciel, j'obtiendrai de Julius, — comment? je ne sais pas, mais je jure que je l'obtiendrai, — j'obtiendrai qu'il partage avec vous sa fortune, ou, si vous voulez, qu'il vous la donne tout entière. Tout ce que nous possédons, acceptez-le, je vous en prie! — Je vous remercie, madame, de me fournir l'occasion d'ennoblir mon forfait. Je ne veux de vous — que vous.

L'enfant s'agita dans une nouvelle convulsion.

— Eh bien! essaya encore la malheureuse mère, si c'est moi que vous voulez, sauvez mon enfant, et je vous aimerai peut-être alors, parce que vous aurez été généreux et noble. Je ne peux pas me donner à vous sans vous aimer, faites que je vous aime. — L'heure marche, répondit Samuel. — Mais enfin, s'écria Christiane, vous êtes médecin, et c'est votre devoir de sauver ceux qui souffrent et qui meurent. Si vous refusez, on vous punira. — Je ne suis pas médecin, madame, et c'est si je guéris qu'on peut me punir.

Christiane se tut quelques secondes, cherchant, devant cette implacable obstination, ce qu'il fallait dire et faire. Puis elle se jeta à genoux: — Monsieur, je vous prie, les mains jointes, les genoux à terre, est-ce que vous ne vous laisserez pas toucher? Monsieur, si vous m'aimez comme vous le dites, vous ne me prouverez pas votre amour en assassinant mon enfant. — Votre enfant, madame!... C'est avec votre enfant que vous m'avez outragé! — Monsieur, encore une fois, grâce! Encore une fois, je vous prie, je vous supplie... à vos pieds! — Madame, essayez d'attendrir cette pendule qui marche, dit Samuel.

Christiane se releva. — Ah! c'est infâme, dit la pauvre femme en se tordant les mains. Eh bien! je me passerai de vous. Les médecins auront le temps de venir. Vous mentez en me disant qu'il n'y a plus qu'une demi-heure. — Il y avait une demi-heure il y a dix minutes, interrompit Samuel. A présent, il n'y a plus que vingt minutes. — Vous mentez! reprit-elle. Vous me dites cela pour me faire peur. Mais je ne vous crois pas. Allez-vous-en. Vous êtes un scélérat. Et, quand je serais assez folle pour me résigner, qu'est-ce qui me répond que vous sauveriez mon enfant après? Le pourriez-vous seulement? Vous n'êtes pas même médecin, vous l'avez avoué. Les vrais médecins vont arriver. Ils sauveront Wilhelm. Je n'ai pas besoin de vous. Vous en serez pour la honte de votre proposition infâme. Et je vous ferai châtier. Je vous dénoncerai à la justice pour ce que vous avez fait à Gretchen. Allez-vous-en !

Samuel fit un pas pour sortir. — Je m'en vais, dit-il. Je suis encore venu parce que vous m'avez encore appelé : hier, c'était pour me livrer à votre père ; aujourd'hui il fallait que ce fût pour vous livrer à moi. Mais vous me dites de sortir, et j'obéis.

Il regarda en passant la pendule. — Douze minutes écoulées, dit-il.

L'enfant poussa une sorte de gémissement plaintif, sifflant, déchirant.

— Monsieur, l'entendez-vous ? s'écria Christiane avec un sanglot désespéré. Ah ! d'un cri pareil, une bête féroce en serait touchée !

Samuel se pencha sur le berceau. — Dans un quart d'heure, dit-il, je ne pourrai plus rien. En cet instant, je réponds absolument de la vie de Wilhelm. C'est vous qui êtes sans pitié, madame. Oui ou non ? Non ? Je me retire. Attendez les médecins. Ils trouveront un cadavre.

Il se dirigea vers la porte. Christiane eut un moment d'hésitation horrible. — Monsieur ! dit-elle.

Samuel se retourna, tressaillant.

— Monsieur ! monsieur ! avez-vous bien réfléchi à l'atroce chose que vous faites là ? — Que de phrases et de secondes perdues ! dit Samuel. — Non ! je ne peux pas ! sanglota Christiane. — Alors, adieu !

Et il fit trois pas résolus.

— Monsieur ! appela encore Christiane. — Voyons, reprit-elle à voix basse, puisque vous mettez une mère dans cette monstrueuse alternative de tuer son honneur ou son enfant, eh bien ! sauvez Wilhelm, et... je vous jure que je serai à vous. — Non, dit Samuel, de tels marchés s'exécutent comptant. Je le sauverai après. — Alors, non, dit-elle. Que mon enfant meure plutôt.

Samuel ouvrait déjà la porte secrète ; elle s'élança épouvantée après lui. — Une proposition, dit-elle. Qu'est-ce que vous voulez ? Vous venger de moi. Vous ne m'aimez pas, vous me haïssez. Eh bien, vous pouvez me punir autrement, et votre orgueil sera tout aussi satisfait. Je vais me tuer là, sous vos yeux, et mon fils vivra ! Je vous le dis au lieu de le faire, parce que, moi morte, vous seriez capable de laisser mourir mon enfant tout de même. — Certes, dit Samuel. Et je vous refuse. — O mon Dieu ! mon Dieu ! mon Dieu ! cria la pauvre mère en se tordant les mains. —

L'heure marche, reprit Samuel. Madame, regardez votre enfant.

Christiane plongea dans le berceau un œil hagard, et tout son corps fut saisi d'un tremblement nerveux. Le pauvre petit était tout roide, et le souffle à peine perceptible qui sortait d'entre ses lèvres ressemblait déjà au râle.

Elle se tourna vers Samuel, brisée et vaincue. — Je suis prête, murmura-t-elle d'une voix faible et comme épuisée. Mais sachez bien ceci : si je ne me tue pas avant, je me tuerai après ! — Pourquoi ? dit Samuel. Je m'engagerai, si vous avez peur de mes droits, à ne jamais reparaître devant vous. D'ailleurs, Gretchen ne s'est pas tuée. Et elle n'avait pas d'enfant. — Christiane, je vous aime. — Je vous hais ! s'écria Christiane. — Je le sais bien ! dit Samuel.

Ce cri l'avait décidé. Un cri de l'enfant décida la mère.

— O misérable ! dit-elle en se sentant saisie, tu auras beau demander pardon, un jour, ni Dieu, ni moi, nous ne pourrons plus te l'accorder.

LXIII

L'AUTRE MOITIÉ DU MALHEUR.

Quelques semaines après l'horrible nuit, Gretchen venait de rentrer dans sa cabane, et murmurait un de ces refrains vagues et monotones habituels aux folles, quand elle vit sa porte s'ouvrir, et apparaître Christiane, pâle, morne, effrayante.

Christiane avait un tel aspect de souffrance et de désespoir, que la chevrière sortit de sa rêverie : — Qu'y a-t-il encore ? demanda-t-elle.

Christiane ne répondit pas. Elle se laissa tomber à terre, et, la tête sur sa poitrine, le visage dans ses mains, resta là, muette, accroupie, pareille à une statue de la Douleur. Gretchen, consternée, vint se mettre à genoux à côté d'elle.

— Madame ! ma bonne maîtresse ! qu'avez-vous donc ? dit-elle. Il y a sept jours que je ne vous ai vue, et j'étais bien inquiète. Maintenant nous ne pouvons plus nous abandonner comme cela l'une à l'autre. Que vous arrive-t-il ? Enfin, votre malheur ne peut pas être devenu plus terrible ?

Christiane releva lentement la tête. — Si ! répondit-elle. — Oh ! comment cela se fait-il ? Je ne crois pas : Dieu ne voudrait pas ! — Dieu !

— Madame, essayez d'attendrir cette pendule qui marche. — Page 134.

répéta Christiane avec un sourire amer. Dieu! Écoute, Gretchen, écoute ce que Dieu a fait... Je ne sais pas si l'enfant qu'il a mis dans mon sein est l'enfant de mon Julius ou l'enfant de ce Samuel.

Gretchen ne put retenir un cri d'épouvante.

Depuis la nuit fatale, Gretchen n'évitait plus Christiane, et Christiane ne cherchait plus que Gretchen. Ce soir-là, quand Samuel avait enfin sonné les femmes de chambre, pour demander les choses nécessaires au traitement de Wilhelm, Gretchen, qui veillait dans le salon, était entrée la première. Et, pendant que les femmes de chambre se hâtaient et que Samuel était penché sur le berceau de l'enfant, Gretchen s'était approchée de Christiane, qui se tenait dans un coin, immobile et les yeux secs. Elle l'avait regardée un moment avec tristesse et compassion. Puis, lui prenant la main : — Il ne nous avait pas menacées en vain, avait-elle dit tout bas. — Qu'est-ce que c'est? avait dit Christiane se redressant, rougissante et fière. — Ah! tu te défies de ta sœur de martyre? avait repris Gretchen.

Elle avait dit cela avec un ton de reproche si tendre, avec une familiarité si sublime, avec deux larmes si profondes, que toute la hauteur de Christiane était tombée, et qu'elle avait tendu la main à la chevrière : — Oh! du moins, ma sœur, tais-toi!

Puis, comme si cette confidence l'avait soulagée un peu, elle s'était mise à fondre en larmes.

Samuel avait tenu, pour sa part aussi, l'affreux pacte. La mère perdue, il avait sauvé l'enfant. Quand les médecins étaient arrivés, ils avaient trouvé Wilhelm hors de danger. Et l'on avait vu alors sur le visage de Christiane ce qu'on ne verra jamais probablement sur un visage humain : une joie céleste mêlée à un désespoir de damné.

Les médecins, jugeant leur présence inutile, s'étaient retirés. Un seul, de crainte de nouvel accident, était demeuré au château.

Samuel s'était incliné gravement et respectueusement devant Christiane. — Monsieur, avait répondu Christiane sans lever les yeux sur lui et avec un tremblement dans la voix, vous vous rappelez ce que vous m'avez juré? — Que vous ne me reverriez plus par le fait de ma volonté? Oui, madame. Vous savez toutes deux, avait-il ajouté en embrassant d'un regard Christiane et Gretchen, que je tiens ma parole, quelle qu'elle soit.

Il avait salué de nouveau et était sorti. Depuis, ni Christiane, ni Gretchen ne l'avaient revu.

Deux jours après, le baron était revenu d'Ostende, rapportant à Christiane le dernier adieu de Julius. — Es-tu prête à venir? lui avait-il demandé. — Où, mon père? — A Berlin. N'est-ce pas convenu? — Non, avait dit Christiane, j'ai changé d'avis.

Elle s'était rejetée sur la maladie de Wilhelm; la secousse de l'avant-dernière nuit l'avait ébranlé pour quelque temps, il y aurait imprudence à le faire voyager dans cet état.

— Mais Samuel? avait objecté le baron. — Oh! je ne le crains plus maintenant, avait répliqué Christiane en secouant la tête. — L'aurais-tu revu? — Vous croyez à ma parole, n'est-ce pas, mon père? — Sans doute, Christiane. — Eh bien! croyez que, de ce côté-là, il n'y a plus pour moi de danger.

Le baron s'était expliqué le ton étrange dont Christiane lui avait dit cela par le trouble qu'avaient dû mettre dans ses idées le départ de Julius et le péril de Wilhelm. Il avait cependant insisté, inquiet de laisser Christiane seule au château isolé. Mais Christiane s'était montrée fermement résolue. Vivre en commun lui eût été insupportable. Il lui semblait que les yeux de son beau-père finiraient par voir sur son front et sur ses lèvres les infâmes baisers du misérable qui lui

avait vendu son enfant. Ce qu'il lui fallait, c'était la solitude. Elle aurait voulu, comme Gretchen, être seule au monde, et pouvoir s'enfermer dans une cabane où personne n'entrerait.

Le baron, voyant qu'il ne pouvait décider Christiane, avait été obligé de la quitter quelques jours après. Avant de partir, il lui avait offert de lui envoyer son petit neveu Lothario.

— Ah! bien, oui, des enfants! s'était-elle écriée. Gardez-le, ce sont les enfants qui nous perdent. Un seul coûte déjà assez cher. — Tu l'aimais tant autrefois! — Oui, j'ai trop aimé les enfants. C'est mon malheur.

Le baron avait mis encore ces bizarres paroles sur le compte des transes de la femme et de la mère. La raison de Christiane avait dû se ressentir de deux coups si subits et si rapprochés. Mais elle se ferait à l'absence de son mari, et sa tête achèverait de se remettre avec la santé de son enfant.

Le baron était donc parti un peu rassuré. Christiane lui avait demandé seulement d'envoyer un médecin à demeure au château. Le baron connaissait précisément un vieux médecin célèbre pour la spécialité des maladies d'enfants, et qui serait heureux de cette retraite. En attendant son arrivée, Christiane, pour ne plus être exposée aux angoisses d'une nuit pareille à l'autre, retiendrait le médecin de Neckarsteinach.

Tout arrangé ainsi, et le baron retourné à Berlin, Christiane avait eu au moins la consolation de pouvoir rougir et pleurer à son aise. Pendant un mois elle avait vécu entre son prie-Dieu et le berceau de Wilhelm. Elle ne parlait qu'à Gretchen, et toutes deux trouvaient une sorte de joie sombre à mêler leur douleur et leur déshonneur. Un nouveau lien, indissoluble celui-là, les attachait pour l'éternité l'une à l'autre. Gretchen l'avait bien dit : elles étaient sœurs. Quelquefois, Gretchen venait au château; le plus souvent, Christiane allait à la cabane : là, elles étaient plus seules et elles pouvaient causer plus librement.

— Que faire? demandait Christiane. Rappeler Julius? Mais une lettre ne peut le rejoindre en mer. Et quand il reviendra, que faire encore? Tout lui dire? Il se battra, et ce démon le tuera! Tout lui cacher? Ah! je n'aurai jamais le courage de cette lâche hypocrisie! De quel front l'aborderai-je? Comment le laisserai-je mettre ses lèvres sur ce visage souillé, où se sont appuyées les lèvres de l'autre? Le plus simple serait de mourir. Ah! si je n'avais pas Wilhelm! Malheureuses femmes que nous sommes de désirer des enfants! Le mien m'a déjà condamnée à l'opprobre, et maintenant il me condamne à la vie! — Oui, il faut vivre, disait Gretchen. Mourir, ce serait douter de la justice de Dieu. Sois-en sûre, ma sœur, cet homme sera puni. Soyons patientes, attendons son châtiment. Qui sait si nous ne devons pas y contribuer? Nous sommes nécessaires ici; nous n'avons pas le droit de nous en aller.

Les superstitions de la chevrière pénétraient le désespoir de Christiane. La folie est contagieuse. Gretchen, de plus en plus échappée du monde réel, entraînait Christiane avec elle dans les visions et dans les chimères. La pauvre âme délicate de Christiane ne voyait plus la vie et l'avenir qu'à travers une sorte de délire vague et grossissant. Sa conscience vacillait comme une lumière par un grand vent, et les choses prenaient à ses yeux les proportions exagérées et terribles que les objets affectent dans le crépuscule.

Pendant un mois, Christiane avait vu Gretchen ainsi tous les jours. Puis, tout à coup, elle avait cessé de la voir, elle aussi. Elle n'était plus allée à la cabane. Le troisième jour, Gretchen était venue au château; Christiane n'avait pas voulu la recevoir. Elle était restée enfermée dans sa chambre, sans franchir la porte, sans dire une parole, sans que Gretchen pût soupçonner quel nouvel accroissement de malheur et de honte lui rendait à présent pénibles même les regards de sa camarade de misère.

Il y avait sept jours que Gretchen ne l'avait vue. Le soir où, comme nous l'avons dit, elle tomba brusquement dans la cabane avec la sinistre nouvelle, foudroyée d'une telle calamité, Gretchen ne trouva d'abord qu'un cri à jeter et pas un mot à dire.

Christiane poursuivit en crispant ses deux mains aux racines de ses cheveux :

— Voilà ma position. Qu'est-ce que tu veux que je devienne? Est-ce que ce n'est pas trop pour une pauvre femme qui n'a pas seulement dix-sept ans? Et tu parlais de la justice de Dieu!

Gretchen alors se dressa, comme en proie à une inspiration sauvage.

— Oui, dit-elle, je parlais de la justice de Dieu, et j'en parle encore! Il y a un motif dans tout ceci. Le Dieu qui est au ciel ne peut pas vous avoir envoyé encore cette souffrance pour l'unique plaisir d'écraser d'une torture de plus une pauvre frêle créature si jeune. Écoutez : c'est le vengeur qu'il nous envoie. Oui, je vous le prédis, cet enfant nous vengera. C'est le châtiment du

misérable qui nous a perdues toutes deux. Ah! la faute a produit le châtiment! A genoux, ma sœur, et remercions Dieu! le lâche sera puni.

Et, dans un transport de joie féroce, Gretchen s'agenouilla et se mit à murmurer une prière d'actions de grâces.

LXIV

LA QUESTION.

Christiane, dans son angoisse, conservait encore un doute, c'est-à-dire une espérance. Peut-être avait-elle parlé trop vite; peut-être se trompait-elle; peut-être sa crainte était-elle chimérique. Elle attendit. Mais cette espérance même ne devait être pour elle qu'une nouvelle douleur; car elle lui fit du temps un supplice : chaque heure, chaque jour lui enfonça lentement et plus profondément dans le cœur le poignard de l'affreuse certitude.

Enfin, le moment vint où il lui fut impossible de douter. L'épouvantable vérité lui apparut dans toute son horreur.

Que ferait-elle de cet enfant? — Élever sous le nom et sous les yeux de son mari un enfant qui appartenait peut-être à un autre, — ou bien rejeter loin d'elle et donner à Samuel un enfant qui pouvait être l'enfant de Julius, — laquelle de ces deux extrémités était la plus cruelle et la plus impossible? De quel œil regarderait-elle son fils? de l'œil fier et ravi de l'épouse heureuse qui voudrait montrer au monde entier le fruit de son amour, ou de l'œil honteux et haineux de la misérable adultère qui voudrait cacher à Dieu même le fruit de son crime? Ah! jamais elle ne pourrait vivre face à face avec le vivant témoignage de sa chute, avec le lugubre mystère, avec cette question terrible éternellement posée à son esprit par l'insondable nature!

Il faut songer que Christiane était une âme chaste et candide, incapable de pactiser avec le mal et de se faire un oreiller d'une faute. Sa tâche, même involontaire, n'en tourmentait pas moins comme un remords ce cœur jeune et loyal, n'en faisait pas moins horreur à la pureté de cette hermine.

Tout dire à Julius? Ah! au premier mot, elle tomberait morte. Et puis, n'était-ce pas assez qu'elle eût subi tout ce martyre et toute cette infamie, sans les faire partager à son mari? Et enfin, n'avait-elle sauvé Wilhelm à ce prix que pour faire tuer Julius?

Pourquoi ne s'était-elle pas frappée elle-même tout de suite? Le baron se serait chargé de Wilhelm jusqu'au retour de Julius. Julius aurait pleuré quelque temps, puis il se serait remarié avec une femme digne de lui. Maintenant, elle ne pouvait plus se tuer : elle ne mourrait plus seule. Le suicide serait un assassinat.

Et toujours, dans ses veilles, dans ses rêves, revenait la question formidable : — De qui est l'enfant?

Il y avait des jours où elle l'aimait, cet enfant. Après tout, quel que fût son père, elle n'en était pas moins sa mère. Elle s'attendrissait sur le sort de cette pauvre créature, reniée avant de naître. Elle s'en voulait d'avoir pensé un moment à la donner à Samuel, à la repousser du château, à l'exiler de ses bras. Ces jours-là, elle ne tardait pas à se persuader que l'enfant était de Julius. Mais il y avait des jours, — et c'étaient les plus fréquents, — où elle croyait que l'enfant était de Samuel. Elle n'y songeait qu'avec répulsion, comme à un voleur qui voulait dérober à son petit Wilhelm la moitié de son héritage. La nuit surtout, dans ses insomnies, le cerveau traversé par les monstrueuses visions des ténèbres, elle le maudissait, elle souhaitait qu'il ne vînt jamais au monde, elle le menaçait, elle se promettait de l'étouffer. Oh! c'était évidemment l'enfant de Samuel; car Dieu n'aurait pas voulu la réduire à haïr l'enfant de Julius!

Elle ne couchait plus dans son lit, désormais profané. Elle n'avait pas voulu non plus prendre la chambre de Julius, ne se trouvant plus digne d'y entrer. Elle s'étendait sur un canapé du salon-boudoir. Seulement, elle avait eu soin de faire poser un lourd meuble devant le panneau par lequel Samuel était entré. Mais c'était superstition plutôt que précaution; car Samuel tenait ses paroles. Et d'ailleurs n'avait-il pas à lui, dans ce château bâti par lui, bien d'autres issues? Et dans ces nuits, si longues pour elle qui fermait bien rarement les yeux à la pâle clarté d'une veilleuse toujours allumée en cas de malaise de l'enfant, — ou, le soir, à la lueur funèbre du crépuscule, elle regardait parfois le plafond d'un œil impérieux et magnétique, espérant qu'il allait crouler sur sa tête et terminer d'un coup l'agonie de son âme. Où bien, dans son délire, elle invoquait une tempête qui assaillirait le navire de Julius et noierait son mari, ou, du moins, le jetterait sur une île d'où il ne reviendrait jamais.

— Que tout s'abîme! s'écriait-elle : lui, dans la mer, moi, dans l'enfer; mais qu'au moins, tout soit fini!

Puis elle se jetait à genoux devant son crucifix et demandait pardon à Dieu d'avoir eu de si affreuses pensées.

La chose dont elle avait le plus peur, c'était le retour de Julius. Il y avait trois mois qu'il était parti. Chaque jour, il pouvait arriver. Quand cette idée traversait l'esprit de Christiane, une sueur froide lui parcourait tout le corps, elle tombait la face contre terre, et elle restait là, une heure quelquefois, sans faire un mouvement.

Un matin, la nourrice lui monta une lettre. Christiane jeta un coup d'œil sur l'enveloppe et poussa un cri. C'était une lettre de Julius. Elle resta deux heures sans oser l'ouvrir. Mais une pensée la rassura : la lettre était timbrée de New-York. Julius ne revenait donc pas encore, car, sans cela, il n'aurait pas eu besoin d'écrire, puisqu'il serait revenu aussitôt que sa lettre. Elle eut un poids de moins sur la poitrine. Mais cette joie même lui fut un nouveau tourment.

— Voilà donc où j'en suis, se dit-elle : à être contente que Julius ne revienne pas!

Elle ouvrit la lettre. Julius, en effet, écrivait qu'il était retenu à New-York pour quelques semaines. Il était arrivé en parfaite santé. Le ravissement que sa venue avait causé à son oncle Fritz avait opéré un mieux sensible dans l'état du malade. Pourtant, les médecins n'osaient pas espérer encore. Retirer à son oncle cette vision de la patrie et de la famille qui venait le visiter, ce serait le tuer. Julius devait donc prolonger cette séparation si dure pour lui. Mais il ne resterait pas une minute de plus que la reconnaissance et l'humanité ne l'exigeraient. Il avait laissé son âme à Landeck, et il mourait d'ennui loin de Christiane et de Wilhelm. On sentait qu'en parlant de cela il s'était retenu de peur d'attrister Christiane; mais l'amour et la douleur débordaient. Un peu rassurée par cet ajournement, Christiane se sentit plus calme, et se remit à souffrir plus tranquillement.

Le temps passe, même quand on souffre. Les semaines se succédaient. A la fin de décembre, le baron vint voir sa belle-fille et essaya de l'arracher à la solitude, au moins pendant ces tristes mois de pluie et de neige. Mais elle résista comme la première fois. Elle prétexta la tristesse de l'absence prolongée de Julius.

Le baron la trouva bien changée. Elle avoua d'ailleurs qu'elle était un peu malade et souffrante. — Ah! vraiment? demanda en souriant le baron. — Oh! vous vous trompez, mon père! eut-elle la force de dire pâle et frémissante en dedans.

Elle avait caché sa grossesse à tout le monde. Elle était résolue à la dissimuler tant qu'elle pourrait. Pourquoi? elle n'aurait pu le dire. C'était toujours cela de gagné. Gretchen seule était dans sa confidence. Confidente dangereuse avec ses hallucinations et ses rêveries fiévreuses!

Le baron retourna à Berlin, et Christiane retomba dans la monotonie de son désespoir. De temps en temps elle recevait des lettres de Julius, retenu de semaine en semaine par les intermittences de la santé de son oncle. Elle faisait de violents efforts sur elle-même pour lui écrire quelques lignes brèves et tristes où elle ne lui parlait pas de son état, s'en remettant décidément à Dieu pour dénouer le drame.

L'hiver se passa ainsi. Au milieu d'avril, un triste événement donna un nouveau cours aux anxiétés de Christiane. Wilhelm tomba gravement malade.

Le vieux médecin de Berlin était au château. La maladie de l'enfant ne parut pas devoir être très-sérieuse pendant les deux premières semaines. Christiane veilla, soigna cette créature si chère avec l'amour, l'ardeur, la passion d'une mère à qui son enfant a coûté bien plus que la vie. Mais bientôt le mal changea subitement de caractère. Ce ne fut pas, cette fois, la science qui fit défaut à l'enfant. Outre le vieux médecin si expert, trois ou quatre de ses confrères les plus renommés de Francfort et d'Heidelberg furent mandés en consultation. Efforts inutiles. Le vingt-cinquième jour de la maladie, Wilhelm était mort.

Quand le médecin annonça la lugubre nouvelle à Christiane, qui, depuis quelques jours, ne pouvait plus que s'y attendre, elle ne répondit rien, — elle regarda la pendule. La pendule marquait minuit un quart.

— C'est cela, murmura Christiane; juste l'heure du pacte! Il devait mourir à cette heure. C'était là un marché de l'enfer que Dieu ne pouvait pas ratifier.

Et elle tomba, poids inerte, sur le plancher, devant le berceau, pour baiser une dernière fois le front glacé du pauvre petit.

Fut-ce la secousse de ses genoux sur le parquet de chêne, il lui sembla que le choc retentissait dans ses entrailles, et elle sentit en elle un tressaillement profond. — Déjà! pensa-t-elle en pâlissant. Oui, c'est possible : voilà bientôt sept mois de passés!

Comme elle allait se relever, tremblante, le baron, à qui le médecin avait écrit à Berlin, arrivait en toute hâte. Il tenait à la main une lettre. — Vous arrivez trop tard, mon père, dit Christiane en lui montrant de la main son enfant mort. Il vient de partir. — Mais je t'apporte une consolation, ma chère fille : Julius arrive!

Christiane sauta debout. — Julius! dit-elle, plus blanche que le cadavre de Wilhelm. — Tiens, lis, dit le baron. Et il lui tendit la lettre.

Julius écrivait que son oncle Fritz était mort. Après ses obsèques, il allait se mettre en route. Il serait à Landeck vers le 15 mai. On était au 13.

— Ah! voilà qui va bien! dit Christiane. Et elle tomba à la renverse.

LXV

NAPOLÉON ET L'ALLEMAGNE.

Tandis que ces angoisses et ces terreurs agitaient le cœur d'une femme, de grands et formidables événements bouleversaient l'Europe. Napoléon, après avoir hésité longtemps, avait levé la grande armée et déclaré la guerre à la Russie. Il était parti de Paris le 9 mai pour cette campagne épique de 1812, et, au même moment où Christiane éperdue se demandait ce que le sort allait faire d'elle, le monde stupéfait regardait ce que Napoléon allait faire du sort. Le 11 mai, l'empereur était arrivé à Mayence, où il avait, le 12, passé les troupes en revue, visité les fortifications et reçu le grand-duc de Hesse-Darmstadt. Dans la nuit du 12 au 13, il y eut conseil de la Tugendbund, dans la salle secrète du Château-Double. Cette fois, les Sept de la première réunion y assistaient. Ils étaient masqués, quoiqu'il n'y eût personne avec eux. Aussitôt qu'ils furent tous assis autour de la table, le président prit la parole.

— Amis et frères, dit-il, j'entre sans préambule en matière, car l'heure presse. Vous le voyez, tout semble tourner contre nous. Nous attendions le jour où Napoléon recommencerait la guerre, comptant que nos princes saisiraient cette grande occasion pour se séparer de sa cause et pour mettre leur épée dans le plateau de ses ennemis. Eh bien! cette levée de boucliers, que

Napoléon.

nous espérions comme le signal d'une insurrection de toute l'Allemagne, Napoléon vient de la faire formidable et inouïe, et les princes allemands ne marchent pas contre lui, mais avec lui. Les vaincus de Wagram, d'Iéna et de Madrid grossissent contre la Russie l'armée des vainqueurs. Napoléon a souhaité que nos rois vinssent sur son passage lui rendre hommage; pas un ne manquera à cet ordre. Il va se trouver à Dresde au milieu d'une cour de porte-couronnes. Saxe, Wurtemberg, Autriche, Prusse, Bavière et Naples, c'est à qui se mêlera à l'humble et étincelant cortége. C'est à cet abaissement que nous sommes descendus! — Voilà pour les rois. Passons aux peuples.

Et, s'adressant à l'un des Sept, qui avait un paquet de lettres devant lui : — Lisez les rapports, ajouta le président.

Celui auquel le chef parlait ouvrit une première lettre et lut :

« Mayence.

« Napoléon a été reçu avec enthousiasme. C'est à qui logera son escorte. On fraternise à chaque pas. Peuple et troupe, tout est dans l'enivrement. C'est une adoration universelle. L'empereur est un dieu ici. »

— Mais, interrompit le président, ce n'est encore là que l'Allemagne française. A l'autre.

Le lecteur ouvrit la seconde dépêche et lut :

« Wurtzbourg.

« De toutes les campagnes et de toutes les villes les populations, à la nouvelle que Napoléon doit passer ici le 15 dans la soirée, accourent, avides de l'entrevoir. Des arcs de triomphe de feuillage l'attendent aux portes. Un concert militaire lui sera offert, et, depuis ce matin, la foule, qui écoute les répétitions, semble s'exercer à applaudir les airs français qui y sont exécutés. Fête partout. Les lampions sont hors de prix. Toute la ville sera illuminée. »

— A Wurtzbourg, dit le chef, nous ne sommes pas encore au cœur de l'Allemagne. Nous le sentirons peut-être battre à Dresde.

Le lecteur prit un troisième rapport :

« Dresde.

« Le roi et la reine de Saxe font leurs préparatifs pour aller au-devant de l'empereur Napoléon. La ville fera comme le roi, et, grossie de toutes les populations de vingt lieues à la ronde, sortira à la rencontre du grand homme. Il y a ici encombrement de princes et de rois, mêlée de trônes, cohue de couronnes. Quant au peuple, il est ébloui; l'enthousiasme déborde. Napoléon sera assourdi d'acclamations. On apprête au théâtre une pièce de circonstance qui le divinise. Le roi a lu le manuscrit et a décoré l'auteur. Toute la salle est louée... »

— Assez! interrompit le président. Détournons les yeux de cette abjection de notre pays. C'est de cette façon que l'Allemagne reçoit un maître! Celui qui lui met le talon sur la figure, elle lui lèche les pieds! Cet homme va à la guerre comme les vainqueurs en reviennent : il triomphe d'avance, tant on est sûr qu'il vaincra!

Le président ajouta, non sans fierté : — Mais nous restons, nous. Il y a encore l'Union de Vertu.

Il se tourna vers un autre des Sept. — Disnous l'état de la Tugendbund. — Hélas! répondit celui-ci, de toutes parts les nôtres sont démoralisés. Cette acclamation des peuples sur les pas du conquérant leur paraît confirmer la consécration de la Providence qui l'a tiré d'en bas pour le mettre au-dessus de tout. La superstition s'empare des âmes. Beaucoup ont envoyé des demandes de retraite. Presque tous croient que Dieu est avec Napoléon, et qu'il est impie de le combattre... — Cela complète le reste, reprit le chef. Donc, partout lâcheté, débilité, effacement. Pas un cœur qui venge la nature humaine et qui, dans la prostration générale, reste debout. Tout rampe. Le bruit des éperons d'un passant glace d'épouvante tous ces fiers courages qui se jettent à plat ventre et se laissent écraser sans murmurer même une plainte. Ah! l'Allemagne en est-elle là véritablement? Faut-il abdiquer l'indépendance? Faut-il renoncer à l'œuvre et dire : « Puisque vous voulez être esclaves, soyez-le! » Personne ne se lèvera-t-il pour la cause de tous? N'y a-t-il plus au monde un homme!

Comme le président achevait ces paroles découragées, une sonnette résonna faiblement au-dessus de son fauteuil :

— Quel est ce bruit? demanda l'un des Sept.
— C'est notre hôte, Samuel Gelb, dit le chef. Il demande à entrer. — Qu'il entre! reprirent-ils tous. Il a peut-être quelque nouvelle meilleure à nous apprendre.

Le chef frappa sur un timbre : — Je demandais un homme, dit-il. Qui sait si Dieu n'exauce pas mon vœu? Samuel est un ferme et vaillant champion qui pourrait bien être l'homme qu'il faut à la patrie et à la liberté.

LXVI

SAMUEL VEUT IMITER JOSUÉ.

Une minute après, Samuel entrait dans la chambre secrète du conseil de l'Union.

Il s'inclina profondément, et attendit que le chef le questionnât.

— Samuel Gelb, vous avez une communication à nous faire? demanda le chef. — Oui, répondit Samuel. — Parlez. Que savez-vous, et que pouvez-vous? — Ce que je sais? dit Samuel. Je sais que l'empereur Napoléon vient d'entrer en Allemagne, et qu'à l'heure où nous parlons il passe à quelques milles d'ici. Je sais qu'autour de lui se meut une armée de quatre cent vingt mille hommes, avec six équipages de ponts, onze mille voitures de vivres, treize cent soixante et douze pièces de canon, sans compter soixante mille Autrichiens, Prussiens et Espagnols. Je sais que, de son côté, l'empereur Alexandre a pu armer trois cent mille hommes, partagés en trois armées : armée d'Orient, sous Barclay; armée d'Occident, sous Bagration, et armée de réserve, sous Tormasof. Deux autres corps et un vaste camp retranché se forment encore derrière ces trois armées. Je sais enfin que jamais le monde n'a vu plus formidable choc d'empires et de peuples. Ce que je peux? Je peux faire évanouir tout cet effroyable mouvement, comme une bulle de savon sous mon doigt. — Est-ce possible? dit le chef. Comment? Parlez.

Un murmure de surprise et d'incrédulité courut parmi ces hommes impassibles et hautains.

— Ah! vous vous étonnez! reprit Samuel. Vous ne pouvez imaginer qu'un humble affilié de seconde classe soit à la taille d'un pareil miracle. Si pourtant j'accomplis cela, me croirez-vous capable de quelque chose? Aurai-je mérité que vous m'éleviez au premier degré de l'Union? — Fais ce que tu dis, répondit le chef, et ensuite demande ce que tu voudras. — Vous vous souviendrez de votre parole? — Je te le jure. Mais explique-nous ce que tu comptes faire. Quels sont tes moyens? Agiras-tu en Brutus? As-tu ramassé le poignard de Frédéric Staps sous son échafaud sanglant? — Pour manquer mon coup, n'est-ce pas? et pour ajouter au tyran la popularité de la protection providentielle? Non pas, mes maîtres. Non, je ne me glisserai pas, à travers la foule, jusqu'au cœur de Napoléon, pour que sa garde, dans tous les cas, me mette en pièces, et pour que ce bon peuple d'Allemagne, que je veux délivrer, me récompense en m'assommant. Napoléon mourra, et je vivrai. Je le frapperai d'ici, sans quitter la montagne où nous sommes, de loin et de haut, comme Jupiter. — Que veux-tu dire? explique-toi. — L'heure n'est pas venue. Vous savez le but, qu'importe le moyen? — Raillez-vous, monsieur? demanda sévèrement le chef. — Tout au plus je me défierais, reprit Samuel. Certes, vous tous qui m'écoutez, vous êtes de hauts et puissants personnages, au-dessus de tout soupçon, au-dessus de tout crime. Mais sauver un Napoléon, c'est tentant pour tout le monde. Je craindrais que cela ne tentât Dieu, — si je croyais à Dieu. J'obéis donc aux conseils de la plus vulgaire prudence, quand je vous demande à garder mon plan dans les profondeurs de ma pensée, jusqu'à ce qu'il soit impossible d'en empêcher l'exécution. — Pourquoi nous en avoir dit la moitié, alors? demanda le président. — Pour savoir d'avance si vous m'en seriez reconnaissants. Vous auriez fort bien pu, comme les princes et les peuples de l'Allemagne, vous être faits les satellites du soleil et livrer ou punir votre libérateur. En second lieu, ne fallait-il pas vous engager à vous réunir de nouveau demain, pour prendre au besoin un parti? Écoutez : il est deux heures de la nuit; en ce moment, Napoléon a quitté Mayence et s'est mis en route pour Wurtzbourg. Demain matin, à dix heures, il s'arrête à Aschaffenburg pour déjeuner. Aschaffenburg n'est qu'à quelques milles d'ici. Ne vous écartez pas cette nuit, et demain, à dix heures, retrouvez-vous en séance dans cette salle. Je vous dirai alors ce que j'ai fait. Puis, nous attendrons l'issue. — Comment la saurons-nous? demanda le président. — A deux heures, dit Samuel, un homme à nous, le Voyageur du Neckar, sera ici et vous apportera la nouvelle que ce que la Providence elle-même aurait hésité à faire, Samuel Gelb l'a fait, lui. — Bien, dit le président, nous serons ici à dix heures, et nous attendrons.

LXVII

LE FORCEPS DE LA DOULEUR.

Cette nuit même, à quelques pas de la réunion des Sept, Gretchen, endormie dans sa cabane, entendit tout à coup appeler dehors et frapper à sa porte à coups redoublés.

— Qui est là? Est-ce vous, madame? demanda-t-elle. — Oui, dit la voix de Christiane.

Gretchen courut ouvrir.

Christiane entra, à peine vêtue, les cheveux en désordre, éperdue, folle.

— Qu'y a-t-il encore, madame? demanda Gretchen; comment êtes-vous hors de votre chambre et du château à pareille heure? — Je ne sais pas, dit d'abord Christiane d'un air égaré. Ah! oui, attends, je me souviens. Je me suis échappée. Personne ne m'a vue. Le baron d'Hermelinfeld est là, figure-toi. Je suis tombée à la renverse. Et puis des douleurs m'ont saisie, les premières douleurs de l'enfantement. Gretchen! Gretchen! je vais accoucher. — Comment! s'écria Gretchen avec épouvante et joie, mais le terme n'était pas arrivé! Oh! alors votre enfant est donc l'enfant de M. d'Eberbach? — Non, Gretchen, je sais bien que non. Oh! si je pouvais me tromper! je tromperais aussi les autres. Mais non! Mentir pendant toute une vie, j'aime mieux mourir!... Gretchen, Wilhelm est mort... Julius arrive... je suis tombée roide... et tous ces malheurs ont précipité le dernier... Oh! je souffre! je mourir!

Elle disait cela pêle-mêle, sans suite, insensée, prenant les mains de Gretchen aussi troublée qu'elle.

— Comment faire? dit Gretchen. Ah! je vais aller chercher le médecin.

Elle fit un pas vers la porte. Christiane se jeta après elle et la retint par le bras.

— Veux-tu bien rester, malheureuse! Je ne me suis pas échappée pour vivre, mais pour mourir, pour me dérober dans les entrailles de la terre, pour m'abîmer dans quelque gouffre. Morte, mon Julius m'aimera, m'estimera, me pleurera. La vie! est-ce que je veux de la vie? C'est le secret qu'il me faut! Tâche de comprendre ce que je te dis. Je ne sais pas ce que j'ai dans le cerveau. Je deviens folle. Mais le secret, le secret à tout prix! — Le secret à tout prix!

répéta Gretchen, perdant aussi tout à fait la tête.

L'atroce douleur physique, jointe à cette terrible douleur morale, acheva de vaincre Christiane. Elle s'était étendue sur le lit de Gretchen. Elle resta là plusieurs minutes, en proie à la torture et à l'hallucination, mais conservant cette idée fixe qu'elle devait cacher à tous son malheur et sa honte, et mordant son mouchoir pour étouffer ses cris.

Gretchen sanglottait et s'agitait autour d'elle, inutile, anxieuse, désespérée.

Dans un instant de répit, Christiane l'appela:

— Gretchen, jure-moi que tu feras ce que je vais te dire. — Je le jure, ma chère maîtresse. — A personne, quoi qu'il arrive, — ni au baron, ni à mon Julius, ni même au monstre, — tu ne révèleras mon secret. — A personne. — Si l'enfant vit, Gretchen, tu le porteras à ce Samuel; mais sans que personne le sache, le voie, le soupçonne. — C'est cela! s'écria Gretchen avec une joie menaçante, rejetons au démon la race du démon. — Ah! c'est mon enfant pourtant, mon unique enfant! dit Christiane saisie d'une convulsion nouvelle. Oh! mais la pauvre créature doit être morte. Oh! moi aussi, mon Dieu! faites-moi mourir! Gretchen, si l'enfant est mort, tu l'enseveliras, entends-tu? toi-même, seule, la nuit, dans la forêt. Le jures-tu? — Je le jure. — Et moi aussi alors, Gretchen, enterre-moi. Que personne ne sache!... O mon Julius! adieu! Je t'aimais bien... Mourir sans te revoir!... Gretchen, le secret, le secret, le secret à tout prix!

Elle retomba évanouie.

— Le secret, oui, j'entends, dit Gretchen.

Et elle répéta plusieurs fois comme machinalement:

— Le secret! à tout prix! le secret!

LXVIII

TRICOTER IVRE DE PEUR.

Le lendemain matin, c'était fête et transports de joie dans la ville d'Aschaffenbourg.

Hommes, femmes, les tout petits enfants, et jusqu'aux vieillards centenaires, étaient répandus dans les rues et hors des murs. Napoléon allait arriver. L'homme historique qui emplissait les imaginations allait se révéler aux yeux.

Chacun allait pouvoir le comparer à l'idée qu'il s'en faisait.

Une immense émotion remuait ces vastes flots de têtes, comme la marée qui monte à l'approche de l'astre.

Les groupes se hâtaient. Tout était oublié : commerce, soucis de la veille, affaires commencées. Les beaux garçons qui donnaient le bras aux belles filles profitaient de leur préoccupation pour leur emprunter quelques baisers qu'ils ne demandaient pas mieux, au reste, que de leur rendre au centuple.

Un seul être était mélancolique dans cette allégresse générale.

C'était notre ami Tritcher.

Il se promenait, l'œil morne et la face baissée, avec une nouvelle connaissance qu'il venait de faire, et qui n'était autre que le Voyageur du Neckar.

— Mais qu'avez-vous donc? lui demanda celui-ci. — Mon cher Raümer, dit Tritcher, je suis ému. — Ému de vin, demanda judicieusement le Voyageur, qui, au nez écarlate de Trichter, n'avait pas été bien longtemps à reconnaître un buveur. — Pouah! dit Trichter avec mépris, il y a quinze ans que le vin ne m'émeut plus. Ce n'est pas que je me sois privé de boire ce matin. Au contraire : prévoyant l'émotion qui me serre en ce moment la gorge, j'ai voulu me monter un peu l'imagination; j'ai essayé de me griser. Tentative ridicule! Je le reconnais avec douleur, je puis me rendre malade, je puis me tuer de boisson; je puis me noyer par dedans; mais, ô infirmité déplorable! je ne peux plus me griser. Quelle faiblesse! — Et, dit Raümer, pourquoi diable teniez-vous tant à vous griser aujourd'hui? — Parce que j'ai à présenter un placet à Napoléon. — Quel placet? — Un placet que Samuel m'a dicté. Et concevez-vous ma position? M'approcher de ce grand homme, le regarder, lui parler s'il m'interroge, parler à cet empereur sublime et colossal devant qui les canons baissent la voix! Comment le pourrai-je de sang-froid? Je suis ému, mon ami. Ah! il y a des moments où j'ai bien des fourmis dans les mollets! — Bah! dit le voyageur, vous vous exagérez la chose. C'est une bagatelle de remettre un placet. Voulez-vous que je le remette, moi? — Non, répondit Trichter. Samuel m'a fait jurer de le remettre moi-même. — Eh bien! vous le remettrez. Un aide de camp le prendra; l'empereur passera son chemin et ne vous regardera même pas. N'allez-vous pas croire qu'il se mettra

à lire votre placet? — J'en suis certain, dit Trichter. Samuel a pris des informations sûres et précises. A Mayence et sur toute la route, Napoléon a ouvert en personne tous les placets et a dicté les réponses le soir même. Il veut se rendre favorable l'Allemagne, qu'il va laisser derrière lui. — Et ce placet a pour vous une grande importance? — Je crois bien! C'est du pain pour ma vieille mère : du pain que je ne pourrai pas lui boire; car je suis une misérable insatiable éponge, voyez-vous. L'année dernière, j'ai eu un jour à moi cinq mille florins. Je lui en ai envoyé cinq cents, avec lesquels elle a payé ses dettes. J'avais la meilleure intention de lui en envoyer d'autres. Mais depuis longtemps notre idéal, à moi et à un de mes amis appelé Fresswanst, était de nous livrer sérieusement et avec suite à quelques études comparées sur les vins étrangers. Nous abordâmes ce travail avec une telle conscience qu'en trois mois notre gosier avait mis à sec notre bourse.

Raümer se mit à rire.

— Ne riez pas, reprit Trichter avec mélancolie. Hélas! je vis en même temps la fin de mon argent et de mon ami. Fresswanst, à la dernière bouteille, mourut d'une congestion cérébrale. Chute piteuse!... Entre nous, ajouta Trichter en baissant la voix, Fresswanst méritait-il sa réputation? Quelle que soit l'opinion de la postérité sur ce buveur, j'étais ruiné. J'engageai Samuel Gelb, mon noble *senior*, à nous arranger quelque nouvelle émigration à Landeck. Village charmant, ce Landeck, où l'on couche dans des nids, où l'on boit de l'eau-de-vie inouïe, et d'où l'on rapporte cinq mille florins! Mais Samuel ne voulut pas se prêter à mon désir. Hier, par compensation de son refus, il m'a conseillé ce placet, qu'il a voulu m'écrire de sa propre main, et dont il m'a garanti l'effet. — Mais, ajouta Raümer, vous avez donc des droits à la faveur de Napoléon? — J'ai eu un oncle tué à son service. Car il faut, mon cher, que vous sachiez que je suis à moitié Français par la famille de ma mère. Voilà pourquoi, bien qu'Allemand et étudiant, je puis demander à Napoléon sans scrupule. Je parle français mieux que Racine. C'était mon oncle qui soutenait ma mère; l'empereur a pris son soutien, il est donc juste qu'il vienne à son aide. S'il m'accorde la retraite que je réclame pour elle, je n'aurai plus de souci filial, et je pourrai achever seul les expériences que ma débine et le trépas précoce du faible Fresswanst ont interrompues si fâcheuse-

Mayence.

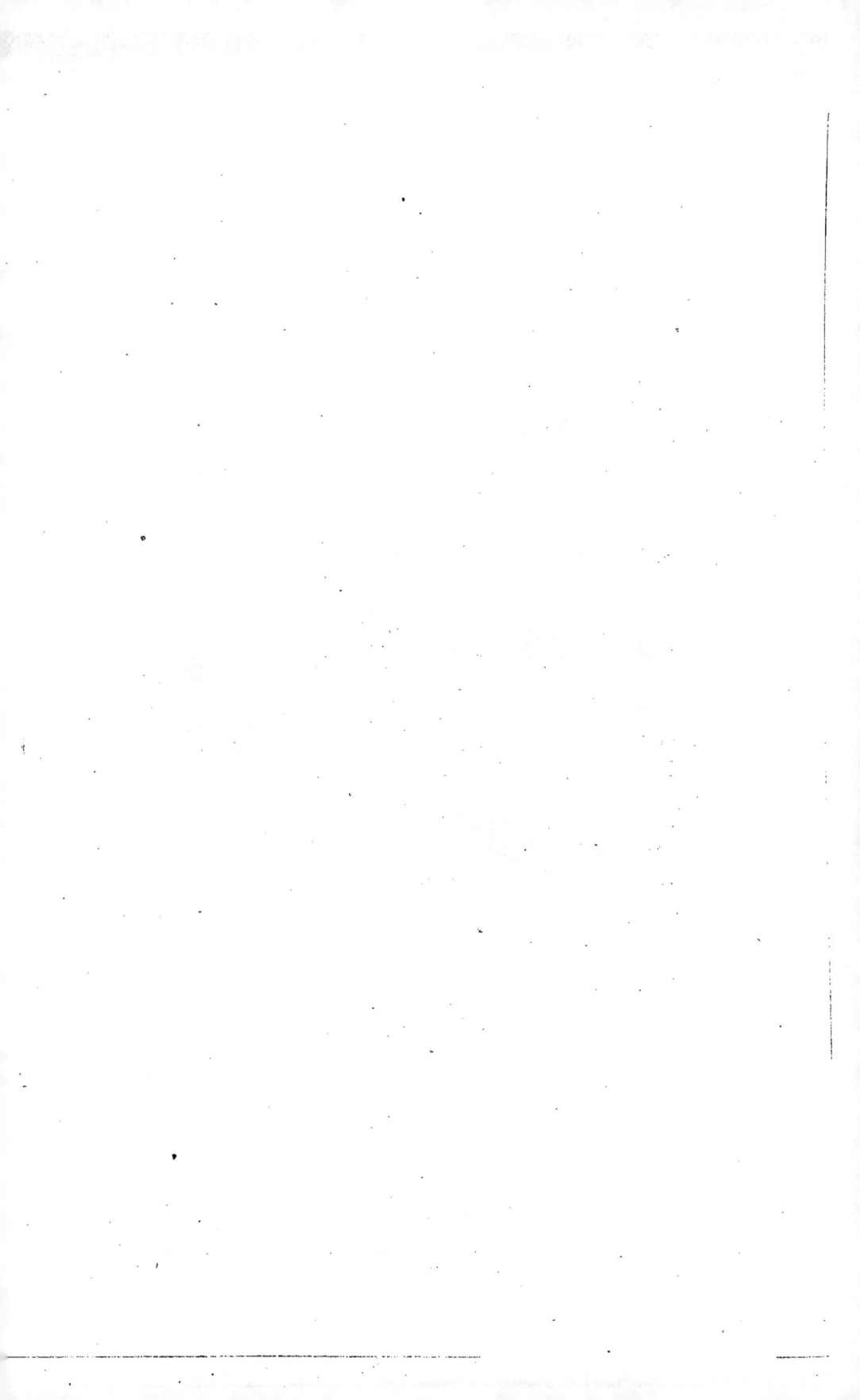

J AB EAUCE.   FISIN

L'empereur prit le placet en souriant. — Page 146.

ment pour mes travaux. Car, si je bois, soyez bien convaincu que ce n'est pas dans le vil but d'une jouissance personnelle. Il y a longtemps que je n'éprouve plus aucun plaisir ni aucune sensation à m'ingurgiter vos fades liqueurs humaines. Le kirsch et l'absinthe sont pour moi du lait et du miel. Excepté cette espèce d'eau-de-vie que j'ai bue à Landeck, et qui m'a causé, je l'avoue, une douce chaleur, tout me semble de l'eau claire. C'est dans un but complétement désintéressé, pour la science et par simple amour de l'humanité, que l'alambic qui a l'honneur de vous parler persiste dans ses recherches.

Vous comprenez, dès lors, de quelle importance il est pour le monde que l'empereur reçoive et exauce mon placet. — Il l'exaucera, je n'en doute pas, répondit Baümer. Mais j'entends les *vivat* de la foule. — Serait-ce le grand Napoléon? demanda Trichter, déjà tout tremblant. — Non. On crie seulement : Vive la France! Ce ne sont probablement que quelques généraux ou aides de camp qui le précèdent. — A la bonne heure! dit Trichter, qui recommença à respirer. — Où lui remettrez-vous votre requête? demanda Baümer. — Oh! j'ai ma place prête. A l'entrée du palais du prince-primat. L'empereur doit y descendre pour déjeuner et pour recevoir les députations des alentours. Deux des chasseurs qui formeront la haie, grands admirateurs de ma capacité en fait de liquide, m'ont promis de me laisser passer jusqu'au grand homme. Je n'ai peur que de ma timidité. Ah! si j'avais pu me griser! Vous devez me trouver bien bavard. Mais si je vous parle avec cette volubilité depuis une demi-heure, ce n'est pas seulement pour vous ennuyer de mes affaires, c'est pour me mettre en train, si j'ai à parler à l'empereur. Je me monte la langue. Je l'habitue à aller toute seule.

Soudain Tritchter s'interrompit et se remit à trembler.

— Ah! pour le coup, balbutia-t-il, c'est bien vive l'empereur que l'on crie.

En effet, une formidable acclamation saluait l'approche de l'homme-prodige. Une immense masse de peuple refluait vers les deux causeurs.

LXIX

LE POISON.

Il n'y avait pas à se méprendre sur le sens des acclamations et sur le mouvement de la foule.

— C'est bien l'empereur, cette fois, dit le Voyageur à Trichter; hâtons-nous.

Et ils coururent vers le palais du prince-primat.

— Je vous en prie, dit Trichter, ne me quittez que le plus tard possible, mon cher Raümer, et ne vous en allez pas. Restez là jusqu'à ce que je revienne, afin que j'aie un regard d'ami pour me donner de la force pendant que j'aborderai la vision terrible, et des bras d'ami pour me recevoir si je m'évanouis.

Il ne tarda pas à retrouver ses chasseurs, lesquels lui dirent de se tenir contre eux, et qu'ils le laisseraient passer au moment où l'empereur descendrait de cheval.

Il était temps, car presque aussitôt la place, déjà fourmillante, fut envahie d'une telle foule, que tous les coudes étaient engrenés, et qu'il aurait été impossible à Trichter et à Raümer de se faire jour à travers ces inextricables lianes humaines.

Le temps s'écoulait pour Trichter avec la rapidité de l'éclair. Ses tempes battaient violem-

ment. Il sentait son cœur s'affaisser dans sa poitrine, comme un navire qui sombre. Il avait envie de renoncer à son placet et au pain de sa mère.

Il en était à espérer que l'empereur allait se raviser, faire la paix avec la Russie et retourner en France sans entrer dans le palais du prince-primat.

Tout à coup les fanfares éclatèrent, les tambours retentirent, et Napoléon déboucha sur la place, escorté d'une tempête d'acclamations.

L'empereur était à cheval à côté de la voiture de l'impératrice. Il saluait la foule.

Et Trichter se sentait de plus en plus pétrifié par l'approche de cet empereur qui, mieux qu'Atlas, portait le monde sur ses épaules, — dans sa tête, sinon dessus.

Arrivé devant le palais du prince-primat, Napoléon mit pied à terre.

Le prince-primat, avec sa suite, était sur le seuil, tête nue.

Il adressa un compliment enthousiaste à l'empereur, qui répondit par quelques mots de remercîment; puis l'impératrice descendit de sa voiture, et le couple impérial se disposa à monter l'escalier du palais.

— Allez donc! dit un des chasseurs à Trichter. C'est le moment. Vite.

Trichter jeta sur Raümer un regard navré.

— Priez Dieu pour moi, lui dit-il.

Puis, lui ayant serré la main d'une étreinte frénétique, il s'avança chancelant, non par le vin, hélas!

— Ah! un étudiant allemand, dit Napoléon. J'aime cette fière jeunesse. Que voulez-vous, mon ami?

Trichter voulut répondre, mais sa voix s'étrangla, et il ne put articuler une parole.

Tout ce qu'il put faire, ce fut de tendre au glorieux empereur le placet qu'il tenait de la main droite; encore dut-il, pour cela, renoncer à sa casquette, qu'il tenait de la main gauche: il n'était pas capable de tenir deux choses à la fois.

L'empereur prit le placet en souriant.

— Remettez-vous, dit-il. Parlez-vous français?

Trichter fit un prodigieux effort sur lui-même.

— Ma mère... balbutia-t-il. Votre Majesté... Mon oncle aussi... Il est mort... Mais moi... je ne suis pas Français.

Il sentait qu'il disait juste le contraire de ce qu'il aurait voulu dire.

Eh bien! dit l'empereur, puisque vous parlez français, entrez avec moi, vous me direz vous-même ce que vous souhaitez.

Les tambours battirent aux champs, et l'empereur monta l'escalier, tenant toujours le placet.

Trichter marchait derrière lui, éperdu, décontenancé dans ce cortége, écrasé de toute cette gloire, ivre de toutes ces splendeurs, noyé dans le soleil.

Il entra ainsi dans la salle de réception.

L'empereur accueillit gracieusement les envoyés des rois et des princes. Il eut pour chacun une parole flatteuse.

Au général Schwartzemberg, qui représentait l'Autriche, il parla de son talent militaire, qu'il connaissait et qu'il appréciait.

Au baron d'Hermelinfeld, qui venait lui présenter les respects du roi de Prusse, il dit que la science était de tous les pays, et que les esprits comme le sien faisaient tous les hommes compatriotes.

Quand on lui eut nommé l'envoyé du grand-duc de Saxe-Weimar, il alla vivement à lui, le prit à part, l'entretint plusieurs minutes, et, en le quittant, lui dit :

— Monsieur de Gœthe, vous êtes un homme, vous.

La revue terminée, le prince-primat engagea l'empereur à passer dans la salle à manger.

— Veuillez y conduire l'impératrice, dit Napoléon. Je vous rejoins. J'ai quelques ordres à donner. — Ah! où est donc mon étudiant?

Trichter, qui s'était un peu remis pendant que l'attention de l'empereur s'était détournée de lui, sentit sa maudite émotion le reprendre. On le poussa dans un cabinet où l'empereur passa avec son secrétaire et deux aides de camp seulement.

Napoléon s'assit devant une table.

— Voyons, mon ami, dit-il à Trichter, qu'est-ce que vous avez à me demander? — Sire, ma mère... ou plutôt mon oncle... Oui, Sire, un brave soldat de Votre Majesté... essaya de répondre la voix rauque de Trichter.— Remettez-vous donc, dit l'empereur. Où est votre placet? Ah! je l'ai.

Il le tendit à Trichter.

— Tenez, si vous ne pouvez pas parler, lisez.

Trichter prit le placet, le décacheta et le déploya d'une main tremblante.

Mais il n'y eut pas plutôt jeté les yeux qu'il chancela et pâlit.

— Eh bien! qu'est-ce donc? dit l'empereur.

Trichter tomba roide et inanimé.

Les aides de camp se précipitèrent.

— N'approchez pas, messieurs, s'écria l'empereur qui s'était levé, il y a là quelque chose. — Faut-il aller chercher un médecin? demanda un aide de camp. — Non, dit l'empereur, l'œil fixé sur Trichter étendu. Allez chercher le baron d'Hermelinfeld. Mais pas de bruit, pas d'esclandre, pas un mot. Que le baron vienne seul.

Une minute après le baron entra.

— Monsieur le baron, lui dit l'empereur, voici un homme qui vient de tomber foudroyé en lisant un papier, — tenez ce papier qui est là, à terre. N'y touchez pas; il est tombé en le déployant.

Le baron s'approcha de Trichter.

— L'homme est mort, dit-il.

Puis il alla vers la cheminée, y prit les pincettes, et, avec les pincettes, exposa le papier à la fumée, mais sans le laisser toucher par la flamme.

Cependant il observait avec attention la teinte que prenait la fumée.

Puis, au bout d'une minute, il tira la lettre à lui, et, avec de lentes précautions, l'examina, la palpa, la flaira.

On put le voir alors pâlir subitement.

Il venait de reconnaître la composition d'un poison retrouvé du moyen âge, et dont deux personnes, seules au monde, devaient connaître le secret :

Lui et Samuel.

— Vous pâlissez? dit l'empereur. — Ce n'est rien, reprit le baron. Une dernière émanation, peut-être. — Reconnaissez-vous ce poison? demanda Napoléon. Peut-il nous mettre sur les traces de l'assassin?

Le baron d'Hermelinfeld eut un moment d'hésitation et d'anxiété. Pour le coup, la vie de Samuel Gelb était dans ses mains.

Après un instant de silence, il répondit :

— Sire, je ne puis répondre encore à Votre Majesté. Il faut que j'analyse ce papier. Mais il se peut que j'y découvre quelque indice. — C'est bien, dit l'empereur. J'ai toute confiance en votre science et en votre loyauté, monsieur d'Hermelinfeld. Mais avant toute chose, un mot. Nous sommes cinq ici. Sur votre honneur, monsieur, — messieurs, sur votre vie, ajouta-t-il en regardant ses aides de camp et son secrétaire, — j'exige de vous un silence absolu. On peut laisser révéler l'attentat d'un Frédéric Staps quand on quitte un pays, mais non quand on y entre.

LXX

A la même heure où ceci se passait à Aschaffenburg, Samuel, dans la chambre souterraine du château, révélait aux Sept sa tentative et son moyen.

— Il est dix heures et quelques minutes, disait Samuel ; en ce moment, messieurs, Napoléon est mort, l'Empire écroulé, l'Allemagne libre.

Les Sept se taisaient.

— Vous gardez le silence? reprit Samuel. Est-ce un désaveu? Désapprouvez-vous ce que j'ai fait?— Frédéric Staps s'est dévoué lui-même, dit un des Sept. — Mesquin scrupule! répliqua Samuel en haussant les épaules. Le général ne fait pas le coup de fusil. Il me semble, d'ailleurs, que votre Providence ne s'y prend pas autrement que moi, et qu'elle fait de nous tous ce que j'ai fait de Trichter. Elle nous emploie au profit de ses desseins, et ne s'inquiète guère de nous tuer quand notre mort lui paraît nécessaire à la vie d'une idée. Qu'ai-je fait autre chose? J'ai sacrifié Trichter, mon ami. D'un ivrogne j'ai fait un martyr. Je ne crois pas qu'il ait perdu au change. Allons! plus de ces scrupules d'enfant! Êtes-vous contents de moi? — Tes moyens, dit enfin le Chef, sont entre ta conscience et toi. Mais si tu as réellement délivré l'Allemagne, nous ne verrons que le résultat, et tu auras bien mérité de la patrie et de l'Union de Vertu. Quand aurons-nous la nouvelle?— Le Voyageur du Neckar est en route. Attendons.

Ils attendirent dans une profonde anxiété.

A une heure, le timbre résonna.

— C'est lui, dit Samuel.

Et il alla ouvrir.

Le Voyageur du Neckar entra, grave et lent.

— Eh bien? demandèrent-ils tous. — Voici ce que j'ai vu, répondit le Voyageur. J'ai obéi ponctuellement aux ordres que Samuel Gelb m'a transmis de votre part. Je n'ai pas quitté Trichter jusqu'au moment où il a présenté le placet à Napoléon. L'empereur l'a fait entrer avec lui dans le palais du prince-primat. — A merveille! dit Samuel. — Attendez, reprit le Voyageur. Comme je ne voyais plus Trichter sortir, je rôdais autour du palais, cherchant par où m'in-

troduire, quand j'aperçus, se glissant par une porte de derrière, deux hommes qui portaient une civière couverte, et qui se dirigeaient du côté de l'hôpital. J'ai suivi ces hommes. Les rideaux de la civière se sont écartés un moment. Une main a passé. J'ai reconnu un gant pareil à celui que portait Trichter. Je me suis informé auprès du portier de l'hôpital. Il m'a dit qu'il avait enregistré un mort inconnu, à faire ensevelir le soir même. — Trichter mort! interrompit Samuel pâlissant.

Le Voyageur reprit :

— Je suis retourné vers le palais. Au moment où j'arrivais, j'ai vu l'empereur monter en voiture avec l'impératrice, et prendre le chemin de Wurtzbourg, au milieu des acclamations unanimes et enthousiastes de la foule.

Un long silence suivit ces paroles qui ne laissaient subsister aucun doute.

— C'est bien, dit le Chef au Voyageur du Neckar, tu peux te retirer.

Le Voyageur salua et sortit.

— Samuel Gelb, reprit le Chef, Dieu est plus fort que toi. Tu n'as tué que ton ami. Si nous avons un conseil à te donner, c'est de te mettre en sûreté le plus tôt possible.

Et, se tournant vers ses compagnons masqués :

— Nous-mêmes, messieurs, nous ferons prudemment de nous disperser.

Les Sept sortirent laissant Samuel muet et frappé de la foudre.

LXXI

Une demi-heure après Samuel chevauchait sur la route d'Heidelberg.

Il trottait tranquillement sans se hâter, comme on rentre et non comme on se cache.

En arrivant le soir à son hôtel, il trouva à la porte un vieux domestique qui l'attendait.

Il le regarda et le reconnut pour appartenir depuis vingt-cinq ans au baron d'Hermelinfeld.

— Qu'est-ce, Tobias? demanda-t-il. — Monsieur Samuel, dit le domestique, M. le baron d'Hermelinfeld me dépêche vers vous en toute hâte. Il ne vous a pas écrit, pour une raison que vous devinerez, à ce qu'il m'a dit; mais il m'a chargé de vous répéter ces paroles textuelles,

Sur le lit, il y avait un enfant nouveau-né. — Page 151.

en me disant que je n'avais pas besoin de les comprendre et en m'ordonnant de les oublier aussitôt après vous les avoir rapportées. — Parle, dit Samuel. — M. le baron vous mande donc ceci : « J'étais à Aschaffenburg, je sais tout, je puis tout prouver, je vous tiens, et, si vous n'avez pas quitté le sol de l'Allemagne dans les douze heures !... » Voilà, en propres termes, tout ce que M. le baron m'a fait apprendre par cœur et m'a chargé de vous redire.

Ces paroles, répétées sans accent et comme machinalement, produisirent sur Samuel un effet singulier.

— C'est suffisamment clair, j'en conviens, dit-il. Eh bien ! tu remercieras M. le baron de ma part, Tobias. — Maintenant, M. le baron m'a dit que, si vous manquiez d'argent, j'aurais à vous remettre... — Assez, interrompit Samuel. Tu lui diras, Tobias, puisque tu es un émissaire si exact, que je t'ai interrompu à cet endroit, et ne t'ai pas permis d'achever. — Et partirez-vous, monsieur ? J'ai encore à vous le demander de la part de M. le baron. — Il le saura. Je verrai. Je ne suis pas décidé. Je ne dis ni oui ni non. — Ma commission est donc faite, monsieur, et je repars. — Bon voyage, Tobias.

Tobias salua et partit.

Samuel monta à sa chambre.

Il se jeta sur une chaise, posa ses deux coudes sur sa table et son front dans ses deux mains.

L'intervention presque visible de Dieu dans son plan l'avait un peu ébranlé.

Il pensait :

— Que faire? Où en suis-je? Récapitulons un peu le bilan de ma vie. Il est pauvre.

Le baron me dénoncera, je n'en puis douter. Il est évident qu'il a, cette fois, prisé sur ma destinée. Le ravisseur de Gretchen pouvait tenir en échec le ravisseur de ma mère. Mais un meurtre, un crime de lèse-majesté me découvre et me livre sans rémission. Premier désavantage. D'autre part, au lieu de monter dans l'Union de Vertu, je viens plutôt d'y descendre. Ces esprits étroits m'auraient admiré dans le succès et me dédaignent dans la défaite. Je l'ai bien vu dans leur départ précipité et dans leurs adieux méprisants. Mon but, de ce côté, est ajourné, peut-être à jamais. Voilà pour l'action.

Ai-je, en regard de cela, quelque intérêt de cœur? Personne ne m'aime et je n'aime personne. Ce mouton que j'appelais Julius, et ce caniche que j'appelais Trichter, sont eux-mêmes, à cette heure, perdus pour moi. Quant aux femmes, j'ai poursuivi l'amour, cette expression humaine de l'infini, jusque dans ses contrastes les plus heurtés. J'ai voulu le faire jaillir, — comme le feu du fer et du caillou, — de la violence et de la haine. Effort et crime inutiles! Ah! je me lasse et je m'ennuie!

M'enfuir! En suis-je réduit à fuir, moi, Samuel Gelb? Et où irais-je? Mon plus sûr refuge, comme mon plus fier exil, ce serait la gueule du loup. Paris, Paris, la capitale moderne, la Rome des esprits, l'*Urbs* nouvelle m'a toujours tenté. C'est un théâtre digne de moi. Oui, mais qu'y jouerai-je? Le savant? on me demandera mes diplômes. L'homme politique? je serai un étranger. C'est toute une vie à refaire. Et recommencer quand on a fini, quoi de plus fastidieux et de plus nauséabond?

Bah! si tout bonnement je me dénonçais moi-même? Après tout, cela embarrasserait le baron et peut-être l'empereur. Qui sait si Napoléon ne me ferait pas grâce, pour se poser en Titus et en Auguste aux yeux de l'Allemagne? Il ne pourrait guère faire tuer un homme qui se serait dénoncé lui-même. Et l'honnête baron resterait assez penaud. Bon! ils me feraient étrangler dans ma prison. Et puis, est-ce que je voudrais qu'on me

fît grâce? Est-ce que je voudrais vivre par charité? — Peut-être Napoléon me ferait-il juger. Alors, j'aurais un procès retentissant; et l'Europe verrait face à face Napoléon et Samuel Gelb.

— Belle ambition! Occuper la foule imbécile? Est-ce à cela que je vise? Cette humanité, dont les quatre-vingt-dix-neuf centièmes passent la vie à gagner de l'argent, et croient que le but de l'homme sur la terre est d'amasser, dans un comptoir ou dans un coffre, une certaine quantité de pièces d'un certain métal, — cette humanité me dégoûte. Agir sur elle, à quoi bon? C'est trop long de la faire avancer, et un homme seul y fait trop peu. Je comprendrais le rôle de réformateur et de civilisateur, si l'on pouvait improviser d'un coup l'avenir. Mais de ce qu'on rêve à ce qu'on fait, il y a trop d'abîmes. A quoi bon se mettre en route, quand on sait d'avance qu'on n'arrivera pas? Christophe Colomb se serait-il embarqué s'il avait su mourir le deuxième jour du voyage? Pouah des choses qu'on commence et qu'on passe à d'autres pour qu'ils les continuent! Je veux bien transporter les montagnes, quand je devrais être écrasé dessous; mais je ne veux pas les émietter et faire le transport par brouettées. Civilisateurs, grands porteurs de grains de sable! j'y renonce. Le plus court, le plus simple et le moins fanfaron serait peut-être de me couper la gorge. C'était la manière des Romains, et elle avait sa grandeur. Coupons-nous la gorge : c'est dit! — La pensée du suicide m'a toujours souri. — La mort involontaire, nécessaire, fatale, me répugne. Arriver à la tombe comme le bœuf à l'abattoir, c'est la bestialité. Sortir librement et fièrement de la vie, comme on s'en va d'une soirée ennuyeuse, à son moment, quand on en a assez, quand on en est las, quand on n'a plus faim, à la bonne heure! cela est digne d'un homme. — Voyons, je n'oublie rien, je ne regrette rien, rien ne m'attache à l'existence? Non. Allons, mon cher, sans autrement tarder et réfléchir, et surtout sans faire de testament, coupe-toi la gorge.

Et cet homme étrange alla tranquillement à sa toilette, prit un rasoir et l'affila.

Tout à coup un faible cri se fit entendre dans son alcôve. Il s'arrêta étonné.

Un deuxième cri suivit.

— Qu'est-ce que cela veut dire? fit-il.

Il alla d'un pas rapide au lit, et tira brusquement les rideaux.

Sur le lit, il y avait, enveloppé de langes noués à la hâte, un enfant nouveau-né.

LXXII

ROUTE DE PARIS.

Samuel Gelb, à la vue de cet enfant tombé du ciel, recula de surprise.

— Oh! oh! qu'est-ce que ceci? se dit-il. Qui diable a déposé là cet enfant? Il est joli, le petit, autant que peut l'être cette grimace humaine où il n'y a pas encore d'âme. Ah! c'est une fille. Bizarre aventure!

Il réfléchit un moment, assailli de mille pensées.

— Est-ce une mauvaise plaisanterie de quelque camarade? Est-ce un coup de désespoir de quelque mère? L'enfant serait-il de moi? Si c'était mon enfant?

Il s'arrêta, étonné lui-même de l'impression que faisait sur lui cette idée.

— Mais non, reprit-il, c'est impossible. Voyons. Cet enfant est né d'hier à peine, d'aujourd'hui peut-être. Pour Gretchen c'est trop tard, et pour Christiane c'est trop tôt. D'ailleurs, je l'aurais su. Et enfin, dans ce cas, le baron ne m'aurait pas épargné. Quant au reste, c'est l'inconnu, l'Océan. Inutile de chercher. La mer dirait plutôt à quelle rivière appartient chacune de ses vagues. Allons, je ne suis pas le père! N'importe! cette petite fille est jolie.

Et comme l'enfant criait, peut-être de faim, Samuel fit fondre du sucre dans de l'eau et du lait, et lui en fit prendre quelques gouttes avec une petite cuiller.

— Samuel Gelb métamorphosé en nourrice! pensait-il. Ah! comme on rirait si on me voyait!

Il se redressa grave et fier, comme s'il répondait à un défi.

— Et pourquoi rirait-on? Il n'y a que les sots qui me regardent comme un monstre, parce que je suis un homme, un homme entier, un homme libre, un homme plus fort que les liens et supérieur aux préjugés. Cela n'empêche pas que, quand je vois souffrir une créature petite, faible et abandonnée, je la secours comme un saint Vincent de Paul, et avec plus de mérite, ce me semble, puisque je ne spécule pas sur le paradis. Pourtant, quoique je me croie aussi capable du bien que du mal, il est certain que jusqu'ici j'ai fait plus de mal que de bien. C'est l'occasion qui l'a voulu ainsi. Au besoin, c'eût été le contraire. Et je vais faire encore ce qu'on appelle le mal en envoyant porter cet enfant à l'hospice.

Il replaça doucement l'enfant sur le lit, et descendit pour interroger les gens de l'hôtel.

Personne n'avait demandé Samuel. On n'avait vu personne prendre sa clef et monter chez lui.

Samuel revint dans sa chambre.

— Questions perdues! pensa-t-il. Le domestique qui aura ouvert ma chambre aura été largement payé, ou la mère aura chargé de la commission quelqu'un de bien hardi et de bien adroit. Allons, je ne saurai rien. — Ne serait-ce pas un enfant à Lolotte? Je l'ai brouillée avec Trichter, — pourquoi voulait-elle l'empêcher de boire? — elle a pu juger à propos de me mettre son enfant sur les bras. Ou bien encore quelque étudiant aura voulu faire hommage à son roi de sa progéniture. Bah! qu'importe? Parce qu'il naît des enfants, ce n'est pas une raison pour qu'il ne meure pas des hommes. Au contraire. Je vais donc faire porter cette ébauche de femme à l'hospice, et poursuivre l'occupation que son criaillement a interrompue.

L'enfant criait de nouveau. Il lui donna encore à boire.

— Dors, petite, du sommeil du commencement, et laisse-moi dormir du sommeil de la fin.

L'enfant s'apaisa et parut s'endormir en effet.

Samuel la regarda.

— Pauvre petite créature! Il y a là, dans cette frêle enveloppe, toute une existence, toute une destinée. Il y a là un esprit. Cette vie fragile, cette goutte qui contient un océan, cet éphémère qui contient une immortalité, qu'est-ce que tout cela doit devenir? Hamlet philosophait sur un crâne, c'est-à-dire sur le passé, sur la mort, sur le fini. Mais combien il y a plus à penser sur un nouveau-né, sur l'avenir, sur la vie, sur l'inconnu! En ce moment, cet enfant qui vient au monde quand j'allais en sortir, son destin dépend de moi. Je puis laisser cette fille être comme moi une créature bâtarde et maudite, sans père ni mère; mais je pourrais aussi l'élever, l'aimer, la sauver. — Si je le faisais? Mais j'étais en train de mourir; cela vaut-il que je me dérange? — Bah! je ne tiens pas beaucoup plus à mourir qu'à vivre. Et puis, pourquoi mourrais-je? Parce que je n'ai rien à faire ici. Si je veux, l'intérêt qui manquait à ma vie, justement le voilà. Quel intérêt plus grand, plus essentiel, souhaiterais-

Ils se penchèrent sur l'abîme. — PAGE 154.

je? Ce n'est pas un prétexte que je me donne, non! je ne pose pas pour moi-même. Mais je sens que mon existence aurait été inachevée, que mon rôle de vice-destin n'aurait pas été complet, et que ma nature prométhéenne aurait manqué son idéal, si je n'avais jamais eu dans ma main cette cire molle et sublime, l'éducation, la pensée, la vie d'un enfant. Quel amusement et quelle puissance! pétrir à sa guise, arranger à son caprice, sculpter selon son rêve cette argile divine : une âme. Que ferai-je de cet enfant? un démon de perdition ou un ange de vertu? Desdemona ou lady Macbeth? Selon l'é-

ducation que je lui donnerai, selon les sentiments que je lui inspirerai, selon la forme que je lui imprimerai, elle sera ombre ou lumière, pureté ou vice, aile ou griffe. Je cherchais si j'étais son père : si je ne le suis pas, je le serai! Qu'importe qu'elle soit ou non la fille de ma chair, elle sera l'œuvre de ma pensée! C'est bien mieux! Grand'chose que ce que font les poëtes et les sculpteurs en produisant des ombres impalpables dans des livres ou des formes insensibles sur des socles! Moi, je suis plus grand que Shakspeare et que Michel-Ange : je suis poëte et sculpteur d'âmes! — Donc, c'est résolu. Enfant, je t'adopte. Cela m'ennuyait de recommencer ma vie seul. Cela m'amusera de la recommencer avec toi. Je jetais ma vie par la fenêtre, tu t'es trouvée dessous, tu l'as ramassée. Prends-la, je te la donne.

Alors Samuel remit tranquillement le rasoir dans l'étui, descendit et commanda des chevaux pour le lendemain matin, à sept heures et demie.

— C'est à sept heures, se disait-il en remontant l'escalier, que Tobias m'a averti de la part du baron d'avoir à déguerpir dans les douze heures. Je suis curieux de voir si le père de Julius osera me faire arrêter en effet. D'ailleurs, il ne me convient pas de fuir. Si à sept heures et demie il n'a pas apparu, je partirai.

Sept heures et demie sonnèrent, le lendemain, sans que le baron eût donné signe de vie à Samuel.

Dans ce moment, M. d'Hermelinfeld avait un souci autrement grave en tête.

Samuel alla donc demander son passe-port au recteur, qui le signa avec un admirable empressement, heureux d'être enfin débarrassé d'un tel élève.

Les chevaux attelés, Samuel prit le peu d'argent qu'il avait, fit charger un sac et une malle et monta en voiture, l'enfant dans ses bras, enveloppé dans son manteau.

—Route de Paris! cria-t-il au postillon, du ton dont Napoléon dut crier : — Route de Moscou!

LXXIII

LE TROU DE L'ENFER.

Vers le moment où Samuel disait à son postillon : « Route de Paris! » Gretchen rentrait à grands pas dans sa cabane d'Éberbach.

D'où venait-elle?

On eût dit qu'elle venait de faire une longue route. Ses souliers étaient couverts de poussière. Sa robe était déchirée. Ses yeux ternes et creux disaient qu'elle n'avait pas dormi la nuit passée.

Elle paraissait épuisée de fatigue.

Elle entra dans sa cabane et n'y retrouva plus personne.

— Comment! s'écria-t-elle épouvantée, est-ce que madame est partie? Elle n'avait de forces que la fièvre et le délire! O mon Dieu! est-elle retournée au château? Courons-y.

Elle allait sortir quand elle aperçut sur la table un papier. Sur le papier il y avait quelques lignes désordonnées écrites au crayon.

— Qu'est-ce que ce papier? dit Gretchen.

Elle lut :

« Tu m'as dit que l'enfant était mort. Je me suis évanouie, et, en me réveillant, je ne retrouve ni lui, ni toi. Tant mieux! L'enfant est mort, alors, je peux mourir. S'il avait vécu, j'aurais bien été obligée de vivre. Maintenant je peux aller rejoindre Wilhelm et mon père. Sur ton âme et la mienne, le secret toujours! »

Gretchen jeta un cri. — Qu'ai-je fait? dit-elle.

Elle courut au château. Elle y trouva en proie au désespoir le baron, qui arrivait d'Aschaffenburg, et Julius, qui venait d'arriver par le Havre. Ils allaient se mettre à la recherche de Christiane.

Une demi-heure avant l'arrivée de Julius, un domestique avait vu Christiane rentrant au château, passer comme un fantôme, monter à sa chambre, puis redescendre presque aussitôt et sortir.

Julius s'était élancé vers la chambre de Christiane. Le lit n'était pas défait. Elle ne s'était pas couchée. Sur la cheminée, au même endroit où Julius, en partant sept mois auparavant, avait mis son billet d'adieu, il y avait un billet cacheté. Julius avait ouvert précipitamment ce billet. Voici ce qu'il avait lu :

« Mon Julius, pardonne-moi. Ton retour me tue, et cependant je ne meurs que parce que je t'aime. Tu ne m'aurais plus aimée, tu m'aurais méprisée peut-être. Notre enfant est mort : tu vois bien qu'il faut que je meure. »

— Mon père! avait crié Julius foudroyé.

Le baron était accouru. Julius lui avait tendu la lettre.

— Prends courage, avait dit le baron. Il est peut-être temps encore. Cherchons. — Cherchons! avait crié Julius, bouleversé par une anxiété convulsive.

C'est à ce moment que Gretchen parut. Julius courut à elle. — Christiane! dit-il, as-tu vu Christiane? Sais-tu ce qu'elle est devenue? — Je la cherche, répondit Gretchen. N'est-elle pas ici? — Tu la cherches? Pourquoi? Tu l'as donc vue? Est-elle allée à ta cabane? — Non, répondit Gretchen après un silence. Mais tout le monde la cherche. — Oh! je crois bien, s'écria Julius désespéré: Gretchen, elle veut mourir.— Voyons,

Julius, remets-toi, dit le baron. Où et comment eût-elle pu se tuer? Elle n'a pas de poison, pas d'arme!

Un mot, un nom terrible qui était souvent revenu dans le délire de Christiane, traversa le souvenir de Gretchen.

— Le Trou de l'Enfer! s'écria-t-elle. — Oh! oui, courons, dit Julius.

Tous trois s'élancèrent, et les domestiques après eux. Ils couraient, le cœur serré, ne respirant plus.

Il y eut une chose effrayante : Julius approchant de l'abîme voulait crier, appeler sa femme, et l'émotion étranglait sa voix, et sa bouche s'ouvrait muette sans qu'il pût articuler un son, ou bien le cri retentissant qu'il essayait de jeter s'éteignait en un murmure imperceptible.

— Appelez-la, disait-il épuisé à son père et à Gretchen. Appelez-la donc : je ne peux pas, moi!

Enfin ils arrivèrent au Trou de l'Enfer. Et jetant partout leurs regards, ils ne virent rien.

Ils se penchèrent sur l'abîme. Ils ne virent rien encore.

Julius, au risque de couler dans le gouffre, s'accrocha à une racine, et, pour mieux voir, laissa pendre tout son buste sur le vide. — O mon père, dit-il, je vois quelque chose.

A cinquante brasses environ du sol, un tronc d'arbre jaillissait des flancs du précipice. Une des grosses branches avait retenu quelques lambeaux de la robe de chambre que portait le matin Christiane, et un fichu de soie aux couleurs

éclatantes qui lui appartenait et qu'elle avait acheté en Grèce.

— Adieu, mon père, dit Julius.

Et il lâcha la racine. Mais déjà le baron l'avait saisi vigoureusement par le bras. Il le ramena sur le sol ferme, en faisant signe aux domestiques de se tenir près de lui, de crainte que Julius ne s'arrachât de son bras.

— Mon fils! mon fils! sois homme, sois chrétien! lui disait-il. — Ah! mon père, s'écriait Julius sanglotant et désespéré, que voulez-vous que je fasse? J'arrive, et je trouve ma femme tuée, mon enfant mort. Il y a des gens qui diront que je reviens millionnaire.

Cependant le baron s'approcha de Gretchen :
— Gretchen, lui dit-il à demi-voix, vous savez quelque chose. Samuel est dans tout ceci. Gretchen, je vous somme de parler.

Mais Gretchen le regarda en face et répondit fermement et froidement : — Je ne sais rien, et je n'ai rien à dire.

Son ignorance paraissait absolue ou sa résolution inflexible. M. d'Hermelinfeld secoua la tête et se rapprocha de son fils. Puis, moitié l'entraînant, moitié le persuadant, il finit par le ramener du côté du château. Les domestiques les suivirent.

Gretchen resta seule sur le bord du Trou de l'Enfer : — Oui, dit-elle, je tiendrai mon serment et je serai secrète et profonde comme toi, terrible gouffre. C'est égal! vous avez eu tort, Christiane : vous êtes allée au-devant de la justice de Dieu là-haut. Je veux l'attendre ici, moi.

FIN.

TABLE DES MATIÈRES.

PLACEMENT DES GRAVURES

www.ingramcontent.com/pod-product-compliance
Lightning Source LLC
Chambersburg PA
CBHW072035080426
42733CB00010B/1902